Kohlhammer
Urban-
Taschenbücher

Band 298

Christof Dipper

Die Bauernbefreiung in Deutschland

1790–1850

Verlag W. Kohlhammer
Stuttgart Berlin Köln Mainz

CIP-Kurztitelaufnahme der Deutschen Bibliothek

Dipper, Christof:

Die Bauernbefreiung in Deutschland: 1790–1850 / Christof Dipper.
Stuttgart, Berlin, Köln, Mainz: Kohlhammer, 1980.
(Urban-Taschenbücher; Bd. 298)
ISBN 3-17-005223-3

Stuttgart Berlin Köln Mainz
Verlagsort: Stuttgart
Umschlag: hace
Umschlagbild: Karl August Fürst von Hardenberg, Ölgemälde,
etwa 1810, Maler unbekannt, bisher J. H. W. Tischbein zugeschrieben
Im Besitz des Grafen Carl von Hardenberg, Schloß Hardenberg
Gesamtherstellung: W. Kohlhammer GmbH
Grafischer Großbetrieb Stuttgart
Printed in Germany

Inhalt

Vorwort

Die Bauernbefreiung gehört als historisches Faktum zu den bekanntesten Vorgängen der deutschen Geschichte des 19. Jahrhunderts. Daß ihr der Ruf als besonders gut erforschter Gegenstand zu Unrecht anhaftet, sollen die folgenden Seiten unter Beweis stellen. Nicht nur ist für manche Gebiete Deutschlands der Forschungsstand seit achtzig Jahren, als sich Knapp und Brentano in ihren Seminaren anderen Themen zuwandten, so gut wie unverändert, sondern auf moderne Fragestellungen erhält der Leser selbst im Falle der umfangreichen Literatur zu Preußen oft nur unbefriedigende Antworten.

Angesichts dieser Umstände verbot sich für den Versuch eines Gesamtüberblicks von vornherein der Gang in die Archive, um die dort lagernden Schätze zu heben. Ein solches Vorhaben überstiege bei weitem die Arbeitskraft eines einzelnen. So geht es der vorliegenden Arbeit vor allem um eine Bestandsaufnahme der einschlägigen Forschung wie auch ihrer Lücken. Das disparate Material bedurfte nun freilich der analytischen Verarbeitung und wurde zu diesem Zweck von solchen Perspektiven aus beleuchtet, die zu vergleichbaren Ergebnissen führen und damit einen einheitsstiftenden Sinnzusammenhang vermitteln. Theoretische Modelle – partielle Modernisierung, historische Konflikttheorie, Bauernsoziologie – sollten diese Absichten unterstützen, ohne jedoch einen Pragmatismus der kritisch argumentierenden, am Gegenstand orientierten Reflexion überflüssig zu machen.

Die erkenntnisleitenden Fragen schlugen sich in den fünf Hauptkapiteln des Buches nieder: 1. welche Vorgänge haben zu den Reformen geführt; 2. wie bewältigten die einzelnen Regierungen die Problematik; 3. welche Veränderungen ergaben sich daraus für Staat, Wirtschaft und Gesellschaft; 4. wie stellten sich die betroffenen Bauern dazu; und 5. wie sind die Entwicklungen im Vergleich zu den Nachbarländern Deutschlands zu beurteilen?

Die geographische Beschränkung auf das Deutschland von 1871, die die Zeitgenossen der Bauernbefreiung wohl als abwegig empfunden hätten, geschah in Absprache mit dem Verlag. Der Umfang des Buches wäre durch die Einbeziehung der habsburgischen Territorien nur noch größer geworden, ohne daß diesem Zuwachs ein entsprechendes Quantum an Erkenntnissen gegenübergestanden hätte. Denn daß trotz aller Besonderheiten die Wiener Lösungen keine grundsätzlich andere Form der Bauernbefreiung darstellen,

ist wohl unbestritten. Im übrigen erfährt das Habsburger Reich immer dann Beachtung, wenn dies zum Verständnis nötig ist – etwa im Falle der frühen badischen Reformansätze oder der bäuerlichen Abgeordneten in der 48er Revolution.
Die Anmerkungen wurden bewußt auf einem denkbar knappen Umfang gehalten, weil die Auseinandersetzung mit der wichtigeren Literatur in den einleitenden Abschnitten geführt wird. Belegt sind daher nur die wörtlichen Übernahmen und Zahlenangaben sowie fallweise die speziell herangezogenen Werke, vor allem solche, die weniger bekannt sind.

Zur Einführung

Die Forschungslage

Auf die Frage, welches Rezept er nach der Niederlage für die politische Gesundung Frankreichs habe, entgegnete Marschall Pétain im Sommer 1940: »La conduite à tenir nous est dictée par l'attitude de la Prusse au lendemain d'Iéna et de Tilsit«.[1] Diese Antwort enthüllt beispielhaft den Nimbus, den die preußischen Reformen namentlich bei konservativen Geistern noch mehr als hundert Jahre nach ihrer Verkündung genossen haben. Erst recht war dieses Prestige natürlich in Deutschland verbreitet, denn die entschlossene Umformung von Staat und Gesellschaft, beginnend mit dem berühmten Oktoberedikt, galt schon den Zeitgenossen als Inbegriff einer deutschen Antwort auf die Herausforderung durch die Revolution. Eine »Revolution von oben« sei insbesondere schonender und verursache beim unvermeidlichen Wandlungsprozeß geringere – wie man heute sagen würde – soziale Kosten als eine »Revolution von unten«.

So akzeptabel diese Argumentation als Formel der politischen Propaganda sein mochte, problematisch wurde sie, als sie zum Interpretationsschema wissenschaftlicher Erforschung erhoben worden ist. Dies geschah unter dem Eindruck der ersten Erfolge Bismarcks, als die Liberalen sich selbstkritisch zur sogenannten Realpolitik bekehrten. Treitschke war vielleicht nicht der erste, sicherlich aber der wirksamste Repräsentant einer unkritischen Verherrlichung jener als staatsmännische Höchstleistung gewerteten Taten, mit denen sich die preußische Monarchie auf ihre nationale Sendung vorbereitet habe.[1a] Fast alle Historiker seiner und der nachfolgenden Generationen stimmten diesem Urteil zu, das in seiner geradezu kanonischen Geltung alsbald auch Eingang in die meisten Schul- und wissenschaftlichen Handbücher gefunden hat.[2]

Trotz der nach 1945 unübersehbaren Ansätze zur Revision dieses Geschichtsbildes scheint dieses Faszination und Geltungsanspruch noch immer nicht verloren zu haben. Anders ist das groteske Fehlurteil Hubatschs aus dem Jahre 1977 nicht erklärlich, in dessen Augen auch heute noch ein »bemerkenswert einheitliches Bild ohne tiefgreifende Kontroversen« über das preußische Reformzeitalter herrscht.[3] Freilich ignoriert sein Forschungsbericht sowohl die Arbeiten von Kehr und Rosenberg als auch – mit Ausnahme des alten Lehrbuchs von Streisand – sämtliche Beiträge der DDR-Historiker.

Da die nachfolgende Darstellung der Bauernbefreiung in Deutschland bemüht ist, ein methodisches und inhaltliches Gegenstück zur konventionellen Bearbeitung dieses Stoffes abzugeben, ist auch der Literaturbericht so angelegt, daß er die für die Arbeit maßgeblichen Rezeptionsvorgänge aufzeigt. Eine vollständige Bearbeitung des Ganges der Forschung war nicht beabsichtigt.

Die letzten legislatorischen Maßnahmen zur Befreiung des ländlichen Grundeigentums von allen dinglichen Lasten waren noch kaum verabschiedet, als auch schon im Jahre 1863 Albert Judeich eine erste Bilanz dieses über mehr als ein halbes Jahrhundert sich erstreckenden Vorgangs versucht hat. Freilich ging es hier nicht – und dies konnte es mangels geeigneter statistischer Unterlagen und anderen Materials auch gar nicht – um sozial- und wirtschaftshistorische oder -politische Erkenntnisziele. Judeich wollte vielmehr eine »nach den Quellen bearbeitete Übersicht« des Gesetzgebungswerks liefern, denn er war sich der »vorzugsweise praktischen Bedeutung« seiner Arbeit wohl bewußt:[4] noch hatten sich längst nicht alle Betroffenen auf Ablösungsrezesse geeinigt und bei den Gerichten waren Tausende strittiger Verfahren anhängig.

An Judeichs theoretisch anspruchsloser Zusammenstellung fällt zunächst auf, daß der heute selbstverständliche Terminus »Bauernbefreiung« als Sammelbegriff für die Beseitigung aller persönlichen oder am Boden haftenden Beschränkungen noch nicht geprägt ist. Judeich spricht von »Grundentlastung« und unterschlägt damit ausgerechnet jenen Rechtsbereich, der den antifeudalen Komplex der Reformer des 18. und 19. Jahrhunderts am ehesten herausgefordert hatte: die »Leibeigenschaft«. Nicht minder erstaunlich wirken die Ergebnisse seines reichlich schematischen Rechtsvergleichs, der von der Regelungsbedürftigkeit der Materie weitgehend abstrahiert. Judeich lobt Österreich, Bayern und das heimatliche Sachsen, weil sie die Grundentlastung »fast vollständig durchgeführt« haben, findet dagegen »in Holstein noch das meiste, in Mecklenburg noch alles zu tun«.[5] Daß die holsteinische Ritterschaft nahezu ohne gesetzlichen Zwang noch im Ancien Régime die gebundene Agrarverfassung in einer für die damalige Zeit vorbildlichen Weise aufgelöst und daß andererseits die Brutalität der mecklenburgischen Gutsbesitzer so gut wie keine regulierungsfähigen Bauern übriggelassen hatte – dies alles scheint dem Blick des sächsischen Juristen entgangen zu sein.

Angesichts dieser Resultate wird die bahnbrechende Leistung Georg Friedrich Knapps erst richtig deutlich. Knapp war auf sein

Thema durch die folgenreiche politische Wende unter Bismarck gebracht worden. Das Erlebnis der »Großen Depression« und die Einführung des Protektionismus durch das Bündnis der ostelbischen Gutsbesitzer mit der Industrie im Jahre 1879 hat das Gründungsmitglied des »Vereins für Socialpolitik« auf die nachteiligen Folgen der Agrarpolitik Berlins aufmerksam gemacht, unter der zuerst die Bauern und Landarbeiter, später vor allem die Konsumenten zu leiden hatten, und zwar ohne daß damit für die internationale Konkurrenzfähigkeit der ostelbischen Großgüter etwas gewonnen worden wäre.

»Es sollte die sozialpolitische Seite der Entwicklung möglichst scharf hervortreten«, sagte Knapp im Vorwort seines zweibändigen Werkes.[6] Dazu benutzte er als erster die amtlichen Statistiken und zog ergänzend die Verwaltungsakten der Zentralbehörden heran. Die Ergebnisse schienen ihm niederschmetternd: anders als im vielgeschmähten 18. Jahrhundert, wo die Bauern wenigstens Bauern geblieben seien, herrschten in Preußen nach 1816 Rechtszustände wie in Mecklenburg und Neu-Vorpommern. Der größere Teil der damals von der Regulierung ausgeschlossenen Bauern sei bis 1850 gelegt, d.h. von Haus und Hof verjagt worden: 1850 war die preußische Bauernschaft »höchstens so zahlreich wie am Ende des bauernzerstörenden Siebenjährigen Krieges«.[7] Wer sich hielt, erlitt überdies beträchtliche Vermögensverluste. Das andere Ergebnis, das Knapp berühmt gemacht hat, ist sein Versuch, die Entstehung des Landarbeiterproletariats als weitere wichtige Folgewirkung der Reformen aufzuzeigen. Er erblickte hierin die große »soziale Frage« des deutschen Ostens,[8] nach Elend und Größenordnung nur der Parallelerscheinung im Industriesektor vergleichbar.

Die übrigen wichtigen Erkenntnisse Knapps sind weitaus weniger bekannt, obgleich sie nicht minder interessante Resultate zutage gefördert haben. Knapp öffnete als erster den Blick für die historisch begründbare Vielgestaltigkeit der Agrarverfassung in Deutschland. Auf seinen und den Arbeiten seiner Schüler aufbauend konnten dann Wittich und Fuchs zu Beginn dieses Jahrhunderts eine Typologie der ländlichen Strukturen erstellen, die sich im Laufe der Zeit in vier verschiedene Formen ausgegliedert habe. Die bekannteren Forschungen Lütges zu diesem Thema sind in Wahrheit bloß verfeinernd und ergänzend. – Weithin verborgen geblieben sind Knapps Feststellungen zur Haltung der preußischen Beamtenschaft, da sie an ein verbreitetes Tabu gerührt haben. Lange vor Ziekursch, Kehr und Rosenberg deckte Knapp Korruption und Widerstand der vielfältig mit den Gutsherren liierten

Beamten gegen die königlichen Reformvorhaben auf. Die Mängel bei der Befreiung der Privatbauern führte er weniger auf die ökonomische Zerrüttung Preußens im Zeitalter Napoleons zurück als vielmehr auf die legalen und illegalen Einflußmöglichkeiten des Adels, denen der König nach der Verwaltungsreform kaum etwas entgegenzusetzen gehabt habe.

Knapps Urteil endet mit einer Anklage gegen den liberalen Staat. Nur »Freiheit« zu verordnen, ohne sich um die sozialen Folgen zu kümmern, sei eine Idee des 18. Jahrhunderts, deren verhängnisvolle Wirkung im 19. bekannt gewesen sein müsse.[9] Um so paradoxer mutet es an, daß Knapp dann für die Gesamtheit der von ihm geschilderten Vorgänge eine typisch liberale Begriffsprägung ersonnen hat. »Bauernbefreiung« wurde alsbald zum Schlagwort für sämtliche Formen persönlicher Emanzipation und dinglicher Entlastung und hat sich als Bezeichnung so weit durchgesetzt, daß bis in die Gegenwart trotz der Bedenken gegen die mit ihm verbundenen positiven Gedankenassoziationen dieser Terminus der herrschende war. Erst seit etwa einem Jahrzehnt gewinnt im Zuge einer kritischen Rückbesinnung auf die preußische Geschichte der für objektiver gehaltene, Distanz ankündigende Begriff der »liberalen Agrarreform« an Boden.

Noch eine weitere, ungewollte Konsequenz zeitigte das Werk von Knapp: die einseitige Ausrichtung der Historiker auf das preußische Beispiel. Knapp – und Lujo Brentano – haben ihre Schüler auf nahezu alle deutschen Landschaften angesetzt, doch bildete sich daraus keine Forschungstradition. So kommt es, daß für zahlreiche deutsche Territorien der Forschungsstand seit einem Menschenalter nahezu unverändert fortgilt. Nur Preußen machte hierin stets eine Ausnahme. Die Folge dieser Unausgeglichenheit besteht nicht nur in einer landesgeschichtlichen Verarmung, sondern – und dies ist der größere Nachteil – in dem Umstand, daß die für Preußen, d. h. eigentlich Ostelbien getroffenen Feststellungen oft unkritisch auf das übrige Deutschland übertragen werden. Dabei müßte schon ein Blick auf den deutschen Agrardualismus zur Vorsicht mahnen. Erst in jüngster Zeit bahnt sich hier in Gestalt der Arbeiten von Schremmer, Fehrenbach und von Hippel eine inhaltliche und methodische Wende an. Nunmehr werden jenseits der seit langem bekannten rechtsgeschichtlichen Aspekte auch der soziale Wandel und die wirtschaftlichen Begleiterscheinungen sichtbar, die das Trennende zwischen Preußen und – beispielsweise – Südwestdeutschland nur um so schärfer hervortreten lassen. Da aufgrund der Archivlage seit dem Zweiten Weltkrieg die DDR mit Ausnahme Ostpreußens fast ein Monopol für Forschungen zum ostelbischen Deutschland besitzt, wäre es angebracht, endlich die Reformen in den übrigen Ländern unter modernen Fragestellungen zu untersuchen.

Knapp ist es nicht gelungen, als Agrarhistoriker ebenso praktischen Einfluß zu erringen wie in seinen sonstigen Arbeitsgebieten als Nationalökonom. Sein sozialpolitisches Engagement wurde aber fortgesetzt von seinem Jenenser Kollegen Theodor Freiherr von der Goltz, der in seinem Buch »Die ländliche Arbeiterklasse und der preußische Staat« wie jener zu einem historisch begründeten negativen Urteil über diese Seite der preußischen Reformpolitik gekommen ist. Er zieh das »wichtige und schwierige Werk der Bauernbefreiung« in diesem Punkte »einer gewissen Einseitigkeit oder Unvollständigkeit« und sah, wie hieraus »der Landwirtschaft wie dem Staate große Gefahren drohen«, und zwar in Gestalt des Sozialismus.[10] Der Staat habe die Aufgabe, die Lage der Landarbeiter, die seiner Ansicht nach »vor der Bauernbefreiung eine günstigere war«,[11] durch Landzuteilungen zu bessern, d.h. in diesem Punkte das Reformwerk rückgängig zu machen. Von der Goltz blieb hier gleicherweise der Erfolg versagt wie dem »Verein für Socialpolitik«, der zu diesem Problem umfangreiche Erhebungen vornahm, die Max Weber ausgewertet hat.[12] Auch Knapp selbst ergriff noch einmal das Wort, ohne indessen Gehör zu erlangen.[13] Es war die Sozialdemokratie selbst, die sich durch ihre 1895 auf dem Breslauer Parteitag beschlossene dogmatische Agrarpolitik auf dem Lande um fast jeglichen Kredit gebracht und den Kathedersozialisten die Furcht vor der vermeintlich bevorstehenden Revolution der Landarbeiter genommen hat.

Ohne den Ehrgeiz, mit seinen Forschungen ins Tagesgeschehen eingreifen zu wollen, bestätigte Johannes Ziekursch in zahlreichen Arbeiten, und namentlich in seiner zuerst 1915 erschienenen »Schlesischen Agrargeschichte«, viele der Ansichten Knapps und führte in seinen kritischen Einschätzungen teilweise weit über ihn hinaus. Er wies nach, daß Schlesien diejenige Provinz war, in der das Zusammenspiel von Adel und Bürokratie allen Berliner Reformversuchen einen besonders effektiven Widerstand entgegengesetzt hat. Schon vor dem Oktoberedikt von 1807 hatten sich die Zustände auf dem Lande durch Bauernlegen und Zins-, bzw. Diensterhöhungen so dramatisch verschlechtert, daß selbst eine loyale Ausführung der Regierungserlasse die gesellschaftlichen Verschiebungen nur begrenzt hätte steuern können. Nun aber seien der Übervorteilung Tür und Tor geöffnet worden: »Der Bauer behielt im besten Fall den leeren Hof, das halbe Feld, alle Gemeindeabgaben und -leistungen und die hohe Schuldenlast, die von den

Versuchen, das unerbliche Besitzrecht im 18. Jahrhundert zu beseitigen, übriggeblieben war«, schrieb Ziekursch zu den Folgen des Regulierungsedikts von 1811 in Polnisch-Schlesien.[14] So seien die in Schlesien besonders heftigen revolutionären Ereignisse des Jahres 1848 unabwendbar geworden.

Obwohl Ziekursch um die »tragische« Schwäche des Bürgertums wußte, in der er eine wesentliche Ursache für die unglückliche Lage dieser Provinz erblickte, vermied er jegliche Andeutung eines allgemeinen Zusammenhangs zwischen fehlgeschlagener Bauernbefreiung und den Verhängnissen der preußisch-deutschen Geschichte. Trotzdem stempelte er sich mit seinem Urteil über den »unbefriedigenden Ausgang der preußischen Reform«[15] zum Außenseiter in einer Zunft, in der – wie bereits angedeutet – die verklärenden Aussagen der borussischen Schule den Ton angaben. Im weiteren Verlauf der Geschichtsschreibung hat ihm seine totale theoretische Abstinenz ebenfalls die Chance zu größerem Einfluß genommen. Einzig Hans Rosenberg sollte ihn zum Kronzeugen vieler seiner Urteile machen, bis er in der gegenwärtigen Geschichtsschreibung der DDR »trotz verschiedener Einschränkungen«[16] posthum zu einer gewissen Anerkennung gelangt ist. Lange bevor von »Varianten des preußischen Weges« die Rede gewesen ist,[17] hat Ziekursch auf die Notwendigkeit einer differenzierenden Betrachtung der Bauernbefreiung in Preußen aufmerksam gemacht, indem er die provinzialen Besonderheiten im Bereich der agrarischen, gesellschaftlichen und administrativen Strukturen herauspräparierte.

Auch das umfangreiche Œuvre Ziekurschs hat nicht verhindern können, daß die etablierte Geschichtswissenschaft Deutschlands weiterhin am positiven Gesamturteil des preußischen Reformzeitalters festgehalten hat, das in deutlichem Gegensatz zu den mit dem Odium der Fremdherrschaft beladenen Reformen in den Rheinbundstaaten gesehen worden ist. Die Verfechter einer kritischen Interpretation blieben zunächst isoliert und wurden auch im beruflichen Fortkommen behindert. Exemplarisch belegt dies der Fall Eckart Kehrs, dessen verschollene Habilitationsschrift[18] selbst von Hans Rothfels, einem Manne, der gewiß nicht monarchisch-restaurativer Tendenzen verdächtig war, abgelehnt worden ist. Kehr wendete die Auseinandersetzung ins Grundsätzliche. Wo Ziekursch sich noch mit der Feststellung begnügt hatte, Stein habe seine agrarpolitischen Ziele »keineswegs erreicht«,[19] sprach Kehr nunmehr unumwunden von der »Diktatur der Bürokratie«, die in der Reformzeit vollends zum Durchbruch gekommen sei. Hier habe eine eigenständige »Klasse« im Vakuum nach der militärischen Niederlage die Macht ergriffen, die sie »bis heute auf der

Grundlage des gegenseitigen Ausspielens der Klassenkräfte des Adels und des Bürgertums« festhalte.[20]
Unter diesen Umständen erschien der Terminus »Bauernbefreiung« nur noch als zynischer Euphemismus. Nie sei es um die Bauern gegangen. Kehr sah in den agrarpolitischen Vorstößen Steins und Hardenbergs keine selbständigen Ziele, sondern eine zum Zwecke der eigenen Herrschaftsstabilisierung vorgenommene Preisgabe des flachen Landes »in modernisierter Form«. Die preußischen Könige hätten vor ihrer Entmachtung ebenfalls diese Taktik befolgt. 1807 teilte sich also die hohe Beamtenschaft »mit dem Grundadel in die Herrschaft über den Staat auf dem Rücken eines unbeteiligten Dritten, der ›befreiten‹ Bauernschaft, deren Schicksal im Bereich der Idee die Gewinnung der Menschenrechte und im Bereich der Wirklichkeit die Verschärfung ihres unter dem friderizianischen ›Bauernschutz‹ auch schon mehr als reichlichen Elends war.«[21] Mit diesem Verdikt war natürlich die Haltung der ständischen Opposition schwer in Einklang zu bringen und in der Tat ringen alle Versuche, eine Theorie des bürokratischen Absolutismus zum Leitmotiv der Interpretation zu machen, mit der Erklärung, warum sich der Adel gegen diese Art von bevormundender Beglückung so sehr gewehrt hat. Kehr sucht die Lösung, indem er die Konfrontationen auf einen gänzlich anderen Kriegsschauplatz verlegte: Marwitz' Widerstand sei in Wahrheit ein »Kampf um die Inflation, um durch Erhöhung des gesamten Preisniveaus seine Schuldenlast zu verringern«. Warum aber mündete dieser Streit dann unvermittelt »in eine irrationale Staatsmystik«?[22]
Kehr war der erste Historiker, der nicht erst die Politik des wilhelminischen Deutschlands, sondern schon des preußischen Reformzeitalters als Ergebnis einer Defensivstrategie der herrschenden Klassen gegenüber einem vielleicht als Demokratisierungsdruck zu kennzeichnenden Prozeß aufgefaßt hat. Mit dieser Einschätzung begab er sich – bewußt – in die Nähe marxistischer Interpretationsansätze, die allerdings einen »bürokratischen Absolutismus« leugneten und die Administration als Werkzeug der jeweils herrschenden Klasse betrachteten. Eine gewisse Debatte zwischen diesen beiden Richtungen kam erst in den 60er Jahren, und auch seither nur sehr zögernd in Gang, nachdem Kehrs Arbeiten von der westdeutschen Geschichtsschreibung wiederentdeckt worden waren. Ein formales Hindernis in der Diskussion spielt dabei die Verstreuung der preußischen Archive, deren für diese Frage wichtigsten Bestände in der DDR lagern und so den »bürgerlichen« Historikern nur sporadisch zugänglich sind.
Unter dem Mangel an ungedruckten Quellen leidet auch das noch

im Zweiten Weltkrieg konzipierte Buch von Hans Rosenberg. Es erschien zu einem Zeitpunkt, als die Historiker der Bundesrepublik bei der Aufarbeitung der Vergangenheit noch in der »Katastrophentheorie« befangen waren und keinen Zusammenhang zwischen der preußisch-deutschen Geschichte und den Belastungen, denen Freiheit und Demokratie hierzulande ausgesetzt waren, zu erkennen vermochten. Rosenbergs rücksichtslose Zerstörung der Hohenzollern-Legende erregte »Unbehagen und emotionale Beunruhigung«;[23] rezipiert wurde sein Buch dagegen kaum, wie nicht zuletzt die bis zur Stunde fehlende Übersetzung ins Deutsche anzeigt.

Auch Rosenberg will eigentlich keine Agrargeschichte schreiben, doch ist ihm diese der Testfall für sein Thema der allmählichen Machtergreifung einer vorwiegend gruppenegoistisch handelnden Bürokratie. Unter vielfacher Berufung auf Ziekursch demonstriert er so die anfängliche Zusammenarbeit von Administration und Gutsbesitzern im 18. Jahrhundert zu Lasten der Bauern und des Monarchen,[24] die 1807 plötzlich in einen beispiellosen »factional struggle within the governing class« umgeschlagen sei. Sieger im Kampf der »upper ten thousand« wurde die Berliner Zentrale[25] und aus Dienern des Staates waren »masters of the state« geworden.[26] Junker und Minister, die »amicable rivals«,[27] einigten sich auf der Basis einer völligen Preisgabe der bäuerlichen Hintersassen an ihre Herrschaften, um dadurch ihre seit 1789 angeschlagenen Positionen wieder zu festigen und alle liberalen Bewegungen auf Jahrzehnte hinaus abzuwehren.

Nicht anders als schon Kehr steht Rosenberg unter dem Zwang, die Adelsopposition plausibel zu machen. Er sieht sie einerseits in der Abneigung der einheimischen Junker gegen die »ausländischen« Bürokraten und andererseits in dem Umstand begründet, daß man mit der persönlichen Befreiung der Bauern erstmals in die Gutsherrschaft einzugreifen gewagt und damit ein Tabu gebrochen hatte. Dies sei aber, wie Rosenberg betont, nur die eine Seite der gutsherrlichen Antwort gewesen, denn der preußische Landjunker war eben nicht lediglich reaktionär, sondern auch bereit, »fortschrittlich und modern« den neuen Herausforderungen zu begegnen.[28] Mit dieser Bewertung geht Rosenberg über die Positionen seiner Vorgänger hinaus und zeichnet ohne Zweifel ein realistischeres Bild der ostelbischen Großgrundbesitzer, denn anders blieben deren wirtschaftliche Erfolge und politische Selbstbehauptung für weitere eineinhalb Jahrhunderte unerklärlich.

In ähnlicher Weise argumentiert Hanna Schissler, wenn sie die »Preußische Agrargesellschaft im Wandel« erklären möchte. Nur

unterstellt sie Kehr und Rosenberg, denen sie methodisch viel verdankt, sie seien vom Erleben des Nationalsozialismus derart geprägt gewesen, daß sie darüber in ihrer vollen Erkenntniskraft beeinträchtigt wurden. Besonders schlechte Zensuren erhält auch bei Frau Schissler die Bürokratie: schon vor 1807 ohne eigenständige Konzeption und ausschließliches »Sprachrohr gutsherrlicher Interessen«,[29] könne für die Reformzeit selbst nur von einem »Planchaos« und einer Politik des »muddling-through« – theoretisch umschrieben als »Inkrementalismus« – gesprochen werden.[30] Das Urteil über die Folgen des so vollzogenen »Interessenausgleichs mit den Grundbesitzern«[31] fällt jedoch ambivalent aus. Einerseits bedeuteten sie eine »Kumulation von feudalen und kapitalistischen Ausbeutungschancen auf seiten der Gutsbesitzer«, d. h. eine in höchstem Maße unmoralische Politik, andererseits jedoch kommt man um die anerkennende Feststellung nicht umhin: »ökonomisch waren die Reformen ein Erfolg«, denn sie haben »dem Kapitalismus in der Landwirtschaft zum Durchbruch verholfen«.[32] Frau Schissler ist die erste unter den Historikern, die Alternativen zu dieser Form von »Agrarkapitalisierung« – diesen Terminus hält sie für treffender als »Bauernbefreiung«[33] – aufzeigt. Unter Hinweis auf die in der Provinz Posen praktizierte Politik plädiert sie für eine Zerschlagung des adeligen Großbesitzes. Sie übersieht dabei jedoch, daß es in Posen der antipolnische Affekt war, der die preußischen Behörden zu harten Maßnahmen gegen die national gesinnte »Schlachta« veranlaßt hat.
Die Frage nach Alternativen in damaliger Zeit wäre jedoch der geeignetste Weg, die »Revolution von oben« gerechter einzuschätzen als es die kritische Geschichtsschreibung gewöhnlich tut. Zumeist wird nämlich die Frage vernachlässigt, wer eine noch radikalere Reformpolitik außerhalb der schmalen Spitze der Bürokratie hätte unterstützen sollen und wie die wirtschaftliche und mentale Lage bei den Bauern beschaffen war, die die Nutznießer eines solchen Kurswechsels gewesen wären. Ohne hier schon eine detaillierte Antwort geben zu wollen, sei jedoch auf das schwache, von staatlichem Schutz und adeliger Kaufkraft abhängige preußische Bürgertum hingewiesen, so daß Antinobilitarismus nur bei einer schmalen Schicht der Bildungselite zu finden war. Und ob die verschiedenen Befreiungsedikte erst die »Proletarisierung eines großen Teils der ländlichen Bevölkerung« bedeutet hat,[34] ist nach allem, was über »Massenarmut und Hungerkrisen im vorindustriellen Deutschland« bei Abel und anderen Wissenschaftlern zu lesen steht, mehr als fraglich.[35] Warum – und mit welchem Geld – hätte man eine verelendete und obendrein antikapitalistische Bauern-

schaft protegieren sollen, deren Deputationen ja selbst nicht bereit waren, staatliche Hilfe für klein- und unterbäuerliche Schichten zu akzeptieren?

Ohne seine eminente wirtschaftliche Leistungsfähigkeit wäre dem preußischen Adel das Schicksal seiner süddeutschen Standesgenossen vermutlich nicht erspart geblieben, die im Kampf um den bestimmenden Einfluß auf die Staatsgeschäfte gegen die Bürokratie unterlegen sind, weil ihnen der Rückhalt durch große Gutsbetriebe fehlte und sie sich deshalb nicht nur gegen eine totale, sondern auch schon gegen eine partielle Modernisierung des Staates mit allen Kräften zur Wehr setzten.[36] Auch eine Parlamentarisierung der politischen Entscheidungen hätte keine befriedigenderen Lösungen gebracht, denn erst unter dem Eindruck der Julirevolution waren deutsche Landtage zu relativ bauernfreundlichen Grundentlastungsgesetzen bereit; aber selbst diese Maßnahmen halten keinem Vergleich mit der gegen die Volksvertretung durchgesetzten revolutionären Befreiung der französischen Bauern im Jahre 1793 stand.

Insofern versprechen die von Barbara Vogel jüngst unternommenen Versuche, die preußische Reformbürokratie einer zeitgerechteren Beurteilung zu unterwerfen, mehr Erfolg als der bislang vorgestellte kritische Ansatz. Frau Vogel untersucht soziale Zusammensetzung, Ziele und Selbstverständnis der Reformbürokratie. 1807 sei der Herrschaftsanspruch von einer Außenseitergruppe, die im wesentlichen kleinbürgerlicher und bäuerlicher Herkunft war, mit dem Ziel einer den allgemeinen Nationalwohlstand fördernden, d. h. überständischen Wachstumspolitik durchgesetzt worden. Die bloße Sicherung des Erreichten wäre angesichts der desolaten Wirtschaftslage und des steigenden Bevölkerungsdrucks sowohl im agrarischen wie im gewerblichen Bereich »ein Anachronismus gewesen«,[37] so daß gegen den Widerstand in Stadt und Land ein ökonomischer Modernisierungsprozeß in Gang gesetzt werden sollte. In der Betonung der Parallelität für beide Wirtschaftssektoren liegt ein erheblicher Grund für die Überzeugungskraft dieser These, da so die Reformen nicht als spezifisch antibäuerlich angesehen werden müssen: alle von den Maßnahmen Betroffenen setzten sich gegen sie zur Wehr, auch der Adel. Dessen Haltung findet in diesem Ansatz damit eine weitaus plausiblere Erklärung. Zugleich kann Frau Vogel aber auch die Schwierigkeit beiseiteräumen, die von den Anhängern der Theorie der »konservativen Modernisierung« etwa Kosellecks zum Vorwurf gemacht wird: wie konnte es zu jener restaurativen Wende einer als Reformbürokratie angetretenen administrativen Elite kommen und wann hat diese Wende

stattgefunden? Hier wird argumentiert, daß bei der Verwaltungsreform im Verzicht auf die Trennung zwischen legislativen und exekutiven Funktionen zwar der bürokratische Absolutismus beibehalten worden, daß aber die im Anschluß an die Agrar- und Gewerbefreiheit erhoffte politische »Mündigkeit« der Gesellschaft ausgeblieben sei und die Reformer mit Recht fürchten mußten, daß eine zu früh eingesetzte gesamtstaatliche Repräsentation (wie sie mehrfach versprochen war) die Reformen wohl wieder beseitigen würde. Die Stellvertretung des Dritten, d. h. des allgemeinen Standes, fiel unter diesen Umständen nach Ansicht der Reformer selbst allein der Bürokratie zu. Hardenberg, dem aus dieser Perspektive weitaus stärker als Stein Beachtung zuteil wird, sei damit in der Praxis nichts anderes als eine »Erziehungsdiktatur«[38] übriggeblieben, deren verhängnisvolle Folgen nicht ihm oder zumindest nicht ihm allein angelastet werden können.
Mit dieser Interpretation ist, wie bereits angedeutet, einem der Haupteinwände[39] gegen Kosellecks monumentales Preußenbuch[40] aus dem Weg gegangen. Koselleck, der zu Recht die Leistung der Reformer betont, die die zuletzt noch einmal 1794 im Allgemeinen Landrecht befestigten Blockaden gegen Wandlungsprozesse in der Gesellschaft gelöst haben, sah die preußische Geschichte in der Zeit der Restauration in diesem Punkt vielleicht allzusehr durch die Brille der hohen Beamtenschaft. Deshalb vermag er kaum einsichtig zu machen, warum die bis dahin überständisch und deshalb progressiv gesonnene Bürokratie nach 1820 ihre Haltung so radikal geändert hat. Dennoch unterschätzt Koselleck keinesfalls die nachteiligen Wirkungen der Argrarreformen – auch er vermeidet den Begriff »Bauernbefreiung« – für die Bauernschaft und, hierin am Urteil Knapps entschieden festhaltend, das Landproletariat. Er irrt allerdings, wenn er die Not dieser Unterschicht für eine wesentliche Ursache der Revolution hält. Zwar entspricht diese Ansicht der zeitgenössischen Verelendungstheorie, wie sie insbesondere Lorenz von Stein vorgetragen und ihren Niederschlag auch in den Akten gefunden hat, aber eine schichtenspezifische Analyse der Vorgänge von 1848 ergibt, daß es kaum die Landarbeiter, sondern die Bauern waren, die weniger aus Not als aus Unzufriedenheit über die ihnen vorenthaltene vollständige Grundentlastung die Unruhe schürten. Trotzdem ist es gerade Kosellecks meisterlicher Darstellung zu danken, daß der Blick für den Zusammenhang von Bauernbefreiung und Revolution geschärft wird, denn an den Spannungszuständen, die sich dann 1848 entladen haben, hatte in Preußen die Bürokratie einen ganz erheblichen Anteil.
Koselleck steht damit in der Tradition jener Forscher, die in der

Bauernbefreiung und den übrigen Reformen das entscheidende Werk des Liberalismus sehen. Während jener die Krisenhaftigkeit dieses Vorgangs unterstreicht, betonte man vor ihm mehr den trotz hoher sozialer Kosten unbestreitbaren schließlichen Erfolg. So ist für Gunther Ipsen die Bauernbefreiung »der letzte, der entscheidende Schritt auf dem Weg, den die preußische Krone seit hundert Jahren ging«, deren Ergebnis in einer planvollen Entfesselung gewaltiger, bisher schlummernder Kräfte bestanden habe, nämlich in der Zunahme von Ackerland und Bevölkerung überall da, wo bisher das Zusammenwirken von Gutsherrschaft und Bauernschutz einen Ausbau verhindert haben. Zwar seien »die Bauern und kleinen Leute übervorteilt« worden, aber nicht aus Willkür und Unfähigkeit, sondern aus »Überlegungen des Staatswohls«.[41]
Eine wesentlich umfassendere, den Vergleich Osteuropas mit Gewinn mit einbeziehende Deutung liberaler Reformpolitik – bestehend aus »Bauernbefreiung im eigentlichen, engeren Sinne« und Separation – hat mitten im Kriege Werner Conze unternommen. Conzes Interesse gilt nicht allein dem Befreiungswerk im Agrarsektor, sondern auch dessen Verhältnis zur Industrialisierung. Hierin liegt der entscheidende Fortschritt gegenüber der Position Knapps, dessen Vorbehalte gegenüber dem Wirtschaftsliberalismus er im übrigen weithin teilt. Zum Beweis zieht er das Baltikum, Polen und Galizien heran, wo das Ziel der rationellen Landwirtschaft ein unerreichtes Ideal geblieben sei, ein allzu abstraktes Leitbild. Daß dies nicht auch in Deutschland eintrat, sei der hier alsbald beginnenden, einen »gesunden« gesellschaftlichen Ausgleich bewirkenden Industrialisierung (im Westen), bzw. der nur begrenzten, d.h. »verantwortlich« gesteuerten Freisetzung der bäuerlichen Bevölkerung (im Osten) zu danken. Wohingegen die liberale Doktrin sich »hemmungslos« entfalten konnte und die Wirkungen nicht von der gewerblichen Wirtschaft aufgefangen wurden, »trieben die liberalen Agrarreformen auf eine abschüssige Bahn, forderten spätere Agrarrevolutionen heraus und hinterließen trotz dieser eine bis zur Gegenwart hin offene Frage.«[42] Der Erfolg der Bauernbefreiung besteht für Conze demnach nicht ausschließlich in einem statistisch untermauerten Beweis über den Wachstumsprozeß des Agrarsektors (wie das Beispiel des Grafen Finckenstein zeigt, ließ die Statistik auch das gegenteilige Urteil zu![43]), sondern in der Abwendung von Krisen. Sein Schüler Koselleck, hat, hierin weiterführend, gezeigt, wie gerade das Verwaltungshandeln der Bürokratie die Krise erzeugt hat. Darüber soll aber nicht vergessen werden, daß die Reformen selbst schon einer Krise entsprungen sind, in die das alte Wirtschaftssystem unter

dem Einfluß immer rascheren Bevölkerungswachstums geraten war.
Von allen Historikern, die in letzter Zeit die Agrarreformen als Überleitung zur liberalen Wirtschaftsgesellschaft interpretiert haben, ist bei Friedrich Lütge von dieser seit dem Ende des 18. Jahrhunderts unübersehbaren Krise am wenigsten zu spüren. Lütge, der in fast allen seinen Arbeiten über der detaillierten Schilderung der Rechtsverhältnisse die wirtschaftliche und soziale Lage arg vernachlässigt, versichert im Gegenteil, daß – abgesehen von einzelnen Verknappungserscheinungen – die Ernährungsfrage nicht schlecht gewesen sei und die Bauern zu Wohlstand haben kommen können. Den Anstoß zu den Reformen erblickt Lütge folgerichtig in »äußeren«, und d. h. geistesgeschichtlichen Motiven. Vor allem die »Realisierung der liberalen Freiheitsidee«[44] habe zu den treibenden Kräften der Bauernbefreiung gezählt. Ob dieser Umstand oder andere Faktoren, beispielsweise die eingangs ignorierten krisenhaften Erscheinungen, Lütge dazu geführt haben, bei der Bewertung der Reformen eine »kritische Haltung«[45] einzunehmen, wird bei seiner rein deskriptiven Schilderung nicht so recht deutlich. Zu den Negativposten zählt er insbesondere das »Absinken des Bauernstandes« durch Legen, Verschuldung und überstürzte Einführung der individualistischen Wirtschaftsweise. Zugleich aber weiß Lütge auch viel Positives aufzuzeigen und dieses für ihn charakteristische Einerseits/Andererseits erspart ihm eine eindeutige Stellungnahme. Grotesk wird es allerdings, wenn er die restaurative Wende in Preußen damit zu erklären versucht, daß 1816 »das Gedankengut des Liberalismus sehr schnell in weiten Kreisen, auch gerade im Bildungsbürgertum« schon wieder im Schwinden gewesen sei und statt dessen »die Zeit der Romantik heraufzieht, die in Deutschland ja bald den Rang einer umfassenden ›Weltanschauung‹ annimmt.«[46] Dieses doch wohl allzu früh angesetzte Ende des Liberalismus hat, wie Lütge mit offensichtlichem Bedauern vermerkt, trotzdem nicht verhindern können, daß die Durchführung des Befreiungswerks »das Zurückführen aller Beziehungen auf den rein ökonomischen Tatbestand« bedeutet hat.[47] Der antiliberale Affekt ist also auch hier nicht zu übersehen[48] und der Verfasser hat denn auch in früherer Zeit der Opposition Marwitz' volles Verständnis, ja Lob gezollt.[49] Lob gilt darum auch der »Romantik«, die schließlich doch noch das Schlimmste verhindert hat, denn Lütge stellt befriedigt fest, daß sich dank ihrer »der Bauernstand als Stand erhalten« habe.[50]
Wie von verschiedener Seite festgestellt worden ist, sind diese insgesamt widersprüchlichen Aussagen die Folge einer »Dürftig-

keit ihrer theoretischen Fragestellungen«.[51] Man vermißt Überlegungen zu Alternativen und zu den möglichen Zusammenhängen mit der Industrialisierung, wie sie für Conze bestimmend waren. Der Leser bekommt ferner den Eindruck, das Ideelle habe die Entwicklung vorbestimmt, weil die politischen Entscheidungen nicht als Ausfluß interessenbedingter Zielsetzungen gewertet werden. Über die besondere Rolle der Bürokratie verliert Lütge kein Wort. Dies alles ist um so bedauerlicher, als er dank seines Handbuchs als Autorität gilt und entsprechend häufig herangezogen wird. Der Ratsuchende wird aber von einer so konventionellen Methode gegenüber den Herausforderungen im Stich gelassen, die von der kritischen oder marxistischen Geschichtswissenschaft ausgehen und die Diskussion um so vieles bereichert haben.
Es ist kein Zufall, daß bislang mit Ausnahme der zuletzt genannten Titel ausschließlich Darstellungen zu den Agrarreformen im preußischen Osten vorgestellt worden sind. Zu tief reichten dort die sozialen und wirtschaftlichen Umwälzungen und zu mächtig wirkten ihre Folgeerscheinungen auf die Geschichte ganz Deutschlands für mehr als hundert Jahre ein, als daß man daran hätte vorbeisehen können. Darüber wurde aber oft vergessen, daß die Bauernbefreiung im Westen und Süden ebenfalls von erheblicher Bedeutung war, auch wenn sie weniger radikal in die tradierte ländliche Ordnung eingegriffen hat. Seit kurzem beginnt die Wissenschaft von dieser ungleichgewichtigen Forschungslage Notiz zu nehmen, so daß wenigstens für einige Territorien die Kenntnisse über den in den Seminarien Knapps und Brentanos erarbeiteten Stand erweitert worden sind.
Ausgesprochenes Neuland hat Frau Fehrenbach mit ihren Untersuchungen zum rheinbündischen Deutschland betreten. Hier erfahren nicht nur die bisher vielfach als »unhistorisch« und »traditionslos« abgelehnten Reformprojekte eine beträchtliche Aufwertung, sondern es wird exemplarisch gezeigt, welche Probleme ein nachrevolutionäres Zivilgesetzbuch heraufbeschwört, wenn es auf eine traditionale, noch überwiegend in der Landwirtschaft verwurzelte Gesellschaftsordnung trifft. Die Schwierigkeiten wurden durch die Absicht Napoleons noch größer, der aus politischen Gründen diese Gesellschaftsordnung erhalten wollte. So wurde die Bauernbefreiung, auf die die Einführung des »Code civil« faktisch hinauslief, zum Prüfstein für die Ernsthaftigkeit der Neuerungsabsichten.
Am weitesten kamen die Agrarreformen in den beiden napoleonischen Modellstaaten Berg und Westphalen voran. Sie führten dabei zu Entwicklungen, die verblüffend an die Bauernbefreiung in

Preußen erinnern: die Initiative ging von einer reformfreudigen Bürokratie aus, die das allgemeine Beste zu befördern hoffte, was die schon vom Osten her bekannte »Synthese von Aufklärung, Absolutismus und Frühliberalismus« hervorrief.[52] Der Grundsatz der Entschädigung wurde einseitig zugunsten der Herren ausgelegt; der Adel verhinderte mit seinem Widerstand alle weitergehenden Reformen, da er seine Entmachtung befürchten mußte; die politischen und sozialen Standesprivilegien erhielten sich daher nahezu ungeschmälert; das Bürgertum blieb unbeteiligt, weil es am Landerwerb nicht interessiert war. So kam es entgegen den ursprünglichen Intentionen auch hier nicht zu einer Bauernbefreiung. Frau Fehrenbach stellt vielmehr die »kritische Erwägung« an, ob man nicht wie in Preußen eher von einer »Befreiung der Herren« sprechen müsse.[53]

Dieser erste Anlauf zu einer Bauernbefreiung ist fehlgeschlagen, aber dieses Scheitern habe auch sein Gutes gehabt. Gerade der Vergleich mit Preußen, wo die »defensive Modernisierung« der Gesellschaft letztlich die Revolution heraufbeschworen hat, zeige dies: in den süddeutschen Staaten ging aus dem wirtschaftspolitischen Mißerfolg das um so entschiedenere Streben nach dem Vorrang der politischen und Verfassungsreform hervor; auf diesem Umweg habe sich dann schließlich die Bauernbefreiung leichter und mit größeren Vorteilen für die Landbevölkerung durchführen lassen.[54]

In gewissem Sinne erbrachte von Hippel mit seiner umfangreichen Studie zur Bauernbefreiung in Württemberg den Beweis für diese These Fehrenbachs. Hier vollzog sich die Grundentlastung als Kampf von König und Bürokratie gegen die konkurrierenden Gewalten, unter denen der Adel naturgemäß hervorragte. So steht die Bauernbefreiung »in innerem Zusammenhang mit dem Werden des liberalen Verfassungsstaates«.[55] Sie ist dagegen kein Versuch, die Agrarstruktur im Sinne einer Produktionssteigerung und Marktorientierung zu ändern; von Hippel meint sogar, es bestehe keine kausale Verbindung »zwischen liberalen Agrarreformen und beschleunigter Industrialisierung«.[56]

Von Hippels paradigmatische Arbeit ist noch in anderer Hinsicht von großer Bedeutung. Mit Nachdruck demonstriert er, wie unzutreffend viele gängige, aus dem Beispiel Preußens abgeleitete Pauschalisierungen sind. Dies gilt nicht nur für die bereits angesprochene Frage des Verhältnisses von Grundentlastung und industrieller Revolution. Überhaupt kann von einer landwirtschaftlichen Modernisierung keine Rede sein und jeder Versuch, hier einen Durchbruch zu kapitalistischen Produktionsformen festzustellen, ist bei kritischer Analyse zum Scheitern verurteilt. Dies gilt ganz besonders für die Geschichtsschreibung der DDR, die den »preußischen Weg« des Übergangs vom Feudalismus zum Kapitalismus für ganz Deutschland gelten lassen möchte. Dazu fehlen jedoch im Bereich der Grundherrschaft alle Voraussetzungen und auch die Ergebnisse der west- und süddeutschen Bauernbefreiung sprechen eindeutig gegen diese Interpretation. Wie ein eigentlich naheliegender Vergleich mit Frankreichs Parzellenbauern und der ganz andersartigen englischen Entwicklung zeigen kann, gab offensichtlich weniger die Art und Weise der Durchführung als vielmehr die strukturelle Ausgangslage den Ausschlag für das Resultat der Reformen.

Trifft diese Annahme zu, so würde damit einer der wichtigsten dogmatischen Festlegungen der orthodoxen marxistischen Geschichtswissenschaft der Boden entzogen.[57] Dabei ist es von besonderem Interesse, daß für diesen Irrtum bereits Marx den Grundstein gelegt hat, nachdem er seine Hoffnungen auf eine Bauernrevolution in Deutschland und Frankreich hat begraben müssen. Entstehung und Wirkung dieses Dogmas soll darum im folgenden nachgegangen werden.

Nicht die Frage, wie die deutschen Bauern endgültig »befreit« werden können, stand am Beginn des Interesses von Marx und namentlich Engels, sondern ob und welche Rolle die Bauernschaft in der kommenden Revolution in Deutschland einnehmen wird. Strategisches Kalkül dominierte über die ökonomische Analyse, spezifisch agrarpolitische Zielsetzungen fehlten ganz. Dabei findet sich allerdings schon zu Anfang jene Aussage – hier noch nicht systematisch begründet –, die in einer zweiten Phase das Leitmotiv Marx' werden sollte: daß nämlich die deutsche Bourgeoisie im eigenen Interesse »die möglichst industrielle Exploitation auch des Ackerbaus, die Herstellung einer Klasse industrieller Ackerwirte, die freie Verkäuflichkeit und Mobilisierung des Grundeigentums« fordern müsse und werde, was die Proletarisierung der Bauern nach sich ziehe.[58] Diese Gewißheit zog Engels ohne Zweifel aus seinen englischen Anschauungen, denn in Deutschland hatte die Bourgeoisie, namentlich in Preußen, sich bislang für die Agrarreform so gut wie nicht interessiert. Vorläufig blieb dies aber eine Feststellung am Rande.

Vorrangig war dagegen die Frage, auf welche Seite sich die Bauernschaft schlagen würde. Eine eigenständige politische Rolle wurde ihr von vornherein abgesprochen. Die Bauern seien »aller historischen Initiative durchaus unfähig«.[59] Je nach Wirtschaftslage schlössen sie sich dem Adel oder der Bourgeoisie an. Und in diesem

Schwanken sahen Marx und Engels gerade die große Gefahr angesichts der Massen, die von bäuerlicher Arbeit in Deutschland lebten. Ohne oder gegen sie könne man keine Revolution gewinnen.

Wilhelm Wolff, mit den ländlichen Verhältnissen im deutschen Osten und besonders in Schlesien bestens vertraut und wohl der Hauptinformant von Marx und Engels in dieser Zeit, was Agrarfragen betrifft, zog daraus in einem programmatischen Artikel der »Deutschen Brüsseler Zeitung« vom 1. 8. 1847 die entsprechenden Schlüsse. Auf dem Lande habe die »liberale Partei« bislang politisch versagt. »Auf dem platten Lande müssen wir die Agitation organisieren, wenn wir schnell und erfolgreich das jetzige Regierungssystem ... über den Haufen stürzen wollen.«[60] Beherzigt haben Marx und Engels weder damals noch in der Revolution – die vor allem Marx zum Erstaunen Lenins nur journalistisch begleitete – diese Sätze und selbst Wolff hatte nur momentane Erfolge in Schlesien zu verbuchen, da auch er sich in den Zielen der Bauernschaft getäuscht hatte.

Vielmehr waren es die theoretischer Reflexion entnommenen Erkenntnisse – die Bauern seien unsichere Kantonisten im Falle einer Revolution und die »industrielle Exploitation auch des Ackerbaus« werde für Deutschland ebenfalls unausweichlich[61] –, die die Programmschriften der kommunistischen Bewegung zwischen Herbst 1847 und Frühjahr 1848 bestimmten. In der proletarischen Revolution solle die »allmähliche Expropriation der Grundeigentümer« (und anderer Kapitalisten) das erste Ziel bilden; auf dem enteigneten Lande würden »Nationalgüter« errichtet. Damit schien einerseits das Bauerntum seiner adeligen und bourgeoisen Verbündeten beraubt und auf die Hilfe des Proletariats angewiesen. Andererseits sollte dieser Vorgang auch die vollständige Beseitigung des Privateigentums einleiten, bis das Proletariat schließlich »allen Ackerbau« in seine Gewalt gebracht hat. Der wirtschaftliche Fortschritt werde nicht ausbleiben: der Ackerbau, vom »Druck des Privateigentums und der Parzellierung« befreit, werde »einen ganz neuen Aufschwung nehmen und der Gesellschaft eine vollständig hinreichende Menge von Produkten zur Verfügung stellen«.[62] – Dieselben Vorstellungen finden sich dann auch im »Kommunistischen Manifest«: die Bauern verelenden (sie »fallen ins Proletariat hinab«), wehren sich aber dagegen und sind deshalb »reaktionär, sie suchen das Rad der Geschichte zurückzudrehen«; doch bei entsprechender ›Nachhilfe‹ werden sie »revolutionär«, d. h., sie verlassen »ihren eigenen Standpunkt, um sich auf den des Proletariats zu stellen«.[63] – Von diesem Gedankengang sind die im März 1848 veröffentlichten »Forderungen der Kommunistischen Partei in Deutschland« geleitet. Marx und Engels verlangen weitaus mehr als die bürgerliche Bewegung, nämlich entschädigungslose Befreiung von allen Grundlasten und Enteignung allen nichtbäuerlichen Landbesitzes.[64] Mit anderen Worten, das Proletariat sollte sich der fortgeschrittensten Teile der deutschen Landwirtschaft bemächtigen, während auf dem Bauernland der Kapitalismus erst noch hergestellt werden mußte (um ihn dann anschließend ebenfalls zu beseitigen, denn die weitere Umwälzung der gesamten Produktionsweise war bereits im Kommunistischen Manifest angekündigt worden).

Aus der Sicht von Marx und Engels schienen sich die Ereignisse im Sommer 1848 tatsächlich einen Augenblick lang so zu entwickeln, wie sie es prognostiziert hatten. Als die beiden Redakteure der Neuen Rheinischen Zeitung die Bourgeoisie dabei ertappten, durch ihren Gesetzentwurf für eine Ablösung (anstatt Abschaffung) aller Feudallasten »die Bauernrevolution, die in ganz Deutschland im März anbrach, an die Aristokratie zu verraten«, gab es in ihren Augen nur eine Konsequenz: »die Regierung provoziert einen Bauernkrieg«.[65] Der blieb nun freilich aus. Die Revolution brach zusammen durch den, wie sie meinten, Verrat der Bourgeoisie[66] und den Verratenen blieb nach Engels' sarkastischer Feststellung nur »die Satisfaktion, daß dieser Verrat nach dem Siege der Konterrevolution von den Konterrevolutionären selbst gezüchtigt wurde«.[67]

Mit dieser Feststellung war zugleich der Sündenbock für die Niederlage gefunden und die Führer der kommunistischen Bewegung konnten jegliche Selbstkritik umgehen. Sie sahen sich im Gegenteil in ihren alten Vorbehalten gegenüber dem Bauerntum nur allzu bestätigt. Trotz seiner elenden Lage fehlte ihm offensichtlich jede Voraussetzung zum Proletariat. »Der Bauer kann in dem Hypothekenwucher kein Klassenverhältnis sehen, er kann seine Aufhebung nicht verlangen, ohne zugleich seinen eigenen Besitz zu gefährden«, weil – anders als im Falle der Feudalabgaben – Hergang und Sinn der eigenen Verschuldung bekannt und akzeptiert seien.[68] Zum »Verrat« der Bourgeoisie hatte sich das »Versagen« der Bauernschaft gesellt. Dieses Urteil besaß überdies den Vorzug, nicht endgültig sein zu müssen. Es enthielt vielmehr eine Hintertür für den Fall, daß die Bauern doch noch im Laufe der Zeit ihre wahre Klassenlage erkennen und mit dem Proletariat zusammen die Revolution siegreich durchfechten. 1848 war es in Frankreich fast soweit gewesen, denn die Liberalen mit ihrer bauernfeindlichen Politik »inokulierten die Revolution in jedem Dorf, sie lokalisierten und verbauerten die Revolution«.[69] In seiner Neubearbeitung des Werkes war sich Marx in dieser Zukunftshoffnung dann noch sicherer. »Mit der Verzweiflung an der napoleonischen Restauration scheidet der französische Bauer von dem Glauben an seine Parzelle, stürzt das ganze auf diese Parzelle aufgeführte Staatsgebäude zusammen und erhält die proletarische Revolution das Chor, ohne das ihr Sologesang in allen Bauernnationen zum Sterbelied wird.«[70]

In der Zweitauflage, 1869, hat Marx diesen Satz gestrichen und durch eine deutlich schwächere Version ersetzt.[71] Die Idee einer revolutionären Selbstbefreiung der Bauern auf dem westeuropäischen Kontinent hatte sich endgültig als Illusion erwiesen. Mittlerweile war Marx aber auf andere Weise neue Hoffnung zugewachsen, die ihm diesmal untrüglich schien. Im Gesetz vom tendenziellen Fall der Profitrate glaubte er, den rechnerischen Beweis dafür erbracht zu haben, daß mit der Akkumulation des Kapitals die Vermehrung des Proletariats einhergehe. Und dieses Proletariat speise sich überall, wie er aus der Geschichte seines Gastlandes England schloß, aus den massenhaften Opfern des Akkumulationsprozesses, den exploitierten und enteigneten Handwerkern und Bauern. Gewerbe und Landwirtschaft teilen demnach dasselbe Schicksal und sind ökonomisch wie politisch aufeinander verwiesen.

Von hier aus gesehen war eine Bauern-»Befreiung« vollends schiere Unmöglichkeit. Wo die Liberalen von »Befreiung« reden, findet nach Marx in Wirklichkeit nur die »Verwandlung der feudalen in kapitalistische Exploitation« statt; es handelt sich um einen bloßen »Formwechsel dieser Knechtung«. Für ihn ist es ein und derselbe Prozeß, in dem die ländlichen Produzenten »einerseits ... ihre Befreiung von Dienstbarkeit« erlangen und »andererseits ... diese Neubefreiten ... Verkäufer ihrer selbst« werden. So erklärt sich in England »die zunehmende Kapitalwirtschaft auf dem Land und die progressive Vernichtung der Bauerschaft« zur gleichen Zeit.[72]

Aber England lehrte Marx noch mehr. Hier glaubte er zu erkennen, daß die »klassische Form« des Verelendungsprozesses nicht beim Gewerbe, sondern in der Landwirtschaft einsetzt[73] und das Parzelleneigentum – die auf dem Kontinent vorherrschende Besitzgröße – nur eine vorübergehende Erscheinung ist, bis alles Land dem Großgrundbesitz zugefallen sei. Der »Prozeß der ursprünglichen Akkumulation« ist demnach kein befreiender Akt, sondern eine »Revolution in den Grundbesitzverhältnissen«, die erst – und hier ersetzt noch einmal die politische die wirtschafts-

wissenschaftliche Gewißheit – mit der Diktatur des Proletariats zu Ende geführt werde.[74]
Marx hat sich, wie die Geschichte mittlerweile gezeigt hat, auch in dieser Annahme getäuscht, denn sein Versuch einer ökonomischen Fundierung der Proletariatstheorie ignorierte u. a. die Besonderheiten des Agrarsektors, die nur in England (und Nordamerika) bis zur Unkenntlichkeit verkümmert sind. Trotzdem war er niemals zu einer Revision seiner Aussagen bereit und wollte allenfalls für Rußland von der »Gesetzmäßigkeit« einer dreistufigen Entwicklung vom Feudalismus über den Kapitalismus zum Sozialismus absehen, wie er zögernd in seinem berühmten Brief an Vera Sassulitsch eingestand.[75]
Mit ihren kategorischen Feststellungen, daß
1. die Bauernfrage nicht isoliert, sondern im allgemeinen historischen Zusammenhang zu sehen sei, daß
2. die kapitalistische Bauernbefreiung nur eine Abhängigkeit gegen die andere austausche, daß sie
3. deshalb kein Ziel an sich sei, sondern ein nicht zu umgehender Markstein auf dem Wege zur proletarischen Revolution und daß schließlich
4. die Bauern ihre »wahren« Ziele weder selbst erkennen noch gar erringen können und deshalb stets auf die Führung anderer Klassen, und zwar zuletzt auf das Industrieproletariat angewiesen seien, hinterließen Marx und Engels sowohl den Führern der Arbeiterbewegung als auch den Theoretikern des Sozialismus die größten Probleme bei der Deutung der Wirklichkeit. So wurde etwa die Haltung der deutschen Sozialdemokratie zur Agrarfrage bis mindestens 1914 zur wahren Tragödie, denn sie gewann auf dem Lande nicht nur keinen Fußbreit Boden (solange sie orthodox agitierte), sondern spaltete sich über diese Frage auch noch in Revisionisten und Dogmatiker.[76]
Es war Lenin, der in der hochgradigen Sprengkraft des russischen Dorfes um die Jahrhundertwende die Chance erblickte, seiner Partei an die Macht zu verhelfen. Dazu mußte er freilich die Aussagen Marx' im ›Kapital‹ erheblich umdeuten.
Mit seiner Theorie von den zwei Wegen kapitalistischer Entwicklung in der (Land-)Wirtschaft, lieferte er dem Marxismus das Instrumentarium, die proletarische Revolution vor der Vollendung des Kapitalismus zu verlangen und gutzuheißen, sofern hierfür eine zahlreiche, unzufriedene Bauernschaft ausreichenden Ersatz böte. Lenin griff damit auf den ursprünglichen, revolutionären Marxismus zurück, den der alte Engels 1894 wieder ausgegraben und propagiert hatte.[77] Zugleich erhob er damit die Agrarreform zu

einer eigenständigen Thematik, so daß sich erst jetzt das besondere Interesse der Kommunisten dieser Frage zuwenden konnte. Der praktische Erfolg Lenins und die theoretische Sanktionierung Stalins entrückte in der Folgezeit die These von den zwei Wegen jeglicher Kritik und hat sie zur Grundlage der gesamten Geschichtsschreibung der Sowjetunion und der DDR werden lassen. Im »amerikanischen Weg« wird der Bauer »zur ausschließlichen Triebkraft der Landwirtschaft«, denn dies »bedeutet rascheste Entwicklung der Produktivkräfte und die besten ... Existenzbedingungen für die Bauernmasse«. Der »preußische Weg« sollte dagegen die Verzögerungen erklären, denen damals die Bauernschaft in Deutschland auf dem Wege zu ihrer vollständigen Befreiung ausgesetzt war: hier, wo die Revolution ausgeblieben ist, »wächst die frohnherrliche Gutsbesitzerwirtschaft langsam in eine bürgerliche, in eine Junkerwirtschaft hinüber«; diese anhaltende »kapitalistische Ausbeutung« im Wege der Ablösungsgelder könne den russischen Bauern keinesfalls zugemutet werden.[78] Die westliche nichtmarxistische Historiographie ist längst zu dem Ergebnis gelangt, daß Lenin mit diesen Aussagen weder die damalige Wirklichkeit seiner Heimat noch seine eigene oder gar Stalins spätere Politik zutreffend beschrieben hat. Es ging ihm damit primär auch weniger um eine Kapitalismusanalyse als vielmehr um eine für den Sonderfall Rußland passende Revolutionstheorie.
Die Divergenzen zwischen Marx und Lenin auf praktischem Gebiet fanden in der DDR im Wege des Machtspruchs, d. h. durch Zwangskollektivierung der mitteldeutschen Landwirtschaft in den Jahren 1959/60 ihr Ende. Sie habe den Bauern »ihre endgültige Befreiung«[79] auf der Grundlage der Marxschen Lehre und damit den »preußischen Weg« zum Abschluß gebracht. Die Geschichtswissenschaft hat es weniger einfach. Die DDR-Historiker, die mit der Aufarbeitung der deutschen Agrargeschichte des 19. Jahrhunderts im wesentlichen erst in den sechziger Jahren begonnen haben,[80] blendeten – im Gegensatz zu ihren französischen Kollegen im Falle von 1789 – das von Marx im »Kapital« vorgeführte ökonomistische Erklärungsmodell aus, da die dort behauptete Vorbildrolle Englands im Hinblick auf die deutsche Geschichte allzu offensichtlich falsch ist. Um so nachdrücklicher stützt man sich daher auf Lenins Deutung, mit der sich die frühmarxschen Aussagen mit ihrem erklärten Versuch, in die Revolution einzugreifen, nahtlos vereinen lassen.[81] Die damit verbundene These vom »Verrat« des Bürgertums und der »Unentschiedenheit« der Bauern enthebt die östliche Forschung überdies der Notwendigkeit, die Vorgänge des Jahres 1848 anders als in der Form eines geschlosse-

nen Ereignisblocks zu sehen, so daß die schichtenspezifischen Ziele und die dementsprechend unterschiedlichen Verhaltensweisen der Beteiligten gar nicht erst in den Blick kommen.

Die Probleme der marxistischen Historiographie mit ihren eigenen Voraussetzungen liegen augenblicklich – abgesehen von der Deutung der 48er-Revolution – vor allem auf vier Gebieten. Zum einen stellt die Tatsache, daß die Bauernbefreiung in Deutschland sich weder evolutionär vollzogen hat noch im Klassenkampf durchgesetzt worden ist, die Forschung vor die Frage, welche Rolle dem absoluten Staat im Zusammenhang mit den Widersprüchen zukommt, die letztlich zur Liquidierung der feudalen Produktionsverhältnisse geführt haben.[82] In der Regel wird dies mit dem Hinweis zu erklären versucht, daß dieser Staat nur scheinbar von den feudalen Kräften unabhängig sei, in Wirklichkeit jedoch von ihnen beherrscht werde. Die spezifische Art der preußischen Bauernbefreiung sei daher ganz an den Interessen der Junker ausgerichtet gewesen, deren Widerstand auf einem anfänglichen Mißverständnis beruht habe und im übrigen von der Forschung bislang überschätzt worden sei.[83] Diese Argumente ändern jedoch nichts an der Tatsache, daß es gerade die »fortschrittlichen« Einflüsse der Französischen Revolution waren, die in Deutschland zu früh gewirkt und damit die »gesetzmäßig« zu erwartende Revolution letztlich verhindert haben, was auch Marx und Engels mit ihrer Niederlage im Jahre 1848 büßen mußten.

Das zweite Problem ist der Versuch, die These vom »preußischen Weg« auch auf das Gebiet der Grundherrschaft anzuwenden, auf Territorien also, in denen sich der Adel von der Selbstführung der Wirtschaftsbetriebe längst zurückgezogen hatte. Die westdeutsche Forschung wird mit dem Vorwurf belegt, sie richte ihren Blick einseitig auf die bäuerlichen Rechtsverhältnisse und unterstreiche dadurch das Trennende von Guts- und Grundherrschaft unzulässig stark. Auch wenn dieser Vorwurf, betrachtet man vor allem die einflußreichen Arbeiten Lütges, nicht unberechtigt ist, so scheint doch die Gegenposition, daß ausschließlich »die Struktur der Rentenleistung bzw. der Rentenforderung bestimmenden Einfluß auf die Differenzierung der Bauernschaft bzw. der Landbevölkerung ausübte«, ebensowenig haltbar.[84] Hier wird außerdem die verbissene Opposition übersehen, mit der sich der Adel namentlich in Süddeutschland gegen die Grundentlastung zur Wehr gesetzt hat. Unerklärlich bleibt dann auch die Haltung der süddeutschen Bauern im Jahr 1848, die Adelshaß mit Königstreue verbanden und hier nicht in heilloser Verblendung, sondern durchaus logisch im Sinne ihrer Ziele handelten.

Das dritte Problem betrifft das Verhältnis zwischen »preußischem Weg« und landwirtschaftlicher Entwicklung. In diesem Punkt sind sich die Historiker im Osten selbst noch nicht einig. Lenin leugnete die Möglichkeit eines rasanten Produktivitätsfortschrittes für bäuerliche Wirtschaften, solange diese noch mit Ablösungsverpflichtungen belastet sind. Moll gibt ihm hierin recht.[85] Unter Hinweis auf die Gutsbetriebe und die Erntemengen entscheidet sich jedoch eine Mehrheit der Forscher heute für die Annahme, daß der »preußische Weg« alsbald zu kapitalistischen Produktionsformen geführt habe und dadurch zugleich zur unmittelbaren Vorbedingung für die industrielle Revolution geworden sei.[86] Diese Ansicht findet auch im Westen eine Reihe prominenter Vertreter, die offensichtlich ebenso wie Marx die angelsächsischen Fallbeispiele verallgemeinern.[87] Der statistische Befund (die Nutzfläche nimmt weitaus rascher zu als der spezifische Hektarertrag) trägt hier ebenso zur Klärung bei wie eine nach Regionen getrennte Untersuchung: im Westen und Süden Deutschlands stagniert die Produktion und weist damit im ganzen ähnliche Züge auf wie die Landwirtschaft in Frankreich. Gerade dieses Beispiel zeigt, daß nicht einmal entschädigungslose Bauernbefreiung – nach orthodox-marxistischer Ansicht der Inbegriff des revolutionären Durchbruchs zum Kapitalismus – Produktivitätsfortschritte garantiert. Das Modell der »zwei Wege« zum Kapitalismus gerät hier offensichtlich zu sich selbst in Widerspruch.[88] Es übersieht mit seiner bloßen Alternative zwischen Feudalismus und Kapitalismus die Eigengesetzlichkeiten bäuerlichen Wirtschaftens und ignoriert die hohe Bedeutung vorindustrieller Zonen mit hoher Gewerbedichte, deren Existenz für den Durchbruch der industriellen Revolution weitaus wichtiger war als die Leistungsfähigkeit des Agrarsektors und die Modalität der Entfeudalisierung.

Damit ist schon das vierte Problem angeschnitten. Marx und Lenin sind sich im Übergangscharakter »freier« bäuerlicher Existenzen einig. Es sei nur eine Frage der Zeit, bis der Kleinbesitz von leistungsfähigeren Großbetrieben verschlungen werde, die ihrerseits dann in der Revolution des Proletariats ein Ende finden würden. Daß diese Prognose sich – selbst im Herrschaftsbereich des »realen Sozialismus« – als falsch erwiesen hat, bedarf keiner weiteren Begründung. Es überrascht aber doch, daß das theoretische Defizit bislang nicht aufgefüllt worden ist. Die staatsmonopolkapitalistische Theorie bietet hierfür keinen Ersatz, da sie für die Erklärung der Verhältnisse im Osten keine Geltung beanspruchen darf und weil die agrarische Überproduktionskrise Westeuropas nicht eine zwangsläufige Folge kapitalistischer Entwicklung ist, sondern im Gegenteil das Ergebnis vielfältiger Versuche, den vollen Durchbruch kapitalistischer Marktverhältnisse im Agrarsektor zu verhindern. So vermögen die marxistischen Historiker zwar die Einzelfaktoren der Vergangenheit, nicht jedoch die Gegenwart als Ergebnis dieser Vergangenheit schlüssig zu deuten; es fehlt ihnen für die Agrargeschichte der theoretische Rahmen, der die Kontinuität der Entwicklung einsichtig machen würde, weil der Bereich der Landwirtschaft nicht als eigenständige historische Größe anerkannt wird.

Die aufgezählten Widersprüchlichkeiten verhinderten indessen nicht, daß sich die Urteile der westlichen und östlichen Forschung über Begleitumstände und Folgen der Bauernbefreiung in Preußen – freilich nur da! – weitgehend angenähert haben. In dem Maße, wie sich die »bürgerlichen« Historiker von einer unkritischen Verklärung Preußens freigemacht und die von Knapp und Ziekursch eröffneten Perspektiven einer mehr sozial-, statt rechtsgeschichtlichen Interpretation übernommen haben, wartete die Forschung in der DDR ihrerseits mit überraschenden Archivfunden und überzeugendem statistischem Material in einem Gegenstandsbereich auf, der lange als einer der besterforschten der neueren Geschichte galt. Während sich also auf der Ebene der Tatsachenermittlung vielfache Übereinstimmung abzeichnet und selbst die Bewertungsmaßstäbe hinsichtlich der sozialen und wirtschaftlichen Begleitumstände zu beiderseits vergleichbaren Ergebnissen kommen lassen, bleibt der Bezugsrahmen weiterhin kontrovers. Eine weitergehende Verständigung erscheint angesichts der dogmatischen Rückbindung an die Aussagen der »Klassiker« und wegen des Gebots der Parteilichkeit augenblicklich als ausgeschlossen.

Faßt man den hier ausgebreiteten Gang der Geschichtsschreibung eines knappen Jahrhunderts zusammen, so fällt zunächst die Hartnäckigkeit des heroisierten Preußenbildes auf, von dem gerade die Geschichte der Bauernbefreiung in Deutschland wesentlich beeinflußt worden ist. Vor dem Ende des Zweiten Weltkriegs haben nur wenige, Außenseiter gebliebene Historiker die Glorifizierung und allseits behauptete Vorbildlichkeit der Stein-Hardenbergschen Reformen in Zweifel gezogen. Aber auch nach 1945 hat es im Westen noch geraume Zeit gedauert, bis die Wirkungsgeschichte in ihrer ganzen Schärfe erkannt worden ist. Die marxistische Forschung dagegen konnte – und mußte – damals von einem bereits fertig vorliegenden Kanon der Wege »bürgerlicher Umgestaltung« ausgehen. Das hat ihr zwar die kritische Sicht für die preußisch-deutsche Geschichte erleichtert, aber auch den Blick für jene Realitäten versperrt, denen schon Marx ausgewichen war. Die vor etwa

zwanzig Jahren einsetzende Welle einschlägiger Arbeiten brachte demgemäß nur eine Vielzahl vorsichtig vorgebrachter Ergänzungen in dem von Festlegungen freien Raum.
Ein anderes Kennzeichen ist der Umstand, daß sich die Historiker bei der Erforschung dieses Themas im wesentlichen an die vorgegebene Perspektive der »Revolution von oben« gehalten haben. In ganz besonderem Maße gilt dies für die »bürgerliche« Geschichtsschreibung, die den bäuerlichen Vorstellungen im 19. Jahrhundert nur in Ausnahmefällen Beachtung geschenkt hat.[89] Dies ist im Ausland anders[90] und erst recht haben sich die Marxisten weitaus häufiger mit diesem Problem befaßt. Ihnen ist allerdings mit der Interpretation aller bäuerlichen Aktionen als Ausdruck des »Klassenkampfs« kapitalistischer Kräfte gegen die feudale Reaktion von vornherein die Chance einer realistischen Erfassung dessen genommen, was die Sozialwissenschaft neuerdings als »Bauernrevolution«, d.h. als eigenständige Form des Widerstands ländlicher Gesellschaften bezeichnet. Hier bedarf die Forschung noch erheblicher Anstrengungen, um zu einem Gesamtbild dessen zu kommen, was trotz aller berechtigten kritischen Einwände auch künftig als »Bauernbefreiung« bezeichnet werden kann.

Theoretische Vorüberlegungen

»Revolution von oben« und »preußischer Weg« sind damit gegenwärtig die einzigen Versuche, den Komplex der Bauernbefreiung nicht nur nachzuzeichnen, sondern ihn zugleich zu erklären. Beide erfassen jedoch die Vielschichtigkeit der Vorgänge nur unzureichend, indem sie entweder die wirtschaftlichen Aspekte oder das Verhalten der Bauern gänzlich unterschlagen, bzw. mit ungeeigneten Maßstäben beurteilen. Offensichtlich ist ein einziger Interpretationsansatz überfordert, Modernisierung, Modernität und Antimodernismus in gleicher Weise überzeugend zu erfassen. Aber auch die Kombination der Merkmale »Agrarreform« und »Agrarkapitalisierung«, wie sie jüngst als Ersatz für »Bauernbefreiung« vorgeschlagen worden ist,[91] vermag an diesem Ungenügen nur wenig zu ändern, da sich dahinter lediglich eine Addition bekannter Perspektiven mit teilweise veränderter Akzentuierung verbirgt.
Der augenblickliche Stand der Diskussion erlaubt demnach keine alles auf einen Nenner bringende Theorie, selbst wenn man die Anforderungen an diese hier weniger streng faßt als in den Sozialwissenschaften. Auch in diesem Buche wird dazu kein expliziter Versuch unternommen. Vielmehr sollen drei sich gegenseitig er-

gänzende Zugriffe den historischen Sachverhalt erschließen und nach Möglichkeit überdies plausibel machen.
In den ersten Kapiteln ist des öfteren von »partieller Modernisierung« die Rede. Dieses Theorem ist ungefähr zwanzig Jahre alt und stellt einen Versuch dar, das unbefriedigende Konzept globaler Modernisierung weiterzuentwickeln.[92] Allerdings unterstellt auch dieser Ansatz, und zwar schon vom Begrifflichen her, die Existenz eines anderen, angeblich »normalen« Weges in die Moderne voraus, nämlich den der vollständigen Modernisierung. Der Historiker gibt damit vor zu wissen, was »normal« und was »modern« ist, d.h. er kennt das angebliche Ziel der Geschichte. Aber so problematisch diese normativen Implikationen sind, denen notwendigerweise etwas Apriorisches anhaftet, ihre theoretische Rechtfertigung besteht darin, daß dem Konstrukt – und nur um ein solches kann es sich hierbei handeln – eines »Normalweges« vor allem heuristische Funktionen zukommen. Daraus ergibt sich ein wichtiger Vorzug für die geschichtswissenschaftliche Praxis: dieser Ansatz ermöglicht, ja verlangt geradezu aufgrund seines globalen Erklärungspotentials, die Aussagen und ihre Bewertung im Vergleich zu überprüfen.
Betrachtet man die besonders in den Kapiteln II und III untersuchte Entwicklung der Indikatoren des Wandels,[93] so wird einiges von der offensichtlich strukturbedingten Sonderentwicklung Deutschlands erkennbar. Das Partielle der Modernisierung erscheint dabei auf mehreren Ebenen. Zum ersten ergibt sich im Hinblick auf die Spannungen zwischen Staat und Gesellschaft eine auffällige Disparität zwischen der relativ raschen Entfaltung von Land- und Industriewirtschaft einerseits und den sehr begrenzten Entwicklungen auf dem Gebiet der Einigungs- und Verfassungspolitik andererseits. Dieses Ungleichgewicht findet seine Parallele auf wirtschaftlicher Ebene in dem Umstand, daß der gewerblich-industrielle Bereich dem Agrarsektor gleichsam davoneilte und die Distanz noch größer gewesen wäre, wenn das Wachstum fast bis zum Ende des 19. Jahrhunderts nicht von den langsameren Fortschritten der Landwirtschaft gebremst worden wäre. Sind diese beiden Sachverhalte allgemein bekannt, so ist die dritte Ebene weitaus weniger in die Modernisierungsdiskussion einbezogen: die Begrenztheit des Wandels findet sich nämlich auch innerhalb der Landwirtschaft selbst, und zwar in doppelter Form. Im Falle der Emanzipation geriet der dem unmittelbaren Zugriff der Landesherren entzogene Teil der Untertanen in einen zeitlich und vor allem materiellen Rückstand gegenüber den sogenannten Staatsbauern, während beim Abbau der ökonomischen Seite des Feudalregimes

eine erhebliche Anzahl bäuerlicher Betriebe die Umstellung auf kapitalistische Wirtschaftsweisen spät oder überhaupt nicht vornahm, so daß schließlich so etwas wie eine *Dual economy* nur deshalb ausgeblieben ist, weil sich auch die modernisierten Güter einem vollständig liberalisierten Kapitalismus am Ende widersetzt haben.

Die »partielle Modernisierung« liefert das einheitsstiftende Konzept für diese vielfältigen, mehrstufigen Disproportionen, für diese »Partialitäten innerhalb der Partialität«. Die historische Ursache liegt in dem Umstand beschlossen, daß die Modernisierung in Deutschland aufgrund geschichtlich gewachsener Gewichtsverteilungen im wesentlichen eine Aufgabe der Regierungen gewesen ist. Dieser Sachverhalt schloß eine gleichmäßige und gleichgewichtige Entwicklung aller Bereiche von vornherein aus und verhinderte darüber hinaus eine Korrektur der Rückständigkeit auf revolutionärem Wege. Alle Versuche einer synchronen Modernisierung scheiterten oder sind abgebrochen worden, weil sie die Kompromisse zerstört hätten, auf denen die obrigkeitliche Reformbereitschaft beruhte.

Inwieweit sich die Regierungen dieser Problematik bewußt gewesen sind, d. h. inwieweit die partielle Modernisierung einer ausdrücklichen politischen Absicht entsprungen ist und nicht lediglich das Ergebnis gänzlich anderer Intentionen war, bedarf noch genauerer Untersuchungen. Das Beispiel der gescheiterten preußischen Gesamtstaatsverfassung läßt vielleicht noch am ehesten den Schluß zu, daß die modernisierungswillige Bürokratie allmählich zu der Erkenntnis gelangt ist, eine politische Liberalisierung mache die wirtschaftlichen Reformen, insbesondere die Bauernbefreiung wieder zunichte.[94] Ähnliches gilt für manche der führenden Köpfe in den Rheinbundstaaten.[95] Wenn sich also gegenwärtig auch noch nicht mit letzter Gewißheit sagen läßt, ob die partielle Modernisierung in Deutschland zumindest nach 1815 den Zielsetzungen der Administrationen entsprochen hat, so zeigt doch die deutsche Geschichte, besonders der zögernde Umbau der Gesellschaftsverfassung und die späte Parlamentarisierung des politischen Lebens, daß mindestens bis zum Ende der Monarchie etwas anderes als partielle Modernisierung prinzipiell unmöglich war.

»Partielle Modernisierung« bezeichnet also die grundsätzliche Begrenztheit des Wandels in Deutschland als Folge der »Revolution von oben«. Damit ist jedoch nicht die ganze Wirklichkeit erfaßt. Die den Obrigkeiten in mannigfacher Weise abgerungenen Fortschritte, die jedoch – von kurzen Ausnahmen abgesehen – niemals die Grenzen dessen überschritten, was den Regierungen als Selbst-

aufgabe erschienen wäre, müssen mit anderen, das bisherige Interpretationsschema ergänzenden Ansätzen erfaßt werden. So war es etwa die Taktik der liberalen Opposition namentlich in den vormärzlichen Landtagen, am Wandel in Staat und Gesellschaft auf dem Wege der Vereinbarung mitzuwirken und damit der hohen Beamtenschaft das Monopol der Reformaktivitäten zu nehmen und dennoch die Revolution zu vermeiden. Erst recht zeigt ein Blick auf 1830 und vor allem auf 1848, daß noch andere Handlungsmuster und Wege als nur die »Revolution von oben« denkbar waren und sich gelegentlich sogar mit Erfolg behaupteten. In ganz besonderem Maße – und auch hierfür gibt das hier gelieferte Material die nötigen Aufschlüsse – gilt dies für den bäuerlichen Bereich. Allzu oft wird übersehen, daß die Unruhen auf dem Lande selbst mitten in der Restaurationsphase zu den dauerhaftesten Reformen geführt haben, weil sich die Ziele von Bauernschaft und Administration weithin deckten. Beide erstrebten nämlich, wenn auch aus unterschiedlichen Motiven, nur begrenzten Wandel, so daß sich ländliches Aufbegehren und »Revolution von oben« in eigenartiger, aber für Deutschland typischer Weise in die Hände arbeiteten und zusammenwirkten. Wenn man in Rechnung stellt, daß es gerade die partielle Modernisierung gewesen ist, die konfliktsteigernd gewirkt hat, so muß zur näheren Erklärung ein Ansatz hinzutreten, der den Zusammenhang von Innovation und Konflikt thematisiert.[96]
Mit diesem Zugriff erklärt sich zwar mancher Erfolg gegenüber den Inhabern feudaler Rechte, nicht jedoch das Verhaltensmuster, dem die Landbevölkerung fast überall und ohne Absprache gefolgt ist. Für die Erschließung des bäuerlichen Weltbildes und der sich daraus ergebenden Aktionsfiguren bedarf es einer dritten Untersuchungsmethode: der sogenannten Bauernsoziologie.[97] Sie wurde zwar weitgehend für die Analyse der bäuerlichen Gesellschaften der Dritten Welt entwickelt, doch sind deren Strukturen nicht so fremdartig, als daß nicht bei genügender Umsicht viele Bestandteile dieses Instrumentariums auch dazu dienen könnten, das Verhältnis zwischen Herrschaft und dörflichen Untertanen in Alteuropa besser als bisher zu verstehen. Von hier aus ergeben sich außerdem wichtige Einsichten in die Wirtschaftsweise des vorindustriellen Zeitalters mit seiner besonderen Erwerbsstruktur und ökonomischen Mentalität.[98] Mit dem Konzept einer Agrargesellschaft als Teil einer Gesamtgesellschaft lassen sich die herkömmlichen Stratifikationsmuster der Stände- bzw. Klassengesellschaft sinnvoll ergänzen, um einen bisher vernachlässigten Teilbereich der frühneuzeitlichen Sozialverfassung zu beschreiben, der in Deutschland bis weit ins 19. Jahrhundert hineingeragt hat.

Diese methodischen Vorbemerkungen beanspruchen nicht, um es noch einmal zu unterstreichen, eine abschließende Klärung aller Probleme der Interpretation. Sie sollten vor allem dem Zweck dienen, die Fülle des Materials nach übergeordneten Gesichtspunkten zu gliedern, den Blick auch auf bisher Vernachlässigtes zu lenken und in vielleicht überzeugenderer Weise als frühere Versuche Antworten auf die Frage zu finden, warum in Deutschland mehrere Wege der Beseitigung des Feudalregimes beschritten worden sind. Nicht zuletzt eröffnen sie die Möglichkeit, die Agrargeschichte in einem engeren Zusammenhang mit den übrigen Teilbereichen der Geschichte – die hier stets mitreflektiert, wenn auch nicht explizit behandelt ist – zu sehen, als dies in der Regel geschieht.

I. Die Ausgangslage

Zu Beginn des 19. Jahrhunderts war Deutschland »ein Bauernland, in das in einzelnen Teilen stärkere Beimischungen von Großgrundbesitz eingesprengt sind«, wie Werner Sombart fast genau hundert Jahre später treffend bemerkt hat.[1] Westlich der Elbe fehlte der Großgrundbesitz fast ganz und der bäuerliche Anteil dürfte sogar ungefähr 90% erreicht haben.[2] So sehr diese Angaben wohl die Wirklichkeit treffen, man darf ihretwegen keinesfalls in die hierzulande so beliebte naiv-romantische Schilderung des Bauernlebens im vorindustriellen Zeitalter verfallen. Die Lage auf dem Lande hatte sich im Gegenteil gerade damals in einer Weise zugespitzt, daß besorgte Beobachter nach dem Vorbild des Engländers Malthus ein Verhungern großer Teile der Bevölkerung als unausweichlich ansahen.

Wie war es dazu gekommen? Die Wirtschaft in vorindustrieller Zeit mußte bei begrenztem Landangebot und Agrarprodukt eine veränderliche Zahl von Konsumenten ernähren. Diese von französischen Historikern als »économie froide« bezeichnete altertümliche Wirtschaftsweise war seit den 40er Jahren des 18. Jahrhunderts zunehmend unter Druck geraten, als sich in den meisten Teilen Europas die Menschen stark zu vermehren begannen: lebten um 1700 in Deutschland noch weniger als 30 Menschen auf dem qkm, so waren es 1800 bereits über 40. Damit war der vornehmlich von der Landwirtschaft geschaffene Nahrungsspielraum so gut wie erschöpft, was nichts anderes heißen konnte, als daß die Bevölkerung zunehmend Mangel litt.

Das in der Literatur häufig anzutreffende Bild vom enormen Aufschwung des Agrarsektors im 18. Jahrhundert bedarf daher der Korrektur. Es beruht vor allem auf der Preisentwicklung für Getreide, die in der Tat stetig nach oben gerichtet war: allein zwischen 1770 und 1800 betrug der Anstieg 90%. Die Wirtschaftswissenschaftler unserer Zeit haben daraus auf eine ingesamt günstige Konjunktur geschlossen, obgleich ihnen die Stagnation von Löhnen und Preisen für gewerbliche Erzeugnisse nicht verborgen geblieben ist. Die unaufhaltsame Preissteigerung für das Hauptnahrungsmittel Europas war aber ausschließlich die Folge einer beständigen Verknappung des Angebots.

Von den Konsequenzen dieser inflationären Entwicklung blieben auch die meisten Erzeuger nicht verschont, wenn man berücksichtigt, daß nur eine Minderheit der bäuerlichen Betriebe Deutschlands damals einen positiven Netto-Marktbeitrag leistete. Die große Mehrzahl war dagegen auch auf nichtlandwirtschaftliche (Geld-)Einkünfte angewiesen, um die Lücken der Selbstversorgung stopfen zu können. Mit anderen Worten: abgesehen von den großen Betrieben in bäuerlicher Hand waren es ausnahmslos die privilegierten Stände, unter ihnen besonders Adel und Klerus, die von den erheblichen Preissteigerungen für landwirtschaftliche Produkte profitierten, indem sie die mit Hilfe der Bauern erzielten Mehrerlöse abschöpften.

Die Stagnation der bäuerlichen Einkommen ist sowohl auf den Stand der Landbautechnik, also auf die Bodennutzung, als auch auf die Herrschaftsverfassung zurückzuführen, deren vielfache gegenseitige Verschränkung eine Änderung dieses Zustandes ausschloß, solange man das herrschaftlich-bäuerliche Verhältnis unangetastet ließ.

Das in Deutschland vorherrschende Bodennutzungssystem war die Dreifelderwirtschaft, in der das Ackerland in Sommer-, Winter- und Brachfeld eingeteilt war. Der Produktion pflanzlicher Nahrungsmittel standen also zunächst nur zwei Drittel der ohnedies knappen Anbaufläche – sie machte 1818 in ganz Preußen nur ca. 20%, im stark besiedelten Rheinland immerhin 41% der Gesamtfläche aus[3] – zur Verfügung. Geerntet wurde in Mitteleuropa im Durchschnitt das Vierfache der Aussaatmenge. Eine wesentliche Verbesserung der Ernährunglage war zunächst nur durch die verstärkte Heranziehung der Brache im Wege der sog. Besömmerung zu erreichen. Der Bebauung mit Blatt- und Hackfrüchten standen jedoch althergebrachte Weiderechte durch die Gemeinde oder den Ortsherrn entgegen, so daß von der verbesserten Dreifelderwirtschaft gegen 1800 erst ein Viertel der Brache erfaßt war, wodurch sich die Ackerfläche um knapp 9% erhöhte. Eine grundsätzliche Änderung wäre nur von der Koppelwirtschaft (Acker- und Weidenutzung im mehrjährigen Wechsel) oder der reinen Fruchtwechselwirtschaft (sich ablösender Anbau von Blatt- und Halmfrüchten) zu erwarten gewesen, doch scheiterte die größere Verbreitung dieser beiden Methoden an der Gemengelage der Äcker, an der Kapitalknappheit und am Düngermangel. Letzterer war auch ein wichtiges Hindernis für die Verbesserung der Wiesen, einer Vorbedingung für die Stallfütterung, so daß bis weit ins 19. Jahrhundert der Viehbestand stagnierte. Darunter litt nicht nur die Ernährung, sondern auch die Bestellung der Äcker und das Transportwesen. Um so wichtiger wurden damit die Gartenflächen und das städtische Umland, in denen kalorienreiche Nahrungsmittel wie Kartoffeln und Kohl gediehen.

Der Produktionsfortschritt wurde also auch vom System gehemmt, in das die gesamte ländliche Ordnung rechtlich eingebunden war und das in der Regel mit dem zwar populären, sachlich jedoch eigentlich unzutreffenden Begriff »Feudalregime« bezeichnet wird. Abgesehen von den wenigen Freibauern stand die gesamte bäuerliche Bevölkerung in einem besonderen Untertanenverhältnis, das sich in einer beschränkten Verfügungsgewalt über den Besitz (faktisch war er im Westen und Süden Deutschlands jedoch erblich geworden), in Abgaben- und Dienstpflichten, vielerorts auch in mangelnder Freizügigkeit niederschlug. Als Eigentümer erfüllten die Bauern zwar ein wesentliches Kriterium für die Zugehörigkeit zur Gesellschaft der Stände, sie hatten aber ihre ohnedies begrenzte einstige Teilhabe an politischer Herrschaft so gut wie überall vollständig verloren, so daß sie am unteren Ende der Ständeordnung rangierten. Von niedrigem sozialen Status, waren sie jedoch – jedenfalls in Gebieten, wo ein geschlossenes Erbrecht für deutliche Besitzunterschiede gesorgt hatte – von der rasch anwachsenden unterständischen Schicht scharf geschieden.

Die mehrfache Untertänigkeit der Bauern bestand, wenn man die Landesherrschaft als Normalfall obrigkeitlicher Befugnisse beiseite läßt, in ihrer Einordnung in die Systeme der Grund-, Leib-, Gerichts- und Zehntherrschaft, die sich in der Hand privilegierter Stände befanden: adlige Familien und geistliche Körperschaften vor allem, aber auch Städte, Universitäten und Wohlfahrtseinrichtungen zählten hierzu.

Am wichtigsten war ohne Zweifel die Grundherrschaft und ihre im Osten der Elbe anzutreffende Sonderform der Gutsherrschaft, die zusammen den historisch hochbedeutsamen Dualismus der deutschen Agrarverfassung ergeben haben. Ihre rechtliche Seite zählt zu den am intensivsten erfaßten Gegenständen der Forschung und findet sich in jedem Handbuch, weshalb sie hier nur knapp skizziert zu werden braucht. Bekannt ist vor allem ihre Auffächerung in landschaftliche Sonderformen. Die südostdeutsche oder bayerische Grundherrschaft mit Anerbensitte und teilweise umfangreichen Eigenbetrieben der Herren ist durch formal schlechte Besitzrechte und Konzentration von Grund- und Gerichtsherrschaft in Form der sog. Hofmarken gekennzeichnet; die Abgabenbelastung der Bauern war hoch, die Leistungspflichten fielen dagegen weniger ins Gewicht. In der südwestdeutschen Grundherrschaft haben günstige bäuerliche Besitzrechte, Realteilung und Trennung der einzelnen Herrschaftsträger die Fortentwicklung des Systems seit dem Mittelalter verhindert; die geringe Zahl von Eigenbetrieben machte Frondienste weithin überflüssig, so daß den »Zinsen« um so größere Bedeutung zukam. Auch die westdeutsche Grundherrschaft zeichnete sich durch die ausschlaggebende Rolle der Rentenbezüge aus; von ihrem südwestdeutschen Pendant unterschied sie sich vor allem durch das fast völlige Fehlen der Leibeigenschaft, besonders aber durch den relativ großen Anteil gut ausgestatteter Pachtbetriebe, die Inhabern und Verpächtern gleichermaßen ein hohes Einkommen sicherten. Die nordwestdeutsche Grundherrschaft kennzeichnete das Nebeneinander bedeutender Gutsbetriebe und großbäuerlicher Meierhöfe, die unteilbar, erblich und mit hohen Abgaben belastet waren; beide wurden vorwiegend von den eigengehörigen, d. h. leibeigenen Kleinstellenbesitzern mitversorgt. Das Bindeglied zwischen West und Ost ist die mitteldeutsche Grundherrschaft Thüringens und Kursachsens, in der sich sowohl bäuerliche Anwesen mit guten Besitzrechten – teilweise herrscht Realteilung – finden als auch Rittergüter, die im Besitze der Gerichtsherrschaft sind; die Leibeigenschaft war dagegen verschwunden.

Anders verlief die Entwicklung in Deutschland rechts der Elbe, wo sich die in der Kolonisationsperiode angelegten Unterscheidungsmerkmale zwischen West und Ost seit dem 16. Jahrhundert verstärkten. Während sich die Wissenschaft über den progressiven oder rückschrittlichen Charakter dieser Entwicklung streitet, ist sie sich über die Faktoren, die von der Gutswirtschaft zur Gutsherrschaft geführt haben, im wesentlichen einig. Die Antriebsmomente sind dabei im nationalen wie im internationalen Rahmen zu suchen. So wirkte auf der einen Seite die starke Stellung des Adels, die Entwertung der Geldrenten bei fehlenden Ersatzmöglichkeiten außerhalb der Landwirtschaft und die Schwäche der Landesherren mit, auf der anderen Seite eröffnete die verkehrsgünstige Lage wichtige Chancen für Getreideexporte über die See nach Westen. Am Ende hatte die Ritterschaft Absatzchancen, Bodenverteilung und Arbeitskräftereservoir optimal kombiniert. Für die Bauern bedeutete dies eine Kumulation von schlechten Besitzrechten, erblicher Schollenbindung und hoher Dienstbelastung.

Die Masse der wirtschaftlichen Leistungen an die Privilegierten bestand in West- und Mitteldeutschland aus Geldzahlungen, weil nicht nur die Grundzinsen bar zu entrichten waren. Im Süden überwogen dagegen Naturalabgaben. Die geringe Bedeutung der herrschaftlichen Eigenbetriebe hatte hier und im Rheinland dafür die Umwandlung der Fronen in Dienstgelder nahegelegt. Wo eine Monetarisierung von Naturalabgaben stattgefunden hatte, war aus Gründen der Wertsicherung oft ein Getreideäquivalent festgelegt worden. Gesindezwangsdienste für Bauernkinder sowie Hand-

und Spanndienste waren nur bei gutswirtschaftlicher Agrarverfassung sinnvoll, da mit ihnen die in vorindustrieller Zeit unverhältnismäßig hohen Geldlöhne für freie Arbeitskräfte umgangen werden konnten. Sie überwogen daher naturgemäß im Norden und besonders in Ostdeutschland.

Aufgeklärte Polemik und bäuerliche Klagen richteten sich im 18. Jahrhundert weniger gegen die schweren materiellen Belastungen, als vielmehr gegen die Verletzungen der menschlichen Würde und gegen die Unmoralität adliger Vergnügungen auf Kosten der Untertanen. Im Mittelpunkt der Kritik standen daher die als »Sklaverei« bezeichnete Leibeigenschaft, die zu Unrecht mit der ostelbischen Erbuntertänigkeit gleichgesetzt wurde, und die »Heiligsprechung des Wildes«[4] als Folge maßloser Jagdleidenschaft der Grundherren. Die Wirkung der Argumente blieb gering. Das adlige Jagdprivileg endete erst 1848, die Leibeigenschaft wurde im 18. Jahrhundert nur von Österreich und Baden aufgehoben, und auch hier nur als Begriff, denn die damit verbundenen Pflichten blieben erhalten.

Versucht man nun eine Bilanz zu ziehen, die die bäuerliche Lage am Vorabend der Reformen mit Hilfe von Zahlen sichtbar macht, so wäre hier in erster Linie die sog. Feudalquote zu nennen, d. h. der Anteil, den Abgaben und Dienstleistungen am Rohertrag ausmachten. Zusätzliche Aussagen über die wirtschaftliche Gesamtlage und die soziale Schichtung innerhalb der Landbevölkerung runden das Bild ab.

An den erstmals von Henning systematisch durchgeführten Berechnungen fällt zunächst auf, daß die bäuerliche Belastung nicht, wie zu erwarten wäre, im Osten den höchsten Anteil erreicht hat, sondern umgekehrt von West nach Ost sank: in Flandern erreichte sie 40% und fiel bis Westpolen auf 26% des Rohertrags (oder 46 bzw. 38% der Wertschöpfung); in Württemberg schwankte sie zwischen 28 und 34%.[5] Sie folgte damit den Durchschnittserträgen der Böden, die im Westen ebenfalls höher waren und macht zugleich die Politik der Leistungsempfänger deutlich, die bäuerlichen Lasten so weit als möglich zu steigern. In der Praxis wurden diese Maximalwerte jedoch wohl kaum erreicht, da die meisten Betriebe noch über Einkünfte aus Gartenkultur, Viehzucht (das Vieh wurde auch noch im 18. Jahrhundert nur in Ausnahmefällen vom bestellten Land ernährt) und Wald verfügten, von denen geringe oder gar keine Abgaben erhoben wurden.

Trotz dieser Einschränkung war das damalige bäuerliche Einkommen unter betriebswirtschaftlichen Gesichtspunkten nur noch eine Restgröße. Das zeigt auch der hohe Verbreitungsgrad der »Hausindustrie«, durch den sich die vorindustrielle von der mittelalterlichen Agrargesellschaft ganz wesentlich unterschied. Der Nebenerwerb verbesserte aber die Einkommenslage nur schwach, denn der Markt war wenig aufnahmefähig und die Erlöse waren durch die wachsende Konkurrenz begrenzt. Aus zahllosen, auch biographischen Einzelnotizen zeichnet sich so insgesamt ein erschreckendes Bild bäuerlicher Armut ab: am Ende des 18. Jahrhunderts konnten drei Viertel aller Höfe kaum oder unregelmäßig Überschüsse erwirtschaften und gerieten bei Mißernten unausweichlich in Not.[6] Auch wenn durch unterschiedliche Chancen auf Nebenerwerb, durch Hofgröße, Bodenqualität und Marktnähe die Streuung regional voneinander abwich, so gab es doch in Deutschland keine Landschaft, in der die Masse aller bäuerlichen Betriebe als wohlhabend gelten konnte. Die Häufung negativer Faktoren im Osten hat allerdings dazu geführt, daß in Mecklenburg und in den preußischen Provinzen das Elend am größten war.

Eine denkbar knappe, aber immerhin bäuerliche Existenz war daher im Westen bei mindestens 4, eher 6 bis 7 ha, im Osten bei mindestens 8 ha reiner Nutzfläche möglich. Das leider recht dürftige statistische Material jener Zeit zeigt immerhin, daß um 1800 die Auflösungstendenzen einer vor Jahrhunderten noch relativ einheitlich verfaßten Bauernschaft bereits so weit vorangeschritten waren, daß es bei weitem nicht mehr allen zu einer solchen Hofstelle reichte. In den Realteilungsgebieten Württembergs, Badens, der Pfalz und Thüringens bildeten bäuerliche Vollnahrungen ohnedies nurmehr die Ausnahme.[7] Aber auch im übrigen Deutschland stellten die mit Gespann versehenen Voll- und Halbbauern fast überall die Minderheit: in Sachsen 26% (1750), in Schlesien 20% (1778), in Schleswig und Holstein 33% (1769), in Paderborn 22%, in Minden-Ravensberg 26%, in der Mark 38% (jeweils 1802), in Brandenburg 46% (1800), und zwar einschließlich der nur Handdienste verrichtenden Kossäten (Viertelbauern).[8] Dementsprechend stark war die Zahl der Kleinstellenbesitzer angestiegen, die beispielsweise als Kötter im Westfälischen zwischen 49 und 71%, in Oberbayern als Sölden immerhin 63% aller Höfe bewirtschafteten.[9] Der Anteil der ganz Besitzlosen schließlich, der Hausgenossen, Beiwohner, Heuerleute, Einlieger und anderer Gruppen, der Unterschichten also, hat um die Jahrhundertwende bereit über 25% der ländlichen Bevölkerung Deutschlands betragen und deren Zahl wuchs täglich.[10] Wie ja überhaupt die Ausdifferenzierung der Landbewohner nicht durch Bauernlegen und sonstigen »Landraub« des Adels zustande gekommen ist, sondern sich aus der Zunahme der Bevölkerung erklärt, der unter den gegebenen Umständen eine kaum noch zu erweiternde oder intensiver zu bewirtschaftende Kulturfläche gegenüberstand, so daß der Nahrungsspielraum immer knapper wurde.

Auf der anderen Seite der ländlichen Gesellschaft standen die Privilegierten, unter denen der Adel besonders hervorragte. Dieser soll im 18. Jahrhundert im Reichsgebiet ca. 1% der Gesamtbevölkerung ausgemacht haben.[11] Für seine tatsächliche Bedeutung sind jedoch andere Dinge maßgeblich. Zunächst fallen die starken Unterschiede innerhalb dieser Schicht auf, die fast regelmäßig auch im Grade der Wohlhabenheit zum Ausdruck kamen.

Für den Zusammenhang mit der Agrargeschichte ist wesentlich, daß der nordeuropäische Adel seiner Herkunft und seinem Selbstverständnis nach vom Lande kam, auch wenn die Bedeutung der Residenz seit dem Ende des 17. Jahrhunderts zugenommen hatte: um 1800 lebten von 409 adligen Rittergutsbesitzern der Kurmark 71% auf dem Lande.[12] Im Süden Deutschlands dürften es noch mehr gewesen sein. Der Adlige war nicht bloßer Grundeigentümer, sondern seine Machtstellung rührte aus der Kombination von Besitz und Herrschaft her. Als Grundherr bezog er von seinen Hintersassen Entgelt für Boden-, Gebäude- und Inventarnutzung, als Leibherr erhielt er regelmäßigen Leibzins, beim Tode des Leibeigenen eine bestimmte Vermögensabgabe, als Gerichtsherr kassierte er Straf- und Bußgelder sowie die erheblichen Gebühren für jeden Rechtsakt seiner Gerichtsuntertanen, gebot über Dienstleistungen und übte die wichtigsten polizeilichen und administrativen Aufgaben aus, als Patronatsherr schließlich zog er die Zehnten ein. Das Verhältnis zwischen herrschaftlichem Aufwand und Ertrag dieser Rechte war fast durchweg positiv und nahm zu, je mehr Rechte in einer Hand vereinigt waren. Erst seit dem 19. Jahrhundert konnte der Staat im Bereich der auf dieser untersten Ebene noch ungeschiedenen Justiz und Verwaltung Normen durchsetzen, die für die Gerichtsinhaber die fernere Beibehaltung ihrer Funktion lästig werden ließ.

Auf dem Lande konkurrierte also der Monarch noch lange mit der autonomen Herrschaftsbefugnis des eingesessenen Adels und der Fürst, dem zwar die Steuereintreibung, das Konskriptionswesen und die hohe Gerichtsbarkeit seit langem zustanden, war zunächst nur ein Grundherr unter vielen, wenn auch der mächtigste. So gebot etwa der bayerische Kurfürst lediglich über 44% der Bauernhöfe und erlangte erst durch die Säkularisation von 1803 mit 71% die Mehrheit. Noch 1837 war im rechtsrheinischen Teil Preußens »ein reichliches Drittel« der Landbewohner der Patrimonialjustiz durch die Gutsherrschaften unterworfen.[13] Am augenfälligsten offenbarte sich die anhaltende Vormachtstellung des Adels im preußischen Landrat. Die Inhaber dieser Position wurden weit über das Ende der Bauernbefreiung hinaus regelmäßig dem Kreise der ansässigen Rittergutsbesitzer entnommen, die in dieser Funktion nach oben die ständisch-adligen Interessen, nach unten die Regierung vertraten. Der moderne Staat stieß somit im ländlichen Preußen auf der Ebene der Kreise bis 1872/91 auf eine administrative Kraft eigenen Rechts, bei den nicht in die Dorfgemeinden integrierten Rittergutsbezirken endete diese Herrschaft gar erst 1927!

Unter diesen Umständen kann es nicht überraschen, daß es dem Adel im 17. und 18. Jahrhundert fast überall gelungen war, die bäuerlichen Dienste und Abgaben so zu steigern, daß er schließlich zu Beginn der Reformen in erheblichem Maße auf Kosten seiner Untertanen lebte. Dieser Tatbestand vermehrte andererseits die Abhängigkeit des Adels von den Leistungen seiner Hintersassen und erklärt seinen harten Widerstand gegen die Bauernbefreiung. Allerdings beruhte aufgrund der unterschiedlichen Agrarverfassung diese Abhängigkeit in West und Ost auf verschiedenen Grundlagen. Im Bereich der Gutsherrschaft überwogen wertmäßig natürlich bei weitem die Dienste: so machten auf den Launickschen Gütern in Ostpreußen die bäuerlichen Abgaben knapp 18% der Gesamteinnahmen aus, in der schlesischen Herrschaft Kynast gar nur 7 bis 8%. Fast genau umgekehrt ist das Bild bei herrschaftlichen Revenuenetats in Süddeutschland, wo Eigenbetriebe nur eine untergeordnete Rolle spielten oder sogar ganz fehlten. In der bayerischen Hofmark Amerang erreichten die grundherrschaftlichen Einkünfte mehr als 50% der Bruttoeinnahmen,[14] sie stiegen in Ostwürttemberg und Oberschwaben (einschließlich der Einnahmen aus der Landherrschaft) beim Adel vielfach auf Anteile von 66 bis 75% und konnten einen Spitzenwert von 93,8% erreichen.[15] Auch die Geistlichkeit deckte dort ihre Einkünfte in der Regel zu zwei Dritteln aus Herrschaftsrechten. Die Metternichs gaben an, daß ihre linksrheinischen Verluste an Herrschaftsrechten 1798 62% aller jährlichen Einkünfte betragen haben und wurden mit der Reichsabtei Ochsenhausen entschädigt, bei der der Anteil dieser Rechte sogar 76% betrug.[16]

Diese Zustände erlaubten den Privilegierten somit meistens ein wenn schon nicht sorgen-, so doch immerhin nahezu arbeitsfreies Einkommen, dem auch Konjunktureinbrüche wenig anhaben konnten. Die feudalwirtschaftlich fundierte Einkommensstrukturierung bereitete jedoch schon allen Korporationen Schwierigkeiten, die damit Dienstleistungen zu erbringen hatten. Spitäler und Armenstiftungen, aber auch Universitäten, die keine Zuschüsse erhielten, bewegten sich zu Ende des 18. Jahrhunderts ständig am Rande des Defizits. Erst recht galt dies für die Landesherren, die trotz des zum Teil schon erheblichen Steueraufkommens chronisch verschuldet waren – nicht wegen des luxuriösen Aufwands der Hofhaltungen, sondern vor allem als Folge der gestiegenen Ansprüche aller an den Staat. Der Bauernschutz, der in den meisten preußischen Territorien zur Sicherung des Steueraufkommens durchgesetzt werden konnte, hatte an diesem Tatbestand nichts ändern können, schon weil er nur den Status quo erhalten sollte. Westlich der Elbe, wo solche Maßnahmen kaum nötig waren, war die Lage ganz dieselbe.

Schon dieser Umstand legte in jener Zeit den Gedanken an eine Änderung des Verhältnisses zwischen Untertanen und privilegierter Herrschaft nahe. Neben der Mehrung der fürstlichen Einkünfte war aber auch die Entlastung der Bauern ein Motiv, das nach der Jahrhundertmitte, vor allem aber nach dem Ende des Siebenjährigen Krieges und der ganz Europa treffenden schweren Teuerungskrise von 1770/72 in der Beamtenschaft laut wird. Die Staatsdiener wandten sich jetzt vermehrt der Landwirtschaft in der Absicht zu, der offenkundigen Krisensymptome Herr zu werden. Mit Hilfe von Rentabilitätsberechnungen wurde die ganze Schwere der Situation deutlich. »Mehr als fürchterlich ist der Gedanke, daß dereinst Millionen Bauern in einem solchen elenden Zustande sich befinden werden«, warnte Wöllner 1784 den Kronprinzen, nachdem er ihm die Bilanzen pommerscher Adelsbauern vorgelegt hatte.[17] Über diesem Wohlfahrtsdenken darf man das Eigeninteresse der Bürokratie nicht übersehen, die mit den ständischen Kräften in ewigem Konflikt lag und daher jede Gelegenheit zur Ausdehnung ihrer Kompetenzen, d. h. staatlicher Souveränität nutzte. Unter dieser Perspektive brauchte der soziale Besitzstand der Privilegierten nicht angetastet zu werden, ja man konnte sogar dem widerstrebenden Adel nahelegen, gerade die Beseitigung der alten Verfassung sei auch für ihn von großem wirtschaftlichen Nutzen. Freilich wirkte dieses Argument nur dort überzeugend, wo Gutsbetriebe durch die Feudalordnung am Expandieren gehindert wurden, ein Umstand, der sich westlich der Elbe kaum, aber auch östlich davon in nennenswertem Ausmaß nur in Schleswig-Holstein ergeben hatte (in Mecklenburg beseitige der Adel von alleine alle Hemmnisse). Die Mehrzahl der preußischen Gutsbesitzer war um 1800 von agrarkapitalistischer Mentalität noch weitgehend frei und konnte sich darin von der glänzenden Konjunktur gerechtfertigt fühlen. Allenthalben stößt man noch auf Anzeichen einer vorkapitalistischen Wirtschaftsgesinnung, die Naturalerzeugnisse und Fronarbeit nicht als Kostenfaktor einschätzte und Geldausgaben, auch für produktive Investitionen, als Verluste betrachtete. Noch weniger kommen für diese Zeit Modernisierungsimpulse aus dem Bereich der bäuerlichen Wirtschaft in Frage. Wie noch ausführlich zu zeigen sein wird, entsprangen die zahllosen Konflikte mit den Guts- und Grundherrschaften einer Reihe von zum Teil widersprüchlichen Motiven, von denen jedoch keines eine Entwicklung anstrebte, wie sie dann im 19. Jahrhundert tatsächlich eingetreten ist. Es wird weithin übersehen, daß die von den Regierungen durchgesetzte Individualwirtschaft nur für die Minderheit mittlerer und großer Betriebe Vorteile geboten hat.

Für dieses ganze, hier nur knapp angedeutete Motivationsbündel der anstehenden Reformprojekte lieferten zwei Denkschulen den intellektuellen Rahmen und wiesen die Richtung. Zum einen erörterte man die unabwendbaren Eingriffe in die Staats- und Eigentumsordnung unter dem Doppelschlagwort »Freiheit und Eigentum«. Das Recht des Staates zu solchen Eingriffen und die Grenzen, vor denen die administrativen Maßnahmen Halt zu machen hatten, wurden an der Zielvorstellung gemessen, die Privatbauern aus der doppelten Untertänigkeit in »freie Bürger des Staates« (ALR II 7, § 147) zu überführen und diesen Status durch die Verleihung des vollen Eigentumsrechts abzusichern. In solchem Bestreben berührte sich diese Grundsatzdiskussion mit den Absichten jener Fachleute der Agrarökonomik, die das unverzichtbare technische Wissen für alle weiteren Details einer Landwirtschaftsreform lieferten, sich aber im übrigen an Verfassungsfragen wenig interessiert zeigten. In der Parole von der »rationellen Landwirtschaft« liefen die vielfältigen Programmpunkte zusammen, die von der Stallfütterung über die Flurbereinigung bis zur Buchführung reichten und nicht nur dem Agrarsektor einen dauerhaften Aufschwung sichern, sondern einen – auch begrifflich – neuen, am nordwesteuropäischen Vorbild orientierten Unternehmertypus schaffen wollten, den »Landwirt«.

Damit ist auch bereits der Anteil des Bürgertums an der Vorbereitung der Bauernbefreiung umschrieben. Wenn die marxistische Geschichtswissenschaft von »bürgerlicher Agrarreform« spricht und damit auf einen Sieg der Bourgeoisie über Feudalaristokratie und absoluten Staat auf diesem Sektor anspielt, so ist dies eher Ausdruck eines Wunschbildes vom gesetzmäßigen Ablauf der Geschichte als Abbild der Wirklichkeit. Erst in den dreißiger Jahren des 19. Jahrhunderts sollten die Liberalen in einigen, vornehmlich süddeutschen Bundesstaaten den Wert der Beseitigung bäuerlicher Abhängigkeiten als Instrument in der Auseinandersetzung mit den vom Adel getragenen Kräften des Beharrens erkennen. Aber auch dann ist von einer Wendung gegen den monarchischen Staat keine Rede. In den Kammern verhielten sich im Gegenteil Regierung und liberale Opposition »oft mehr als zerstrittene Partner mit unterschiedlichen Auffassungen von Ausmaß und Tempo der Reformen denn als harte Kontrahenten«.[18] Der verschwindende Anteil bürgerlichen Landbesitzes hat in Deutschland zu allen Zeiten ein genuin bürgerliches Interesse an Agrarfragen verhindert und die Beamten und Gelehrten, die sich mit dieser Materie befaßten, empfanden sich trotz ihrer Herkunft nicht als Angehörige der »Mittelklasse«, sondern eines durch Privilegien vom Bürgertum abgegrenzten Berufsstandes.

Es sollte in diesem Zusammenhang auch nicht vergessen werden, daß es gerade Angehörige des Bürgertums waren, die als erste nach der Französischen Revolution die bäuerliche Emanzipation gefordert haben, um damit paradoxerweise die angebrochene Dynamik des sozialen Wandels aufzuhalten. Während in Wirklichkeit die Entwicklung vom »Bauern« und »Gutsherren« zum »Landwirt« verlaufen ist, versuchten Intellektuelle wie Arndt, Niebuhr und Adam Müller, diesem Vorgang mit der Propaganda einer reaktionären Bauerntumsideologie entgegenzutreten. Am bekanntesten und folgenreichsten war das Wirken von Wilhelm Heinrich Riehl, der seine bestechend präzisen soziologischen Analysen ländlicher Zustände mit dem Ziel verband, das – wie er sagte – industrielle und intellektuelle Proletariat zu beseitigen. »Den Sozialismus kann man nicht mehr durch die Presse, nicht mehr durch Regierungsmaßregeln erfolgreich bekämpfen, man kann das nur noch durch die Bauern.«[19]

Zusammenfassend wird man sagen können, daß es im 18. Jahrhundert vornehmlich die natürlichen Kräfte waren, die der Administration den Gedanken an Reformen im Agrarsektor nahegelegt haben. Diese konzentrierten sich alsbald auf die Möglichkeiten der Verbesserung der bäuerlichen Einkommenslage. Da nach dem damaligen Stand der Wissenschaft die Erträge nicht wesentlich gesteigert und mangels Ödland im Westen bzw. infolge fehlender Arbeitskräfte im Osten die Zahl der Bauernstellen nicht wesentlich erhöht werden konnte, blieb eigentlich nur die Verringerung der enormen bäuerlichen Lasten als Ausweg übrig. Vor dem Ende des Deutschen Reiches hat aber, von den gescheiterten Versuchen Josephs II. abgesehen, keine Regierung die herrschende Ordnung grundsätzlich in Frage gestellt. Erst die Beseitigung der Reichskirche und der reichsverfassungsrechtlichen Garantien adliger Privilegien, vor allem aber die Niederlage gegen Frankreich, die jedermann die

Überlebtheit des Gesellschaftssystems vor Augen geführt hat, boten dann die geeignete Voraussetzung für die allmählich einsetzende Beseitigung der feudalen Ordnung auf dem Lande.

II. Die Durchführung der Bauernbefreiung

In der nun folgenden Übersicht wird der Gang der Bauernbefreiung so dargestellt, wie er sich durch die rechtliche Zuständigkeit ergab. Mithin stehen hier die deutschen Einzelstaaten im Vordergrund des Interesses. Die Reihenfolge ist so gewählt, daß die verschiedenen Formen der Bauernbefreiung hintereinander abgehandelt sind (Gebiete unter direktem oder indirektem französischen Einfluß, der »preußische Weg« samt seinen Varianten, zuletzt das mittlere Deutschland). Dabei wird sich zeigen, daß die Vielfalt der Modernisierungswege bei aller Unterschiedlichkeit im Detail zu vergleichbaren Ergebnissen geführt hat – andernfalls hätte die Frankfurter Nationalversammlung die Materie nicht einheitlich regeln können. Überall stellte sich am Ende eine dauerhafte, aber begrenzte Umstrukturierung ein, die entweder nur die wirtschaftliche oder nur die politische Verfassung dem Wandel unterworfen hat.

Rheinlande

Trotz seiner landschaftlichen Unterschiede und seiner politischen Uneinheitlichkeit kann das linksrheinische Deutschland im Hinblick auf seine Agrar- und Wirtschaftsverfassung weithin als einheitlich gelten. Nahezu allenthalben verfügten die Bauern über ihren grundherrlich gebundenen Besitz auch bei unterschiedlichsten Rechtsformen faktisch uneingeschränkt. Die Abgabenbelastung war allerdings in der Regel um so höher, je schlechter das Besitzrecht war, so daß die Inhaber der Temporalbestandsgüter zum Teil sehr hohe, zwischen 50 und 66% des Reinertrags verschlingende Natural- und Geldzahlungen zu leisten hatten.[1] Auch die Fronleistungen waren vielerorts erheblich, dagegen spielte die Leibeigenschaft keine Rolle mehr.
Die wirtschaftliche Lage der Bauern erscheint daher als ungünstig, auch wenn sich seit 1760 die Konjunkturlage gebessert zu haben scheint. Lediglich in den Tallandschaften hatten sich modernere Anbaumethoden durchsetzen können. Ansonsten aber sorgten rückständige Techniken, Realteilung und – besonders in der Pfalz – Übervölkerung für breite Landarmut. Ein Großteil der Bauernwirtschaften war auf Nebentätigkeiten angewiesen.
Um so größer war der Wohlstand namentlich bei jenen Grundbe-

sitzern, die über Land verfügten, das nicht grundherrschaftlich gebunden war. Durch günstige Verkehrslage und hohen Verstädterungsgrad wies die Bodenverfassung hier streckenweise unvergleichlich modernere Züge auf als rechts des Rheins. Sofern nämlich Adel und Kirche ihr Eigenland nicht selbst bewirtschafteten, gelangte es als freies Pachtland auf den Markt. Dies hat vor allem am Niederrhein zu frühen Ansätzen der Intensivierung geführt, wo meist geschlossene Hofgüter an reiche Großpächter vergeben wurden. Einen anderen Verlauf nahm die Entwicklung in Rheinhessen, an der Saar und in der Pfalz, wo Adel und Kirche – vielfach zugleich Grund- und Landesherren – im Laufe eines Jahrhunderts unter harten Begleiterscheinungen grunduntertäniges in Pachtland verwandelten und unter Ausnutzung der Agrarkonjunktur und des enormen Landhungers immer kleinere Parzellen teuer verpachteten. Diese »allgemeine Revolution in denen Erbbeständen«, wie eine zeitgenössische Quelle klagt,[2] erlaubte in kurzer Zeit Pachtsteigerungen bis zu 500%. Die anhaltende Unruhe der Bevölkerung und der freiwillige Anschluß vieler Dörfer an das revolutionäre Frankreich im Frühjahr 1793 dürfte hier eine Erklärung finden. Insgesamt soll gegen Ende des 18. Jahrhunderts der Anteil des freien Pachtlandes in den genannten Gebieten 20 bis 30%, in Eifel und Hunsrück unter 10% betragen haben.[3]
Das geschilderte Nebeneinander von grundherrlich gebundenem, traditionell wirtschaftendem bäuerlichen Sektor und frühkapitalistischem, marktorientiertem Ackerbau schlug sich in der unterschiedlichen Wirkung der Maßnahmen nieder, die die neuen Machthaber seit 1794 einführten, nachdem es in der kurzen Zeitspanne der Mainzer Republik nach anfänglichem Zögern bei der bloßen Proklamation zur sofortigen Aufhebung des Feudalsystems am 15. 12. 1792 geblieben war.[4]
Nunmehr wurde die französische Gesetzgebung auch auf die linksrheinischen Territorien ausgedehnt, die damit als einzige in Deutschland einer Grundentlastung auf revolutionärem Wege teilhaftig wurden. Für den weitaus größten Teil der Rheinlande fielen mit der von Generalkommissar Rudler am 11. 12. 1797 angekündigten und am 26. 3. 1798 vollzogenen Verordnung alle Bindungen feudalrechtlicher Art ohne Entschädigung (in den Gebieten der ehemals Österreichischen Niederlande bereits am 26. 1. 1797, in den damals längst zu Frankreich gehörenden, ehemals südpfälzischen Gemeinden schon am 17. 7. 1793), während die privatrechtlichen Verpflichtungen zum 15fachen Betrag für ablösbar erklärt wurden. Sämtliche leibeigenschaftlichen Abgaben, die Fronen, Zwangs- und Bannrechte, das Jagdrecht und besonders Zehnten

und Patrimonialgerichtsbarkeit hörten auf. Umstritten blieb die Rechtsnatur der Geldgefälle aus Erbbestandsgütern trotz eines Gutachtens der Koblenzer Rechtsschule und eines gesetzlichen Klärungsversuches vom 1. 10. 1804, mit dem der Staat als Rechtsnachfolger der Feudalgewalten verlorengegangene Einkünfte beitreiben wollte. Eine Prozeßlawine ergoß sich über die Gerichte, die stets dann feudalrechtlichen Abgabencharakter vermuteten, wenn der Empfänger am gleichen Ort auch herrschaftliche Rechte ausgeübt hatte.

Über die Folgen dieser Form der Bauernbefreiung ist im konkreten Einzelfall noch wenig bekannt. Die positiven Wirkungen der entschädigungslosen Aufhebung der meisten Abgaben und aller Dienste wurden von den Kriegsverlusten, der hohen Grundsteuer und den – sofern es dazu kam – überhöhten Ablösungsberechnungen als Folge der überdurchschnittlichen Agrarpreise vermutlich häufig aufgewogen. Andererseits wäre aber die starke Beteiligung der Bauern an den Nationalgüterkäufen bei fortbestehender Grundherrschaft oder umfangreichen Entschädigungszahlungen mit Sicherheit unterblieben. Dies erklärt auch den schleppenden Gang des Ablösungsgeschäfts, zumal weder die Franzosen noch später die Preußen irgendwelche Fristen gesetzt haben. Trotzdem hatte der bäuerliche Sektor insgesamt wirtschaftlich weniger profitiert als die großen Pächter und Inhaber adeliger Eigengüter, die als absatzorientierte Betriebe von den Innovationsbemühungen und der protektionistischen Pariser Agrarpolitik erheblichen Nutzen zogen. Dasselbe gilt für die Gemeinheitsteilungen und Verkoppelungen, deren Anfänge ins 18. Jahrhundert zurückreichen (Kleve: 21. 10. 1769; Kurtrier: 18. 3. 1776 und später). Nur hat hier der hartnäckige bäuerliche Widerstand größere Besitzumschichtungen überhaupt verhindert, so daß dem Gesetz vom 20. 3. 1813 über den Verkauf von Gemeindeländereien und der preußischen Gemeinheitsteilungsordnung vom 19. 5. 1851 wenig Erfolg beschieden war. – Auch der Adel sah sich von diesen Vorgängen in unterschiedlicher Weise betroffen. Während die vor allem zwischen Eifel und Vogesen angesiedelte Reichsritterschaft vorwiegend von Feudaleinkünften oder Gehältern gelebt und diese 1797/98 ausnahmslos verloren hatte und schließlich in der meist folgenden Emigration auch zum Verkauf ihres Restbesitzes gezwungen worden war, konnte sich der landsässige Adel der nördlichen Rheinlande, der meist die französische Staatsbürgerschaft angenommen hatte, durchweg besser behaupten, da er seinen Grundbesitz weithin verpachtet hatte. Hieran wird deutlich, wie sehr sich Tradition und Modernität auf herrschaftlicher und Untertanenseite entsprachen, so daß das im westelbischen Deutschland vorherrschende System der Grundherrschaft Adel und Bauern gleichermaßen an der wirtschaftlichen Entfaltung gehindert hat. Ebenso klar zeigt sich aber auch die Schutzfunktion der herkömmlichen Bodenverfassung, deren zunehmende Auflösung das niedrige, aber relativ gesicherte Lebensniveau der Landbevölkerung von Grund auf zu zerstören drohte.

Napoleonische Staaten

Vom Ergebnis her gesehen sind die Versuche zur Grundentlastung in Berg und Westphalen ohne wirkliche Bedeutung geblieben und deshalb hat die Forschung das Problem lange Zeit überhaupt und unter wirtschaftsgeschichtlichen Gesichtspunkten bis heute stark vernachlässigt; nur die rechts- und sozialpolitischen Aspekte sind neuerdings gründlich untersucht worden.
Obwohl energische Reformen den neuen Staatsgebilden erst ihre Daseinsberechtigung und Lebenskraft geben konnten, waren die Voraussetzungen dafür denkbar ungünstig. Auf landwirtschaftlichem Gebiet fällt zunächst die Mannigfaltigkeit der Agrarverfassung auf, die vom Meierrecht mit seinen großen Bauernhöfen bis zum Realteilungsgebiet des hessischen Berglandes reicht, von frühindustriell stark entwickelten Regionen in Berg und der Grafschaft Mark bis zu außerordentlich rückständigen Landstrichen in ungünstigen Verkehrslagen. Über das Maß der Verbreitung herrschaftlicher Eigenwirtschaft ist so gut wie nichts bekannt, doch legt das Verhalten des Adels in der fraglichen Zeit nahe, daß er vornehmlich vom Rentenbezug gelebt hat. Das landesherrliche Eigentum hat durch die Säkularisation so erheblich zugenommen, daß Napoleon in den westphälischen Domänen eine unerschöpfliche Quelle für seine großzügige Dotationspolitik erblickte und mit der Beschlagnahme von ca. 50% der dem Staate gehörenden Besitztitel[5] dem Königreich einen höchst folgenschweren Geburtsfehler mitgegeben hat.
Das historisch Bemerkenswerte im Rahmen landwirtschaftlicher Reformpolitik ist die Einführung des *Code civil* in beiden Staaten. Da dieser sich an der französischen Agrargesetzgebung von 1789/90 – Grundsatz der Ablösbarkeit – orientierte, wirkte er agrarpolitisch neutral nur in jenen Gebieten, die vor seiner Annahme die Entfeudalisierung nach dem Muster von 1792/93 – entschädigungslose Aufhebung (außer im Bereich des Privatrechts) – erlebt hatten, in Deutschland also nur links des Rheins. In Berg und

Westphalen gelang es dagegen, das Feudalsystem in Gestalt des modernen Eigentumsrechts unter die Vorschriften des *Code civil* zu subsumieren, wodurch aus dem grundherrschaftlichen ein schuldrechtliches Verhältnis wurde, das nunmehr juristisch weit besser abgesichert war als ehedem. Selbst dagegen hat sich der Adel gewehrt und damit zugleich bewiesen, wie wichtig ihm Statusfragen im Vergleich zu wirtschaftlichen Überlegungen waren.
Die sorgfältigere, aber auch radikalere Linie verfolgte das Großherzogtum Berg. Bereits am 12. 12. 1808 wurde mit der Leibeigenschaft auch das geteilte Eigentum aufgehoben, ein im Rheinbund einmaliger Akt; allerdings waren die Ablösungsmaßstäbe zu hoch. Nach der Abschaffung des Lehnsrechts am 11. 1. 1809 trat am 1. 1. 1810 der *Code civil* in Kraft mit der auch vom Rheinland bekannten Folge, daß die Rechtsnatur zahlloser Abgaben und der Leib- und Zeitgewinngüter umstritten war und dies eine Prozeßserie und mannigfache bäuerliche Beschwerden auslöste. Letztere gelangten in Form einer bäuerlichen Deputation bis nach Paris, wo Napoleon eine Revision in Gestalt des Dekrets vom 13. 9. 1811 veranlaßte, das hinsichtlich der Klassifikation zwar bauernfreundlich, nicht jedoch im Bereich der Ablösungsmodalitäten war, da alle Abgaben – wenn überhaupt – gleichzeitig abgelöst werden mußten. Die bäuerliche Unzufriedenheit blieb daher, hinzu kam diejenige des Adels, der das Dekret zu verheimlichen suchte. Als dennoch die gerichtlichen Auseinandersetzungen unvermindert andauerten und die Abgabenverweigerungen unübersehbare Ausmaße annahmen, sah sich die Regierung am 28. 3. 1812 gezwungen, alle Verfahren niederzuschlagen. Damit war die Bauernbefreiung in Berg gescheitert.
In Westphalen folgte auf die Einführung des *Code civil* am 1. 1. 1808 wie in Berg die Aufhebung der Patrimonialgerichtsbarkeit und am 23. 1. 1808 der Leibeigenschaft. Die Eigentumsverfassung wurde ernsthaft erst durch das Dekret vom 18. 8. 1809 angegriffen, das die Ablösbarkeit aller grundherrschaftlichen Verpflichtungen verkündete. Hier zeigte sich nun sogleich das Grundübel des jungen Staates: einerseits verhinderten die Inhaber kaiserlicher Dotationen jegliches Übergreifen staatlicher Reformgesetze und ermunterten damit auch den einheimischen Adel erfolgreich zum Widerstand und andererseits hat der Entzug der Domäneneinkünfte die Regierung zur unablässigen Erhöhung der Steuerquote gezwungen, so daß es 1809, als ärmere Betriebe bis zu 60% ihrer Reinerträge allein an den Staat abführen mußten,[6] in den kleinbäuerlichen Bezirken vor allem Nord- und Mittelhessens zu lokalen Aufständen und Hungerrevolten kam. An Ablösungen war unter

diesen Umständen natürlich nicht zu denken, obwohl für Domänenuntertanen die Bedingungen mehrfach erleichtert wurden.
Trotz einer weitaus energischeren Reformpolitik als in allen anderen Rheinbundstaaten hat sich für die Bauern nur wenig geändert. Die Modernisierung ging faktisch an der Agrarverfassung vorbei, so daß es in Kurhessen, Braunschweig und Hannover 1814 nicht schwerfiel, die seit 1806 durchgeführten Maßnahmen zu annullieren. Neben der ungünstigen Konjunkturlage – die überseeischen und linksrheinischen Absatzgebiete waren verschlossen – war es in erster Linie die sozialkonservative Haltung Napoleons, die die ins Wanken geratene Herrschaftsordnung rasch wieder stabilisiert hat. Damit waren Berg und Westphalen jedoch keine Einzelfälle: als Ausland weit ungünstiger behandelt als die zu Frankreich geschlagenen linksrheinischen Territorien, waren sie, wie die italienischen Tochterrepubliken schon seit 1796, Objekte der Widersprüchlichkeit napoleonischer Gesellschaftspolitik, mit deren Hilfe Adel und Großbürgertum in restaurativer Absicht zu einer neuen, die bisherigen Errungenschaften der Revolution absichernden Elite zusammenwachsen sollten. Für dieses Konzept war es jedoch in Deutschland noch entschieden zu früh.

Preußen

Wie schon einleitend bemerkt, hat die Bauernbefreiung in Preußen seit jeher das größte Interesse der Forschung auf sich gezogen und sie zählt daher zu jenem Bereich der Gesamtproblematik, der am besten aufbereitet ist. Der relativ fortgeschrittene Stand unserer Kenntnisse hat indessen keineswegs zu einer allseitigen Anerkennung und Bewertung der Vorgänge geführt, sondern im Gegenteil neue Fragen aufgeworfen.
Der Vorrang der preußischen Bauernbefreiung erklärt sich nicht nur aus der Rolle Preußens in der neueren deutschen Geschichte, sondern auch aus dem Umfang der durch sie betroffenen Gruppen. Schon die Zeitgenossen haben daher den in der Folge geschilderten Vorgängen weit mehr Aufmerksamkeit entgegengebracht als den administrativen Maßnahmen in anderen Territorien. Die Signalwirkung der wesentlich früheren und viel radikaleren Reformversuche etwa Josephs II. war weitaus geringer und mit ihnen verband sich immer das Odium des Scheiterns; auch wurden sie von der alsbald ausbrechenden Revolution überlagert. Preußen hingegen setzte im Verlauf weniger Jahrzehnte nicht nur eine epochale Staats- und Gesellschaftsreform durch, sondern tat dies noch in einer Zeit, in

der andere Länder vollauf damit beschäftigt blieben, ihren Landgewinn durch bloße Regierungs- und Verwaltungsreformen zu verarbeiten, bzw. in ihrem sozialpolitischen Programm durch Rheinbund, Bundesakte und andere Widerstände behindert wurden.

Um 1800 zählte Preußen – die Gebiete, die durch die 2. und 3. polnische Teilung hinzugekommen waren, bleiben im folgenden stets unberücksichtigt – ungefähr 7,4 Millionen Einwohner. Von ihnen lebten 72%, also ca. 5,7 Millionen, auf dem Land, aber nicht allein von der Landwirtschaft: in ihr waren vielmehr nur noch 62% der Beschäftigten tätig.[7] Sie alle, bzw. ihre sich rasch vermehrende Nachkommenschaft, wurden im Laufe der kommenden beiden Generationen von einem Prozeß erfaßt, der das Verhältnis von Staat und Gesellschaft von Grund auf änderte. Es kann nun keinem Zweifel unterliegen, daß diese Millionen nicht nur nach Maßgabe ihrer Standeszugehörigkeit in unterschiedlichster Weise davon betroffen wurden, sondern auch im Hinblick auf das Gebiet, in dem sie lebten.

Selbst wenn wir uns in unserer Darstellung zunächst auf die östlich der Elbe gelegenen Provinzen beschränken – denn auf diese war Preußen nach seiner Niederlage gegen Napoleon reduziert –, in denen das System der Gutsherrschaft bestimmenden Einfluß auf die Agrarverfassung hatte, wird sich alsbald zeigen, wie sehr die Situation von Provinz zu Provinz differierte. Dies wird gemeinhin übersehen, weil die Agrargeschichte bislang die ländlichen Verhältnisse vorzugsweise unter rechtlichen, statt wirtschaftlichen und sozialen Aspekten betrachtet und deshalb die Vielgestaltigkeit der westelbischen Agrarstruktur überschätzt, die mannigfachen Unterschiede im Osten jedoch eher vernachlässigt hat.

Mit 56900 Bauern lebten in den Kammerbezirken Ostpreußen und Litauen ziemlich genau 10% aller preußischen Bauern. 31000 von ihnen besaßen ein Gespann und zählten damit zu den vermögenderen. Unter ihnen bildeten die knapp 15000 Freien und Köllmer,[8] d.h. die nach altem kulmischen Recht ansässigen Bauern, die Spitze, die lediglich an den Landesherrn mäßige Abgaben und geringe Dienste zu entrichten hatten. Von den restlichen ca. 42000 Bauern waren ca. 10500 dem Adel untertänig, die übrigen dem König, der damit Herr über fünf von sechs ostpreußischen Bauern war. Ihrer Belastung nach schieden sie sich in Hochzinser und Scharwerksbauern, von denen letztere neben Geld- und Naturalabgaben sehr beträchtliche Frondienste leisteten, die namentlich beim Adel solche Höhen erreichen konnten, daß ihnen am Ende des 18. Jahrhunderts unter Umständen nur 8 bis 10%[9] ihrer Wertschöpfung verblieben. Diese erhebliche soziale Differenzierung innerhalb des eigentlichen Bauernstandes setzte sich nach unten in noch stärkerem Maße fort: etwas weniger als die Hälfte der Landbevölkerung[10] hatten als Instleute, Tagelöhner, Gesinde oder dörfliche Handwerker keinen Grundbesitz. Schon lange vor den Reformen existierten also in Ostpreußen Landarbeiter, mit denen vor allem der Adel einen Großteil seiner Güter bewirtschaftete; es gab hunderte adliger Dörfer, in denen kein einziger Bauer lebte.[11] Diese Güter, deren Bewirtschaftung erst im letzten Jahrhundertdrittel intensiver wurde, erfaßten mit knapp 2,6 Millionen Morgen im Bezirk Königsberg 30% der Nutzfläche. Hinzu kamen 222500 Morgen königlicher Domänen, so daß insgesamt ungefähr 32,5% als Gutsherrschaft organisiert waren; im Bezirk Gumbinnen allerdings weit weniger. Den sehr hohen Anteil nur grundherrschaftlich gebundenen Bodens verdankt das Land dem ausgedehnten Besitz des Landesherrn mit 51% in Königsberg und 86% in Gumbinnen. Adel und König wirtschafteten also in völlig unterschiedlicher Weise und nahmen deswegen schon aus diesem Grunde verschiedene Standpunkte gegenüber dem Bauern ein. Die folgende Übersicht für ganz Ostpreußen verdeutlicht diese Aussage:[12]

	Landesherr		Adel		Kirche, Gemeinden	
	absolut	%	absolut	%	absolut	%
Land	9,7 Mio. Morgen	65,5	4,09 Mio. Morgen	27,5	–	
Bauern	46200	81	10700	19	–	
Einkünfte insgesamt	1,085 Mio. Tlr.	53,8	0,720 Mio. Tlr.	35,7	0,210 Mio. Tlr.	10,5
Einkünfte aus Gutsherrschaft	0,11 Mio. Tlr.	10,1	0,58 Mio. Tlr.	80,5	–	

Die Privatbauern brachten, und zwar überwiegend durch Dienste auf den Rittergütern, eine wesentlich höhere Leistung für ihre Herren auf als die Domänenbauern für den König, selbst wenn man den Arbeitseinsatz von Tagelöhnern mitkalkuliert. Möglich wurde dies durch die Kombination von schlechtem Besitzrecht und hochentwickeltem Ertragsdenken auf seiten des Adels. Tatsächlich hatte dieser 94% seiner Bauern zu Laßrecht angesetzt, das nur eine beschränkte Nutzung bei hoher Fronpflicht gestattete. Trotzdem waren selbst diesem Ausbeutungssystem in Zeiten agrarischer Hochkonjunktur Grenzen gesetzt, so daß der Adel nach 1770 einen Teil seiner Bauern zu legen begann, bzw. vermehrt auf freie Lohnarbeit zurückgriff.

Die nächst Ostpreußen am besten dokumentierte Provinz ist Schlesien, wo mit 44500 spannfähigen und 30400 nicht spannfähigen Bauern ca. 13,6% aller preußischen Bauern lebten. Der überwiegende Teil der dörflichen Bevölkerung – Dienstgärtner, Häusler und Einlieger – zählte seit langem zu den kleinst- und unterbäuerlichen Schichten und war auf Lohnarbeit angewiesen. Das Weberelend in den Sudeten war sprichwörtlich. Anders als in Ostpreußen hatte der Landesherr als Grundbesitzer hier nur eine untergeordnete Stellung, denn der Adel besaß zwei von drei schlesischen Dörfern und auch die Kirche verfügte über namhaften Grundbesitz. Trotz des in den deutschen Landesteilen guten Besitzrechtes, des sog. *schlesischen Eigens* – erbliches bäuerliches Besitzrecht trotz Erbuntertänigkeit mit beschränkten Eingriffsmöglichkeiten des Herrn – war die Lage der dörflichen Bevölkerung insbesondere im letzten Drittel des Jahrhunderts sehr ungünstig, wofür die ab 1765 kaum noch abreißenden lokalen Unruhen ein Indiz sind. Die Verschärfung der Dienste nahm auch hier ihren Ausgang von den 4102 Vorwerken in Privatbesitz und den 162 Staatsdomänen, auf denen der agrarische Fortschritt eingeleitet wurde und wo, zumal auf den riesigen Gütern oberschlesischer Magnaten, sogar eine frühe Industrialisierung auf der Basis untertäniger Arbeitskräfte einsetzte. König, Kirche und Städte bezogen ihre Einnahmen dagegen vorwiegend aus der Grundherrschaft, weshalb in Mittel- und Nordschlesien zumindest die Bauern sich in einer günstigen Lage befanden. Die ökonomische Übermacht der schlesischen Rittergutsbesitzer, politisch abgesichert durch vielfältige Verbindungen zur Bürokratie, und der mangelnde Reformwille der Bürokratie selbst verhinderte weitgehend die wiederholten Vorstöße der preußischen Könige seit 1749, den Bauernschutz in Schlesien durchzusetzen. Selbst die Fixierung der Frondienstpflichten in Gemeindeurbarien scheiterte am Widerstand der Gutsbesitzer, die schon im Interesse ihrer außerordentlichen Verschuldung bei der 1770 gegründeten *Schlesischen Landschaft* auf höchste Rentabilität achten mußten. Diese ungleichgewichtige Entwicklung trug ohne Zweifel zur Auflösung der hergebrachten Bindungen zwischen Adel und Untertanen, zur Verschärfung der Spannungen und zum Anwachsen der Landarmut – jährlicher Zuwachs erwachsener Einlieger um 1000 Personen, so daß es bereits 1784 ebensoviel Einlieger wie Bauern gab – bei.[13] Unter der Decke einer stagnierenden Zahl von Bauernstellen liefen also dramatische Entwicklungen auf den verschiedenen sozialen Ebenen ab, die in einen breiten Strom der Unzufriedenheit mündeten. Aber diese Krise blieb nicht auf die Unterschichten beschränkt, sie erfaßte vielmehr ebenso heftig die schmale Spitze der Gutsbesitzer, und diese doppelte Problematik

hat die meisten obrigkeitlichen Eingriffe zweiseitigem Widerstand ausgesetzt. Daß in diesem ungleichen Kampf der Adel Sieger blieb, bedarf keiner weiteren Begründung. So war Schlesien 1806 diejenige Provinz, die am stärksten auf Reformen angewiesen war, aber sie hatte auch schon einen Zustand erreicht, der kaum noch durch Reformen im Sinne der Staatsspitze zu ändern war.
Die übrigen preußischen Territorien können hier nur noch insoweit behandelt werden, als sie das bisherige Bild abändern oder ergänzen. In auffallendem Kontrast zu Schlesien wies Pommern trotz einzelner Ansätze zu agrarischer Modernisierung auch zu Beginn des 19. Jahrhunderts Züge ausgesprochener Rückständigkeit auf: Halbbauern und Kötter machten zusammen mit den Vollbauern zwar nur noch 39% aller ländlichen Familien aus,[14] sie verfügten aber über 59% der Stellen.[15] Dabei gab es hier sehr umfangreiche Rittergüter – 5% aller Stellen, aber 50% der Nutzfläche[16] – und einen entsprechend hohen Anteil privater Bauern – 7% aller Voll- und 58% aller Halbbauern im Jahre 1798[17] –, während der König mit seinen Domänen nur 7% der Nutzfläche besaß und über nur knapp die Hälfte aller Bauern die direkte Herrschaft ausübte. Da auch das bäuerliche Besitzrecht angesichts des vorherrschenden unerblichen Laßrechts denkbar schlecht war, liegt der Schluß nahe, daß generell am Ende des 18. Jahrhunderts nicht bereits adliger Großgrundbesitz als solcher die Bauern bedroht hat, sondern vielmehr der Versuch, diesen intensiver zu nutzen als es seit Jahrhunderten Brauch war.
Diese Feststellung läßt sich an einer glänzenden Spezialuntersuchung für die Uckermark belegen. Die im Besitz der Familie Arnim befindliche Herrschaft Boitzenburg tendierte nur zu einem zögernden Übergang zur Gutsherrschaft und zu modernen Anbaumethoden, so daß zwar die bäuerlichen Lasten im 18. Jahrhundert erhöht und die Ertragslage der Bauernwirtschaften geschmälert wurden, aber zu einem Bauernlegen ist es nicht gekommen. Die Entwicklung verlief damit gänzlich anders als im benachbarten Mecklenburg. Inwieweit sich die Boitzenburger Ergebnisse verallgemeinern lassen, ist im einzelnen ungewiß, sie weichen aber vom Durchschnitt der Kurmark offenbar relativ wenig ab: in Boitzenburg zählten 43% der Nutzfläche zu den Gutsbetrieben, 57% zum Bauernland;[18] in ganz Brandenburg waren es 50,5%[19] (ferner Rittergüter mit 23,7%, der Landesherr mit 13,4%, Städte mit 9,4%). Auch die Sozialstruktur weist ähnliche Züge auf: in Boitzenburg machten die Bauern nur noch ein Drittel der gesamten Bevölkerung aus,[20] in der gesamten Mark 40%.[21] Und auch hier ist lange vor den Reformen eine breite Schicht der Landarmut nachweisbar, zu der

in Boitzenburg mehr als jeder dritte Einwohner zählte. Insgesamt hat allerdings in der Mark der hohe Verstädterungsgrad – 58% der Bevölkerung[22] – einem Teil dieser Gruppe die Abwanderung und damit anderweitige Versorgung erlaubt.
Vergleicht man mit diesen Ergebnissen die Zahlen für die westfälischen Territorien Preußens, so fällt zur Überraschung eine weitgehende Übereinstimmung im vollbäuerlichen Bereich auf, obwohl wir uns hier im Gebiet der Grundherrschaft befinden. Offenbar tendierte das Anerbenrecht, das hier wie dort herrschte, zur Einebnung der Unterschiede zwischen west- und ostelbischer Grundverfassung, soweit nicht die Erbuntertänigkeit von der ökonomischen Seite her die Verhältnisse wieder zu akzentuieren begann, weil die Gutsbetriebe die Intensivierung einleiteten. Überall waren in Westfalen die Vollbauern in die Minderheit geraten, zusammen mit den Köttern stellten sie jedoch 54% aller Hauswirte in Paderborn, bzw. 44 und 45% in Minden-Ravensberg und der Grafschaft Mark.[23] Dies bedeutete freilich umgekehrt, daß hier ungefähr jede zweite Haushaltung auf Nebenerwerb angewiesen war. Tagelöhnerei im herrschaftlichen Gutsbetrieb schied natürlich fast vollständig aus, aber um so stärker war die Hausweberei und -spinnerei insbesondere in Minden-Ravensberg verbreitet – in jeder dritten Familie –, so daß sich dort eine Sozialstruktur ergab, die sich mit derjenigen im schlesischen Gebirgsland nahezu deckte. Eine gewisse Sonderstellung nahm aber die auch schon damals überdurchschnittlich stark »industrialisierte« Mark ein: von 12000 Grundbesitzern waren 4600 oder 38% Vollbauern und fast ebenso viele Halbbauern. Statt Heuerleuten und Einliegern half das Gesinde in der Landwirtschaft mit, da erstere im Gewerbe unterkommen konnten. So war es gerade die frühe Industrialisierung, die dort durch ihre vielfältigen Existenzmöglichkeiten auch den Bauernstand erhalten half und damit – ohne daß dies schon den Zeitgenossen bewußt geworden ist – das Modell für die eigentümlichen Wechselbeziehungen zwischen Industrie und Landwirtschaft im Deutschland des 19. Jahrhunderts abgegeben hat.
Zusammenfassend ergibt sich für Preußen um 1800 folgende Gliederung: es gab ca. 240000 spannfähige und 307000 nicht spannfähige Stellen, die sich in 80% der Nutzfläche teilten, dazu kamen 231000 Familien auf dem Lande ohne Besitz oder Gewerbekonzession, die mit ihren Angehörigen ungefähr 5 Millionen Menschen umfaßt haben dürften. Diesen sind noch eine halbe Million ländlichen Gesindes hinzuzurechnen,[24] was dann einschließlich Militär, Beamtenschaft und Adel die eingangs genannten 5,7 Millionen auf dem Lande lebenden Personen ergibt. Sie bildeten alles andere als

eine einheitliche Schicht, vielmehr waren die Grenzen zwischen Landbesitzenden und Landlosen scharf gezogen, zumal sich letztere erheblich rascher vermehrten als der Bauernstand. Sie wurden auch von der im Osten herrschenden Wirtschaftsverfassung in unterschiedlicher Weise betroffen, denn der Bauernschutz sicherte zwar die Bauern nicht individuell, aber als Ganzes und sorgte letzten Endes für leidliche Lebensbedingungen, während die Unterschichten angesichts ihrer wachsenden Verelendung – die Löhne stagnierten bestenfalls, aber die Agrarpreise stiegen unaufhörlich seit 1730 – ihr Heil immer häufiger im Loskauf suchten, um auswärts Arbeit und Brot zu finden. Dabei sollte nicht übersehen werden, daß nicht die Gutsherrschaft als solche die hergebrachten Verhältnisse bedrohte, sondern der Versuch ihrer Modernisierung unter Beibehaltung der alten Arbeitsverfassung, die, statt die oft schon ausreichend vorhandenen freien Arbeitskräfte heranzuziehen, die Dienstpflicht der bäuerlichen Untertanen zu erhöhen suchte.

Diese Verquickung von Ständeprivileg und Rentabilitätsdenken ist typisch für die Wirtschaftsgesinnung des preußischen Adels jener Zeit. Sofern er sich wissenschaftlich bildete, lernte er namentlich in Königsberg bei dem bekannten Kameralisten Christan Jakob Kraus den Nutzen landwirtschaftlicher Intensivierung kennen, überhörte aber in aller Regel die von jenem und Kant geäußerte Kritik an der Erbuntertänigkeit. Nicht minder zwiespältig verharrte die Regierung, die aus ihrem Dilemma, gleichzeitig Bauernschutz und Stärkung des Adels zu versuchen, nicht herausfand. Als Gutsbesitzerin zeigte sie sich auf ihren Domänen fortschrittlich und begann ab 1799 ernsthaft mit Reformen (von ihnen wird gleich noch die Rede sein), als Sachwalterin der Gesamtheit beugte sie sich jedoch dem Widerstand des Adels. Beispielhaft für diese Haltung ist der Vorgang, daß die Bestätigung der persönlichen Freiheit aller königlichen Bauern in Ostpreußen und Litauen vom 29. 12. 1804 diesen gegenüber geheimgehalten wurde, weil die Behörden Unruhe unter den Adelsbauern befürchteten.

Das Verhalten des preußischen Adels wird erklärlich, wenn man die Veränderungen ins Auge faßt, denen dieser Stand am Ende des Jahrhunderts ausgesetzt war. Wie die Bauernschaft – denn nur bei diesen beiden Gruppen war die ständische Qualifikation an eine nicht beliebig vermehrbare Ressource, den Grundbesitz, gebunden – unterlag auch er dem Phänomen, daß durch rasche Vermehrung eine immer größere Zahl von Angehörigen in unter- und außerständische Bereiche abgedrängt zu werden drohte. Von den ca. 20000 adligen Familien[25] kontrollierte nur noch ein Fünftel die ca.

4700 Rittergüter[26] mit 11% der Nutzfläche, der Rest war faktisch auf Staatsstellen angewiesen. Aber hier wie dort begegnete er neuerdings bürgerlicher Konkurrenz. Durch die wachsende Verschuldung waren um 1800 bereits mindestens 745 Güter, d. h. 15%, in bürgerlichem Besitz. Hinzu kommen die durchweg bürgerlichen Generalpächter der Staatsdomänen, mit ihren Verwaltern etwa 2000 Personen, als Besitzer von 4,5% der Nutzfläche Preußens.[27] Rein vom Zahlenverhältnis her standen bereits zwei adlige einem bürgerlichen Großgrundbesitzer gegenüber.

Die Beseitigung der Standesgrenzen 1807 war folglich nur konsequent, die Entwicklung dahin hat den Adel jedoch vom ersten Stand im Staat zur mächtigsten »Partei« im Staate werden lassen. Auf politischer Ebene zeigt sich dies in seinem Verhalten bei der Entstehung des neuen Gesetzbuches, wo er dem König gegenüber in einem »rückwärtsgewandten Sozialmodell . . . ebenso entschieden auf dem Herrschaftsrecht der adeligen Gutsherren wie auf der Unmündigkeit ihrer Untertanen bestand«,[28] auf wirtschaftlicher Ebene benutzte er das beanspruchte Herrschaftsrecht zu einer verschärften Ausnutzung seiner Privilegien – ein Vorgang, der auch in Frankreich um sich griff und dort als »Adelsreaktion« bezeichnet wird –, ließ aber seine Pflichten als Gutsherr gleichzeitig einschlafen: von einer patriarchalisch verstandenen Fürsorge hat sich am Vorabend der Bauernbefreiung trotz gegenteiliger Beteuerungen in der Praxis nichts mehr erhalten.[29] Dem 1794 in Kraft getretenen ALR konnte darum die Behebung solcher Mißstände nicht gelingen, es festigte im Gegenteil noch einmal die Auflösungstendenzen der ländlichen Verfassung, soweit sie dem Adel störend erschienen. Am wichtigsten aber ist der Umstand, daß es radikaler als die eineinhalb Jahrzehnte später erfolgten Versuche einer Anpassung des *Code civil* an die deutschen Verhältnisse das System der »wohlerworbenen Rechte« ins Privatrecht übertrug und damit dem Adel eine Eigentumsgarantie bescherte, von der der Staat in den Agrarreformen nur mit größter Mühe wieder loskommen sollte. Was an Reformvorstellungen eingefügt wurde, reduzierte sich daher im Bereich adliger Grund- und Gutsherrschaft auf bloße »Kann-Bestimmungen«,[30] die allenfalls auf seiten der Privatbauern die Unruhe schüren halfen.

Seiner Wirkung nach ließ das ALR also trotz entgegenlautender programmatischer Aussagen von den Untertanen, die »außer der Beziehung auf das Gut, zu welchem sie geschlagen sind, . . . als freie Bürger des Staats angesehen«[31] wurden, die ländliche Sozialverfassung »einfrieren«.[32] Die Reformen vor der Reform, die 1763 mit der Beseitigung der Gesindezwangdienstes faktisch das Ende der Gutsuntertänigkeit in Ostpreußen und Litauen eingeleitet hatten, blieben auf die Domänenbauern beschränkt. 1790 folgte für Pommern, Kur- und Neumark die Erblichkeit des Laßrechtes, 1799 die Ablösung der Spanndienste und die Vererbpachtung auf freiwilliger Basis, sobald die jeweilige Generalpacht abgelaufen war – alles mit dem Ziel, die wirtschaftliche Leistungsfähigkeit der Domänen und der Vollbauern zu erhöhen. 1797 waren ähnliche Maßnahmen für Westfalen vorausgegangen. Die Aufhebung der Erbuntertänigkeit wurde 1804 für Ostpreußen erneut festgestellt, für Schlesien jedoch erstmals am 28. 10. 1807, also nach dem berühmten Oktoberedikt, bekanntgemacht. Am 27. 7. 1808 begann die – obligatorische – Vererbpachtung an die ostpreußischen Domänenhintersassen. Die Folgen dieser Maßnahmen werden zumeist überschätzt. Alles in allem erfaßten sie bis 1806, wie eine neue Untersuchung zeigt, maximal 30000 Bauern,[33] und auch diese wurden nicht schlechthin befreit, sondern nur aus guts- in grundherrschaftliche Verhältnisse überführt. Eine weitreichende Signalwirkung unterblieb schon deshalb, weil nur die wirtschaftlich leistungsfähigsten aller preußischen Bauern betroffen waren. Dies zeigte sich sogleich, als einzelne Adlige auf ihren Gütern ebenfalls mit der Freilassung begannen und dies zum Anlaß verbreiteten Bauernlegens nahmen. In aller Eile mußte daher für Ostpreußen am 31. 3. 1806 der Bauernschutz eingeführt werden, worauf die Privataktionen alsbald endeten.

Hält man sich dies alles vor Augen, so begegnet man der vielgehörten Meinung mit Skepsis, um die Jahrhundertwende sei eine weitläufige Reformbewegung steckengeblieben, oder gar, die Bauernbefreiung sei 1806/07 in vollem Fluß begriffen gewesen. Vielmehr hat erst der Staatszusammenbruch, der auch den Adel momentan entmachtete, der Führung die Chance zu einer »Revolution im guten Sinn«[34] beschert. Erst die jetzt einsetzenden legislativen Maßnahmen beendeten die Phase der begrenzten Freisetzung des Bauernstandes und der Beschränkung auf die Immediatuntertanen, und zwar in jenem Augenblick, als in den Rheinbundstaaten die Reformansätze spürbar gebremst wurden.

Die mit dem Oktoberedikt beginnende Gesetzes- und Verordnungsflut gehört zum Bekanntesten der deutschen Geschichte überhaupt, so daß eine knappe Referierung erlaubt scheint. Das Edikt vom 9. 10. 1807 beseitigte die ständischen Besitzschranken, die Schollenpflichtigkeit, den Gesindezwangsdienst und – als Gegengabe an die Gutsbesitzer – das gesetzliche Verbot des Bauernlegens. Letzteres hatte Stein, der eben erst Staatsminister geworden war, nicht mehr verhindern können. Das negative Beispiel Englands und Mecklenburgs bewog ihn aber – hierin unterstützt von anderen Konservativen wie Vincke und Niebuhr – durch Verordnungen das Bauernlegen einzuschränken, doch waren die Bedingungen so gestellt, daß zumindest das Kleinbauerntum nicht unter den Schutz fiel. Die Verleihung des Eigentumsrechts an die zu Laßrecht angesetzten Privatbauern – auf den Domänen war diese 1808 gegen Geldablösung in Gang gekommen – sollte durch das Edikt vom 14. 9. 1811 möglich werden. Ein so weitgehender Eingriff ins Privatrecht konnte nach Ansicht der Zeit nur mit Zustimmung der Betroffenen stattfinden, so daß dem Adel die Beseitigung der bauernfreundlichen Tendenzen des Erstentwurfs gelang. Gegen Abtretung eines Drittels, bzw. der Hälfte ihres Pachtlandes erhielten die erblichen und nichterblichen Laßbauern das Eigentum an ihren Höfen sowie das Ende der Dienste und Abgaben. Verlierer bei dieser Regelung war neben den Bauern selbst der Staat, da die Steuerkraft der Regulierten erheblich nachließ. Infolge der Kriegsläufte wurde das Edikt außer in Pommern kaum vollzogen. Der Versuch seiner Wiederbelebung nach dem Friedensschluß konnte angesichts der restaurativen Grundströmung der Zeit nicht anders als resignierend vor der wiedererstarkten Macht der Gutsbesitzer ausfallen. Die Deklaration vom 29. 5. 1816 schränkte die Allodifikation auf solche spannfähigen Stellen ein, die zu bestimmten, sehr weit zurückliegenden Stichtagen als bäuerliche Besitzungen katastriert waren. Damit hatte sich die Lage der größeren Bauern nicht verbessert, die handdienstleistenden Kleinstelleninhaber verfielen dem Belieben der Gutsbesitzer, die auf Ablösung drängten, wenn sie ihr Land arrondieren wollten, sie aber verweigerten, solange ihnen Frondienste günstiger als Lohnarbeit schien. Spätestens zu diesem Zeitpunkt zeigte sich, daß aus dem Eigentums- sehr bald ein Ablösungsproblem geworden war, indem sich die Regierung den Argumenten der Gutsbesitzer beugte, die auf Handdienste nicht glaubten verzichten zu können. Um Rechtsfragen ging es kaum noch, die wirtschaftliche Leistungsfähigkeit der Bauern wurde zum einzigen Qualifikationsmerkmal, wenn es galt, den Kreis der Ablösungsberechtigten festzulegen. Selbst bei den Bauern mit bisher schon erblichem Besitzrecht verfuhr man in dieser Weise und erlaubte im Gesetz vom 7. 6. 1821 faktisch nur denjenigen einen Antrag auf Auseinandersetzung, die eine »Ackernahrung« im Sinne von 1816 innehatten. Landabtretung war auch hier möglich, mehrheitlich allerdings Ablösung zum 25fachen Jahresbetrag – eine Leistung, die inmitten der Agrarkrise doppelt schwerfallen mußte. Die seit 1811 regulierten Bauern konnten die verbliebenen Dienste nunmehr ebenfalls ablösen. Am selben Tage regelte ein weiteres Gesetz die Durchführung der Gemeinheitsteilungen, die nicht nur der landwirtschaftlichen Modernisierung den Weg ebnen, sondern den Bauern auch Ersatz, freilich nur Ödland und Weide, für ihre abgetretenen Kulturflächen bieten sollte.

1821 endet die erste Phase der preußischen Bauernbefreiung, sofern man ihre legislative Seite im Auge hat. Fortan erschienen bis 1848/50 nur noch Einzelgesetze für Posen und Westpreußen (1823), Schlesien (1827 und 1845) und Westfalen (1820, 1825, 1829, 1831 – die vielen Maßnahmen zeugen vom Dilemma der an ostelbische Zustände gewohnten Verwaltung, sich auf die hiesige Agrarverfassung und den von den Franzosen hinterlassenen Ablösungstorso einzustellen). Sie kamen gerade durch ihre Beschränkung den Interessen des lokalen Adels stärker entgegen als dies einer gesamtstaatlichen Gesetzgebung möglich gewesen wäre. Dagegen begann mit einer wahren Flut von Regulierungen, Separationen und Allodifikationen die preußische Agrarverfassung erst jetzt ihr Gesicht zu wechseln. Die Laßbauern hatten daran zunächst den größten Anteil: bis 1831 waren 48% von ihnen, in Ostpreußen gar 94%, reguliert.[35] Trotz der sehr viel härteren Bedingungen – sie traten im Durchschnitt 22 Morgen ab und zahlten 39 Tlr. Kapital, die Erbzinser dagegen nur 1,5 Morgen und 36 Tlr.[36] – blieb ihre Landausstattung vielfach ausreichend für eine spätere großbäuerliche Entwicklung![37] Dabei dürfte der Umstand eine wichtige Rolle gespielt haben, daß die Landabtretung im Zeichen der agrarischen Überproduktionskrise leichter zu verschmerzen war, während die Zuweisungen aus den Gemeinheitsteilungen möglicherweise erst im Zuge des konjunkturellen Aufschwungs kultiviert wurden. Weitaus langsamer vollzog sich das Ablösungsgeschäft bei den Bauern mit gutem Besitzrecht: hier hatten bis 1838 erst 57% im Gegensatz zu 94% der Laßbauern den Rezeß unterschrieben,[38] ein Anteil, der nur in der Mark Brandenburg wesentlich überboten wurde. – Verwaltungstechnisch durchgeführt wurde dieses Geschäft von den 1811 eingerichteten Sonderbehörden, Generalkommissionen genannt, die in jeder rechtsrheinischen Provinz gebildet wurden und in der Juristen und landwirtschaftliche Sachverständige saßen. Gleichsam »vor Ort« wirkten die Ökonomiekommissare, denen die eigentliche Arbeit oblag. Das Verfahren war teuer und wurde mit quasi-diktatorischer Vollmacht durchgeführt und der Staat hat sich trotz bester Absichten mit dieser Tätigkeit bei den Betroffenen weithin um den letzten Kredit gebracht, zumal in den Gutsbezirken der Kommissar sein einziger Repräsentant bis 1850 geblieben ist.[39]

1848 traf daher das liberale Bürgertum auf verbreitete Unzufriedenheit auf dem Lande, die es in seinem Sinne benutzen zu können glaubte. Wie sehr der Stand des Befreiungswerkes gar eine revolutionäre Haltung verursachen konnte, zeigt vorzüglich das Beispiel Schlesiens. Es war, weil die Kombination von gutem Besitzrecht und Kleinstelle vorherrschte, gegenüber den anderen Provinzen in erheblichen Rückstand geraten und wählte für die Preußische Nationalversammlung am radikalsten: nur 19% aller Abgeordneten, aber 45% der Linken stellte diese Provinz.[40] Erstmals befanden sich neben Bauern sogar Häusler und Tagelöhner im Parlament. Als sich die Unruhe in Schlesien weiter steigerte, erging am 20. 12. 1848 für diese Provinz eine interimistische Verordnung, die eine Auseinandersetzung nach den neuen, noch in Arbeit befindlichen Normen erlaubte. An weiteren Maßnahmen gelang der liberalen Regierung nur noch das Sistierungsgesetz vom 9. 10. 1848, das alle schwebenden Prozesse wegen der zu erwartenden Neuregelung niederschlug, und das Verbot der Jagd auf fremdem Grund vom 31. 10. 1848. Das seit April beratene Ablösungsgesetz für den Gesamtstaat scheiterte hingegen am Widerstand des Adels, der in Gestalt des *Junkerparlaments* als *pressure-group* beim König intervenierte und in der beabsichtigten Grundsteuergleichheit und Aufhebung bäuerlicher Lasten die »Anarchie« mit ihren »kommunistischen Gelüsten« am Werk sah.[41]

Das Ablösungs- und Regulierungsgesetz vom 2. 3. 1850, eines der letzten in Deutschland, beseitigte endgültig das Rechtsinstitut des Obereigentums und alle daran haftenden Privilegien, ließ die Ablösung aller privatrechtlichen ständigen Abgaben und Leistungen mit Ausnahme der reinen Zeitpacht zu und setzte neue Normen für die Regulierung des gutsherrlich-bäuerlichen Verhältnisses. Landabtretung galt nur noch als Ausnahme, die Regel war Kapitalisierung zum 18fachen, bei Inanspruchnahme der ebenfalls am 2. 3. 1850 geschaffenen Rentenbank zum 20fachen Jahresbetrag, wobei die Pflichtigen zur Erleichterung ein Drittel des Reinertrags vorweg abziehen durften. Mit diesem Gesetz hat die preußische Regierung erstmals ihr Herz für die Inhaber von Kleinstellen entdeckt und ihre Erhaltung als dem Wohle des Staates dienlich bezeichnet. Sofern diese die vergangenen vier Jahrzehnte überstanden hatten und nicht ins rasch wachsende Landproletariat hinabgesunken waren, schritten sie nunmehr zügig zur Regulierung und Ablösung. Bis 1865, also 7 Jahre nach der vom Präklusionsgesetz vom 16. 3. 1857 gesetzten Schlußfrist, haben nur noch 12706 spanndienstfähige Bauern, aber 624914, d.h. 78% aller damals noch handdienstpflichtigen Kleinstellenbesitzer ihren Rezeß unterschrieben.[42] Im wesentlichen war die Bauernbefreiung bereits 1860 abgeschlossen, wobei die Zahlungen jedoch noch bis zur Jahrhundertwende fortdauerten.

Für eine Bilanz aller hier geschilderten Vorgänge ist das Ausmaß der Besitzumschichtungen ein erstrangiger analytischer Faktor. Indessen zeigt gerade dieses Beispiel die Problematik statistischer Auswertungen. Glaubten Knapp und von der Goltz vor der Jahrhundertwende, die Vernichtung des Kleinbesitzes zugunsten der Rittergüter erkannt zu haben, so behauptete Finckenstein nach dem Zweiten Weltkrieg das genaue Gegenteil; Saalfeld korrigierte ihn alsbald und kam zu dem Ergebnis, daß die Kleinstellen weniger als von Finckenstein gefolgert zugenommen haben, die Bauernstellen dagegen so gut wie unverändert geblieben seien.[43] Sofern es überhaupt jemals brauchbare Zahlenangaben geben wird, sind diese am ehesten von DDR-Historikern zu erwarten, die seit Beginn der 70er Jahre an einem entsprechenden Forschungsprogramm arbeiten. Erste Ergebnisse liegen für einzelne Provinzen nunmehr vor, und dabei zeigte sich zunächst, daß eine der wichtigsten Ausgangsstatistiken, die auch Meitzen übernommen hat, unzutreffend ist, möglicherweise von der preußischen Verwaltung sogar seit 1848 bewußt manipuliert wurde.[44] Die neuesten Zahlen, vorgelegt für Sachsen, Brandenburg und Pommern – also Provinzen mit höchst unterschiedlicher Ausgangslage hinsichtlich Besitzrecht und Sozialstruktur – ergeben, daß von 1816–1867 die Stellen für Bauernwirtschaften zwischen 4 und 10% gesunken, die der Rittergüter zwischen 12% gesunken (Sachsen) und 4% gestiegen (Brandenburg) und die des Kleinbesitzes zwischen 75 und 216% (Pommern) gestiegen sind.[45] Eine Detailanalyse für Brandenburg zeigt, daß der Flächenanteil der Bauernwirtschaften im selben Zeitraum um 13% gesunken, derjenige der Rittergüter (bis 1859) um 13% gestiegen und derjenige der Kleinstellen um 126% gestiegen ist, bis 1878 gar um 347%.[46] Für die Betriebsgrößen der Bauernhöfe errechnet sich zwischen 1816 und 1867 ein Rückgang von 2 und 8% (Sachsen, Brandenburg), bzw. 22% (Pommern), wobei die Differenzierung vornehmlich auf das Besitzrecht zurückzuführen ist. Wenn man 22% Betriebsflächenverlust (= 9 ha) und 10% Stellenrückgang zusammen betrachtet, »dann kann für Pommern eine Dezimierung des Bauernstandes durch die Agrarreformen geschlußfolgert werden«.[47] Im gleichen Zeitraum entstanden dort jährlich 589, in Brandenburg 702 Kleinstellen, was dazu führte, daß diese beiden Provinzen 1867 in ihrer Stellenstruktur Relationen erreichten, wie sie Sachsen bereits 1816 aufgewiesen hatte. Dieses war allerdings in der Zwischenzeit mit einem jährlichen Zuwachs von 979 Kleinstellen weiter vorausgeeilt.[48] Da jene ihren Landanteil nicht im selben Maße ausdehnen konnten, hat sich trotz Intensivierung die Lage ihrer Eigentümer verschlechtert, sofern nicht die Industrie zusätzliche Verdienstmöglichkeiten bot.

»Der unumstrittene Gewinn der Landreform lag auf seiten der Gutsherren.«[49] Durch Landabfindungen, Gemeinheitsteilungen, Einzug der Bauernhöfe und Kleinstellen und Aufkauf von Kirchengut (besonders in Schlesien), Domänen und überschuldeten Betrieben vergrößerten sich die Gutswirtschaften nach Zahl – 1856 bereits 12339[50] – und Umfang. In seinem Gesamtaspekt war Preußen nach Abschluß der Bauernbefreiung in noch stärkerem Maße als vorher ein vom Großbesitz bestimmtes Land: 1869 gehörten 38% der Fläche zu Rittergütern, 56% den Bauern;[51] rechnet man jedoch die Rheinprovinz (adliger Besitzanteil nur 6%[52]), Westfalen und Sachsen (Bezirk Magdeburg 1854: 14% der Nutzfläche, 17,5% insgesamt[53]) ab, so erhöhte sich diese Quote auf 45%,[54] die allerdings regional noch weiter steigen konnte: Pommern (1860) 55,7%,[55] Oberschlesien ähnlich.[56] Erst nach der Agrarkrise von 1880 sank der Anteil der Gutsbesitzer wieder, doch betrug er 1907 in Brandenburg immer noch 48%, in Pommern 53% und noch immer besaßen sie in diesen beiden Provinzen 1,1 Millionen Morgen mehr als hundert Jahre zuvor.[57]

Diese ökonomische Vormachtstellung wurde durch Privilegien zusätzlich abgesichert. Bis 1861 blieben die Hälfte der 40 Millionen Morgen gutsherrlichen Grundbesitzes in den fünf östlichen Provinzen steuerfrei. Patronat, Ortspolizei (bis 1872) und die Patrimonialgerichtsbarkeit (bis 1848) zementierten die herrschaftliche Stellung und schirmten trotz Aufhebung der Feudalwirtschaft ungefähr die Hälfte aller Bewohner des rechtsrheinischen platten Landes von der direkten Staatsgewalt ab.[58]

Die Liberalisierung war in Preußen zunächst auf halbem Wege stehengeblieben. Aber auch die Beseitigung der »Zwischenlösung«[59] in den Jahren nach 1848 konnte die unausgeglichene Verteilung politischer und ökonomischer Macht nicht mehr rückgängig machen. Dies war schon darum nicht möglich, weil es zu keiner Interessenkoalition gegen den Großgrundbesitz kam, der sich nach der Jahrhundertmitte zu 43% in bürgerlichen Händen befand.[60] Kleinstellenbesitzer, bäuerliche Eigentümer und die »pseudodemokratisierte Rittergutsbesitzerklasse« setzten sich gemeinsam vom rasch wachsenden Landproletariat ab, waren aber in ihrer Stellung zur politischen Verfassung gespalten. Statistisch gesehen standen zwar die Bauern als Verlierer der »Bauernbefreiung« da – und nichts kennzeichnet besser den paradoxen Charakter dieser Begriffsbildung –, doch ihre Interessenlage band sie trotzdem eher an den Großbesitz als an die liberale Bourgeoisie, der sie ihren neuen Status verdankte. So bestimmte sich die Verfassung der ländlichen Gesellschaft Preußens ungeachtet aller Modernisierungstendenzen nicht nach klassenmäßigen Gesichtspunkten, sondern in ihr lebten wesentliche Elemente der alten sozialständischen Ordnung fort. Es ist somit offensichtlich, daß – wie schon Barrington Moore und weit früher noch Max Weber festgestellt haben –[61] der Weg in die Modernität von der agrarischen Ausgangslage weitgehend vorherbestimmt war. Das bedeutet natürlich auch, daß der Handlungsspielraum des Bürgertums sich in engen Grenzen bewegt hat.

Mecklenburg

Die beiden Herzogtümer sind ein Paradebeispiel dafür, wie schmal die Schneise sein kann, die der Modernisierungsprozeß in das Dickicht der traditionalen Ordnung schlagen kann. Einerseits stehen wir vor der altertümlichsten Verfassung Deutschlands, die nie von einer Konstitutionalisierung erfaßt worden ist, andererseits deckt sich die Entwicklung des Agrarsektors weitgehend mit den für ihre Fortschrittlichkeit berühmten Verhältnissen Nordwesteuropas oder der Poebene. Für die Bauern brachte dieser Extremfall partieller Modernisierung besondere Härten mit sich. Deshalb sind über die Bauernbefreiung in Mecklenburg nur wenig Worte zu verlieren, da es hier ebensowenig wie etwa in England oder Italien noch viel zu befreien gab, sieht man von der Aufhebung der Leibeigenschaft ab.
Die Ursachen dieser Verhältnisse sind in zwei Perioden des Bauernlegens zu suchen, von denen die frühere in der zweiten Hälfte des 16. Jahrhunderts stattfand, während die spätere um 1750 einsetzte, also zu einer Zeit der beginnenden Agrarkonjunktur, in der der Getreideexport nach Übersee für Küstenregionen besonders lukrativ zu werden versprach. Die archaische politische Verfassung des Landes verhinderte fast vollständig eine Politik des Bauernschutzes, wie er anderswo im 18. Jahrhundert von den Landesherren mit wechselndem Erfolg praktiziert worden ist.
Diese Umstände zwingen allerdings auch dazu, zwischen dem Domanium und den ritterschaftlichen Gebieten schärfer zu unterscheiden, als dies sonst im Deutschland des 19. Jahrhunderts nötig, ja möglich ist. Denn der *Landesgrundgesetzliche Erbvergleich* von 1755 hatte im Paragraphen 334 den Rittern, Stiftern und Städten das Bauernlegen praktisch uneingeschränkt erlaubt und da diese

Verfassungsurkunde erst 1918 außer Kraft gesetzt wurde, besaßen die Großherzöge so gut wie keine Machtmittel, die Vollmachten der Gutsbesitzer im privatrechtlichen Sektor einzuschränken.[62]
Einen faktisch privatrechtlichen Charakter besaß in diesem Land selbst die Leibeigenschaft angesichts von Bodenverteilung, Gerichts- und Arbeitsverfassung; nur im Domanium ist sie zur äußerlichen Form herabgesunken. Der 1808 vom Landesherrn gestellte Antrag zu ihrer Aufhebung in den ritterschaftlichen Gebieten fand erst 1819 die Zustimmung des Landtags, wobei die seit zwei Jahren herrschende Agrarkrise den Ausschlag gegeben haben dürfte. Denn die Ritter verhinderten nicht nur, daß mit dieser Maßnahme eine Verbesserung des bäuerlichen Besitzrechts einherging, sondern sie setzten durch, daß sie aller sozialen Fürsorgepflichten ledig wurden. Mit dem Gesetz vom 18. 1. 1820 verwandelte sich daher die große Masse der meist besitzlosen Gutsuntertanen in Landarbeiter, deren ganze Freiheit angesichts der Zeitumstände im Recht auf Wegzug und Hunger bestand. Wer keine Arbeit fand, wurde ausgewiesen und landete im Güstrower Landarbeitshaus, sofern er nicht auswanderte. Andererseits schränkte die gleichzeitig erlassene Gemeindeordnung Freizügigkeit und Heiratserlaubnis der Arbeitenden wieder ein.
Die Regulierung der bäuerlichen Verhältnisse setzte naturgemäß im Domanium ein, dessen Land überwiegend in Zeitpacht an Bauern ausgegeben war; infolgedessen waren auch die Frondienste in Geld abgelöst. Agrarpolitische Überlegungen und die durch die Franzosenzeit verstärkte Finanznot der großherzoglichen Kasse legten eine Vererbpachtung der Höfe samt Verkauf von lebendem und totem Inventar nahe, mit der 1808 begonnen wurde. Trotz eines neuerlichen Anlaufs im Jahre 1822 wurde davon kaum Gebrauch gemacht und erst das Reskript vom 16. 11. 1867 gab dieser bescheidenen Reform neuen Auftrieb. Dies war kein gutes Omen für die Regulierung der wenigen ritterschaftlichen Bauern, über die seit 1819 auf den Landtagen verhandelt wurde. Seit dieser Zeit sank auch der Getreidepreis unablässig. Die 1824 für den Landesteil Strelitz und erst 1862 für Schwerin getroffenen Regelungen machten die Regulierung nicht zur Pflicht, sondern legten nur gewisse Mindestnormen fest. Deren wichtigste war, das unsichere Nutzungsrecht in ein erbliches zu verwandeln. Ansonsten waren die Folgen höchst unterschiedlicher Natur. Die Zahl der Strelitzer Bauern verminderte sich nach 1820 zwar noch einmal um die Hälfte, die in den Genuß der Regulierung Gekommenen verbesserte jedoch ihre Lage. In Schwerin kam hingegen zum Erbpachtkanon auch noch eine einmalige Landabtretung für jeden Hof. Nir-

gendwo wurden in Deutschland die Bauern schlechter reguliert. Die beibehaltene gutsherrliche Polizei und Jurisdiktion sicherten die Vormachtstellung des Großbesitzes von der wirtschaftlichen und politischen Seite ab.[63]

Die Bauernbefreiung hat mithin in Mecklenburg weder Agrar- noch Sozialverfassung positiv beeinflußt. Sie war keine Konzession an den »Zeitgeist«, sondern sie stand ausschließlich im Dienste des landes- und gutsherrlichen Ertragsdenkens und war damit an die wirtschaftlichen Wechsellagen gekoppelt. Agrarkapitalismus und Bauernbefreiung schlossen sich hier weit rigoroser als im angeblich klassischen Falle Preußens gegenseitig aus, aber zugleich ist Mecklenburg auch ein Beispiel dafür, daß agrarische Modernisierung nicht notwendig die wirtschaftliche oder gar politische Entwicklung eines Landes mit sich bringt.

Schleswig-Holstein

In den Herzogtümern Schleswig und Holstein entsprach die Agrarverfassung den unterschiedlichen Naturgegebenheiten. Im Gebiet der Marsch längs der Nordseeküste dominierte die Rentengrundherrschaft. Dagegen zählte die später besiedelte Geest zum Bereich der Gutsherrschaft. Seit dem 15. Jahrhundert legten hier die Herren im Zuge des Ausbaus ihrer Meierhöfe ihre Bauern und unterwarfen sie sowie die jetzt entstehenden Kätner und Insten der »neuen« Leibeigenschaft. Diese Entwicklung hatte alsbald zu einem beachtlichen Aufschwung namentlich der tierischen Produktion und dank lukrativer Exporte auch zu hoher Prosperität geführt, doch gelangte das System gegen 1730 durch den Flurzwang, besonders aber durch die Arbeitsverfassung an seine Grenzen. Weitsichtige Adlige wie etwa Graf Rantzau begannen daher schon 1739 mit der Aufteilung ihres Besitzes in Pachtbetriebe, auf denen sie Bauern ansetzten, die nur noch geringe Frondienste zu leisten hatten.

Damit war der Umkehrpunkt der landwirtschaftlichen Verfassungsentwicklung erreicht. Die Bewährung der Maßnahmen Rantzaus sorgte für Nachahmung.[64] Immer mehr Herrenhöfe wurden umgelegt und dabei zugleich das Land zumeist verkoppelt, d. h. in geschlossene Einheiten überführt. So löste sich im ritterschaftlichen Anteil das gutswirtschaftliche System zusehends auf zugunsten eines ökonomisch erstarkenden Bauerntums, das allerdings nach wie vor persönlich unfrei blieb.

Politische Verwicklungen erlaubten den Landesherren, darunter

namentlich dem dänischen König, diesem Modell erst Jahrzehnte später zu folgen. 1762/63 – immerhin lange vor so gut wie allen übrigen deutschen Territorien – begann man in Gottorf und Schleswig-Holstein mit dem Verkauf der parzellierten Domänen. Die allgemein steigenden Güterpreise bewogen die Regierungen jedoch schon 1765, statt dessen die Ländereien nurmehr zu verpachten, um so an den wachsenden Gewinnen partizipieren zu können. Die gleichzeitige Befreiung von den meisten Diensten und die schriftliche Fixierung aller Abgaben leitete nun auch in diesem Sektor eine Neuordnung des bäuerlichen Lebens von Grund auf ein. Die positiven Ergebnisse hier führten dann 1766 zu einem Erlaß, der die Verkoppelungen in den Bauerndörfern in Gang brachte.
Einen energischen Fortgang erfuhr die begonnene Agrarreform im domanialen Bereich durch ihre Institutionalisierung. Die im Mai 1768 eingesetzte *Schleswig-Holsteinische Landkommission* – sie existierte bis 1823 – erhielt zahlreiche Aufgaben: Niederlegung der Domänen, Fixierung der Gefälle, Verkoppelung, Besserung der bäuerlichen Besitzrechte und Aufhebung von Leibeigenschaft und Frondiensten. In der damit eingeleiteten neuen Phase überwogen die agrarpolitischen Ziele gegenüber den fiskalischen, doch ist der rasche Fortgang – bis 1785 war die Leibeigenschaft überall abgeschafft – nicht allein der Umsicht der Beamten zuzuschreiben. Vielmehr begünstigte ihn der außergewöhnliche Konjunkturaufschwung, der den für die Umstellung der Landwirtschaft auf modernere Methoden benötigten Kapitalbedarf sicherstellte.
Die nunmehr in großem Stile einsetzende Auflösung der hergebrachten Wirtschaftsverfassung leitete einen sozialen Differenzierungsprozeß auf dem Lande ein, der bisweilen die Züge eines Klassenkampfes annahm. Während nämlich die Bauern, von einem neuerlichen Erlaß im Jahre 1771 zur beschleunigten Verkoppelung der Dorffluren ermuntert, gegen den Willen Kopenhagens nunmehr immer öfter auch das Gemeindeland miteinbezogen und dadurch Kätner und Insten ihrer einzigen Landreserve beraubten, wurden sie selbst gegen die Legung ihrer Stellen dank der bauernfreundlichen Regierungspolitik geschützt. Sie konnten ihre Höfe zum halben Schätzpreis als volles Eigentum erwerben, wobei ihnen eine Kreditkasse das nötige Geld vorstreckte, oder mußten, wenn sie dies nicht wollten, anderweitig versorgt werden. Kätner und Instleute sanken dagegen zu bloßen Landarbeitern herab. Lokale Unruhen, von denen diejenigen des Jahres 1794 die bekanntesten sind, deuteten die verbreitete Unzufriedenheit auf dem Lande an.
Der Rückstand, in den die Rittergutsbesitzer durch diese Vorgänge geraten waren, veranlaßte diese ab 1795 zu internen Beratungen, in

die die Regierung nicht eingriff, weil sie eine erzwungene Änderung des Privatrechts noch für unerlaubt hielt. So beschloß die Ritterschaft selbst am 11. 3. 1797, binnen acht Jahren die Befreiung durchzuführen. Hierbei zeigte sich nun, daß die seit Mitte des Jahrhunderts in Gang gekommene Änderung der Wirtschaftsverfassung offenbar zum irreversiblen Prozeß geworden war, denn trotz der rechtlichen Möglichkeit, mit der Befreiung aus Leibeigenschaft die herrschaftlichen Bauern zu legen, wurde davon nur wenig Gebrauch gemacht. Es war im Gegenteil der in diesen unruhigen Zeiten spürbare Kapitalmangel, der verhinderte, daß nicht noch mehr Pacht- oder Eigenhöfe angelegt wurden.
Diese Verzögerung, die auf den Gütern zu Aufsässigkeit, Arbeitsverweigerung und Abwanderung führte, bewog die dänische Regierung schließlich doch, die Leibeigenschaft durch Gesetz am 1. 1. 1805 aufzuheben. In vorbildlicher Weise verband sie mit der Befreiung den Schutz der Betroffenen. Sie wurden persönlich frei, ihre Dienstpflicht sollte am 1. 7. 1805 enden (was bedeutete, daß bis dahin freie Arbeitsverträge auszuhandeln waren) und sie erhielten einen lebenslangen Versorgungsanspruch gegen ihre bisherigen Herren, sofern sie nicht eine der Bauernstellen kauften oder pachteten. Nur die bereits erfolgten Legungen wurden nicht wieder rückgängig gemacht.
Wenn man bedenkt, daß das Gesetz vom 1. 1. 1805 mit ca. hunderttausend Leibeigenen ungefähr ein Sechstel der Gesamtbevölkerung betraf und daß beispielsweise in Angeln 75% der Gutsfelder in bäuerlichen oder Kätnerbesitz gelangten, so wird die Radikalität dieser frühesten Bauernbefreiung in Deutschland deutlich. Ertragssteigerungen von mehreren 100% in wenigen Jahren waren keine Seltenheit. Dazu trug nicht zuletzt das Überangebot einheimischer Arbeitskräfte bei, denen nach 1815 aus Mecklenburg einwandernde Landarbeiter zusätzlich Konkurrenz machten. Trotzdem hinterließ die schleswig-holsteinische Bauernbefreiung eine wesentlich ausgeglichenere Wirtschafts- und Sozialverfassung als Preußen, aber auch als England, ohne jedoch an die Ergebnisse in Dänemark heranzureichen, wo der königliche Absolutismus den Ständeausgleich von oben erzwungen hat. Der beispielhafte Ausgang ist vor allem auf glückliche Begleitumstände zurückzuführen.[65] Seit jeher war die exportorientierte Landwirtschaft zur Modernisierung gezwungen. Außerdem fielen die Vorgänge in eine Zeit jahrzehntelanger Hochkonjunktur. Der sprichwörtliche Wohlstand holsteinischer Bauern, die ökonomische Weitsicht des Adels und der vom Königtum geförderte Bauernschutz waren gleichfalls entscheidend. Hätte man weiter abgewartet, so wäre das Ergebnis angesichts der

Krise, in die die Landwirtschaft als Folge des englischen Getreidezollgesetzes von 1815, der gleichzeitig einsetzenden Mißernten und der Überschuldung vieler Höfe geriet, mit Sicherheit ein anderes gewesen.

Hannover

Die ausgeprägte Vormachtstellung des Adels, die bis weit ins 19. Jahrhundert hineinreichte und die teilweise bedeutenden grundherrlichen Eigenwirtschaften, zumal im südniedersächsischen Raum, konnten nicht verhindern, daß die Kurfürsten einen praktisch totalen Bauernschutz durchsetzten, der dem Land das Gepräge bäuerlichen Mittel- und Großbesitzes gab. Den juristischen Rahmen der Agrarverfassung bildete das sog. Meierrecht, ein ursprünglich begrenztes, seit langem jedoch erbliches Besitzrecht mit geschlossenen Hofgütern, die im Erbgang nicht geteilt werden durften. Leibeigenschaft existierte so gut wie nicht mehr. Frondienste und Abgaben waren hoch, wobei die nach dem Siebenjährigen Krieg stark steigenden Staatssteuern eine besondere Rolle spielten, da die grund- und gerichtsherrlichen Leistungspflichten fixiert waren. Wie überall in Gebieten ohne Realteilung ergaben sich auf dem Lande scharfe soziale Unterschiede zwischen den Hofbesitzern und den Landarmen, bzw. Landlosen, die allerdings so lange etwas gemildert wurden, als die Gemeinheiten noch nicht separiert und aufgehoben waren.
Kameralistische Erwägungen standen wie so oft am Beginn der Reformmaßnahmen. 1775 wurden die landesherrlichen Frondienste in Geldzahlungen umgewandelt, was eine rationellere Betriebsführung für die Domänen, für die Bauern angesichts der guten Agrarkonjunktur aber ebenfalls eine Erleichterung bedeutete. Unrentable Vorwerke wurden teils verkauft, teils verpachtet und den unterbäuerlichen Schichten eröffneten sich neue Verdienstmöglichkeiten. Einen Schritt, der von vornherein auf die Hebung der Landeskultur, wie die Zeitgenossen sagten, abzielte, bedeutete die Aufteilung der zum Teil recht umfangreichen Gemeinheiten. Das Bistum Osnabrück machte 1785 damit den Anfang. Wie es der frühen Zeit entsprach, die Erfahrungen noch entbehren mußte und im optimistischen Glauben von der wohltätigen Wirkung auch starker Einkommensunterschiede lebte, sprach man den landlosen Heuerleuten eine Mitbeteiligung ab. Der dadurch ausgelöste Verelendungsprozeß wurde durch die schleppende Verwirklichung der Markaufteilung nur hinausgezögert. Diese Konsequenz suchte die

Gemeinheitsteilungsordnung des Fürstentums Lüneburg vom 25.6.1802 zu vermeiden, die 1824/25 auf die übrigen Territorien des Königsreichs Hannover übertragen wurde. Die beabsichtigte Flurbereinigung, die den Flurzwang beendet und rationellere Verkoppelungen erlaubt hätte, blieb weithin Programm.
Die napoleonische Zeit, in der das Land im Norden zum Französischen Kaiserreich, im Süden zum Königreich Westphalen geschlagen wurde, brachte radikale Eingriffe in die grundherrschaftliche Verfassung mit der Aufhebung der Leibeigenschaft und der persönlichen Dienste, der Ablösbarkeit aller übrigen Dienste und Abgaben und der Allodifizierung der zu Meierrecht besessenen Höfe. Was trotz des Chaos in der Landesverwaltung und trotz bäuerlichen Kapitalmangels an Maßnahmen durchgeführt wurde, verlor nach 1814, von geringen Ausnahmen abgesehen, innerhalb Hannovers seine Geltungskraft.
Die Restauration traf auf die Zustimmung des Adels, der im Unterschied zu seinen ostelbischen Standesgenossen kaum agrarpolitische Neigungen kannte und sich an der Erhaltung des Bestehenden interessiert zeigte. Dagegen nahm auf seiten der Bauern die Unzufriedenheit infolge der anhaltenden Agrarkrise und der neuen Grundsteuer, von der die Rittergüter frei waren, in den zwanziger Jahren zu. Ein von Stüve 1829 gestellter Antrag auf Grundentlastung scheiterte in der Ersten Kammer.
Es bedurfte daher der Unruhen im Gefolge der Julirevolution, die im weiteren auch zu einer neuen Verfassung mit breiter bäuerlicher Vertretung geführt hat, daß die Widerstände an der Spitze des Staates überwunden werden konnten. Während überall sonst gemäß deutscher Tradition die Bürokratie die Befreiung der Bauern erzwungen hat, ist dieser Vorgang in Hannover unter dem Druck äußerer Verhältnisse im wesentlichen von der liberalkonservativ eingestellten Zweiten Kammer durchgesetzt worden. An der Spitze stand Carl Bertram Stüve. Die Gesetze vom 10. 11. 1831 und 23. 7. 1833 tragen ganz wesentlich seine Handschrift. Sein Ziel war es, wie er in mehreren Schriften dargelegt hat, durch die Schaffung eines freien, selbständigen Bauerntums mit mittlerem Hofbesitz dem Staat eine diesen tragende Schicht zu verschaffen und so das Gemeinwesen auf eine neue, festere Grundlage zu stellen. Vollständige Befreiung verband sich daher mit weitestgehendem Bauernschutz. Alle Abgaben und die noch bestehenden adligen Frondienste wurden gegen einen 25fachen Jahresbetrag für ablösbar erklärt. Um die Zahlungsprobleme zu erleichtern, erlaubte man zur Ablösung der hohen Zehntlasten eine Landabtretung von höchstens einem Sechstel der zehntbaren Flur, wovon in der Praxis jedoch

kaum Gebrauch gemacht wurde, obwohl erst 1840 eine Landrentenbank errichtet worden ist. Dafür zog sich dann allerdings der Ablösungsprozeß jahrzehntelang hin. Mit Beginn der Ablösung wurden die Meierhöfe volles bäuerliches Eigentum, doch blieben die tradierten Rechtsvorschriften, d. h. insbesondere die geschlossene Hofübergabe erhalten.
Mit diesen Schritten, zu denen 1842 noch einmal ein Gemeinheitsteilungs- und Verkoppelungsgesetz und am 8. 11. 1850 ein Gesetz zur entschädigungslosen Aufhebung der Patrimonialgerichtsbarkeit kam, war die Grundentlastung in Hannover rechtlich vollzogen. Trotz anhaltender finanzieller Doppelbelastung (Ablösungsgelder und Steuer) fand die 48er-Revolution unter den niedersächsischen Bauern kaum Anhänger. Offenbar besaßen sie die nötigen Mittel, um ihre Betriebe – nicht anders als der Adel – zu modernisieren und den Erfordernissen der Marktwirtschaft anzupassen. Die ab 1829/30 steigenden Agrarpreise und die Ausdehnung der Nutzfläche haben dies ermöglicht. Im Gegensatz dazu zählen die unterbäuerlichen Schichten zu den großen Verlierern, die durch die anhaltende Krise auf dem Textilsektor zusätzlich belastet wurden. Der undoktrinäre Liberalismus Stüvescher Prägung hat so zwar die verhängnisvollen Fehlentwicklungen Ostdeutschlands vermieden und einen leistungsfähigen bäuerlichen Mittelstand geschaffen, er hat aber ebensowenig wie andere Modelle verhindern können, daß die sozialen Kosten dafür im wesentlichen den Heuerlingen, Häuslern und Brinksitzern auferlegt wurden, deren wachsendes Elend erst weit nach der Jahrhundertwende durch Überwechseln in die Industrie oder durch Auswanderung gemildert wurde.

Sachsen

Das schon früh industrialisierte Königreich regelte die Grundentlastung nach langem Zögern relativ rasch und bauernfreundlich. Dies ergab sich, weil der aktuelle Anstoß – die drohende soziale Revolution – auf günstige strukturelle Bedingungen traf: Gutsherrschaft gab es nur in dem 1815 bei Sachsen verbliebenen Rest der Oberlausitz, in den Erblanden war dagegen der Landesherr zugleich größter Besitzer von Unter- und Obereigentum.
Die mitteldeutsche Grundherrschaft, der auch Sachsen mit Ausnahme der Lausitz zuzurechnen ist, kannte seit langem keine Leibeigenschaft mehr. Das von den Bauern bewirtschaftete, frei vererbbare Land überwog bei weitem mit ca. 77%.[66] Die Gemengelage der Grundstücke verlangte den Flurzwang, dem auch die 971

Rittergüter (1850) unterworfen waren. Diese Betriebe, im Durchschnitt 240 ha groß, waren zugleich Zentren der jeweils dazugehörenden Grundherrschaften, denen insbesondere die Gerichtsherrschaft zustand. Während die Abgabenbelastung verhältnismäßig gering war, weil die Pflichtigen von der schriftlichen Fixierung und der schleichenden Geldentwertung – es gab kaum noch Naturalabgaben – profitierten, tendierten die Frondienste für die Gutsbesitzer zur Erhöhung, da namentlich mit der Arbeitsleistung der Gärtner, Häusler und Inwohner die Güter betrieben und ausgebaut wurden. Fronverschärfung und Absatzstockung beim ländlichen Textilgewerbe führten zu verbreiteter Unzufriedenheit bei klein- und unterbäuerlichen Schichten, die in der Lausitz und längs des Gebirges konzentriert waren und lösten letztlich im August 1790 eine Aufstandsbewegung aus. Die Obrigkeit suchte mit Reformen der Notlage Herr zu werden, indem sie 1791 Rechtsnormen zur Fronfixierung und -reduktion erließ, sie aber aus Furcht vor weitergehenden Forderungen der Landbevölkerung nicht publik machte. Wie so oft brachte sich der aufgeklärte Absolutismus trotz bester Absichten selbst um jeden Kredit.

Der Gegensatz zwischen Stagnation der Agrarverfassung und Dynamik der sie tragenden Sozialverfassung kennzeichnet auch die Lage in Sachsen am Vorabend der Bauernbefreiung. Einerseits kam es kaum zu den seit 1784 eingeleiteten Gemeinheitsteilungen und 1790 erlaubten Ablösungen. Die Gutsherren setzten sogar noch einmal 1828 eine teilweise Wiedereinführung der 1790 verbotenen Fronen durch. Andererseits war schon um 1750 der außerständische Bevölkerungsteil – Gärtner, Häusler und Inwohner – mit 38% weit zahlreicher als die Bauern – in der Oberlausitz und im Gebirge erreichten sie maximal sogar 70% –, und stellten bis 1843 mit 51% (einschließlich 4% Gesinde) die Mehrheit auf dem Lande. Die Bauern stagnierten seit Mitte des 16. Jahrhunderts bei knapp 43000 Stellen. Lediglich ein Achtel der gesamten Bevölkerung unterlag um 1830 vollständig der Grundherrschaft, während weitere 47% nur noch ihrer öffentlich-rechtlichen Zwangsgewalt unterstanden und 40% ohnedies völlig außerhalb lebten.[67]

Trotzdem war in dieser Situation, die noch durch die anhaltende Agrarkrise verschärft wurde, die Publikation der unzulässigen Dienstleistungen am 13.8.1830 das einzige, was die Regierung durchsetzen konnte. Die in den Städten einsetzende revolutionäre Bewegung fand daher alsbald raschen Zulauf auf dem Lande, dem man seit Jahren eine umfassende Agrarreform versprochen hatte und an der seit 1829 beraten wurde. Bisher hatte die Ritterschaft sich angesichts der Agrarkrise zu keinerlei Zugeständnissen bereit

gezeigt und schon gar nicht zur Umstellung auf bezahlte Arbeitskräfte. Um dem drohenden sozialen Umsturz vorzubeugen, legte nun aber die Regierung ihr Projekt im Frühjahr 1831 einer landständischen Deputation vor. Diese verzichtete jetzt auf jegliche Einsprüche und handelte gegen die Zustimmung zur neuen Verfassung eine günstige Ablösung aus. Das Gesetz vom 17. 3. 1832 erklärte alle Weideservituten und Privatfronen sowie den größten Teil der grundherrlichen Abgaben für ablösbar. Auch die Gemeinheiten wurden jetzt endgültig aufgeteilt. Zur Finanzierung des enormen Kapitalbedarfs, den diese umfassende Grundentlastung verlangte, schuf Sachsen als erster deutscher Staat (wenn man von den dänischen Herzogtümern absieht) eine eigens dafür gegründete Landrentenbank, die am 1. 1. 1843 ihre Tätigkeit aufnahm. Im Unterschied zu den meisten Nachahmungen beschränkte sich hier der Staat auf die bloße Garantie der Rentenbriefe, während das Kreditinstitut ausschließlich von den Pflichtigen finanziert wurde.
Das Gesetz von 1832 hat nicht alle Bindungen beseitigt, den Gutsbesitzern jedoch große Vorteile eingeräumt. Auch die Patrimonialgerichtsbarkeit blieb (bis 1855) erhalten und sicherte die überkommene Herrschaftsposition. Um so größeren Widerstand setzte die Erste Kammer nunmehr weiteren Maßnahmen entgegen, so daß vor 1848 nur der Bier- und Mahlzwang aufgehoben (1838) und die am Boden haftenden Geldgefälle für ablösbar erklärt werden konnten. Auch die Revolution selbst brachte nicht die weithin erwartete vollständige Aufhebung, sondern dehnte nur den Grundsatz der Ablösbarkeit auf das Gebiet der Kirchenlasten und Zehnten aus. Überdies ließ sich die Regierung mit den entsprechenden Gesetzen bis zum 11. 11. 1850 und 15. 5. 1851 Zeit, in denen endlich die Berechnungsmodalitäten bei Geldgefällen günstiger gestaltet wurden. Aber an der Tatsache der jahrzehntelangen Belastung durch Rentenzahlungen, mit deren Hilfe die Rittergutsbesitzer ihre Betriebe modernisierten und auf kapitalistische Methoden umstellten, änderte sich nichts. Im Vergleich zur preußischen Regelung der Landabtretung war dieser Weg jedoch vermutlich ungleich günstiger, da die damals einsetzende langfristige Steigerung der Agrarpreise den Kapitalentzug leichter verkraften ließ als eine Landabgabe.
Ein Blick auf die sächsische Oberlausitz bestätigt diese Ansicht. Hier wurden die Bauern zwar ebenfalls durch das Gesetz vom 17. 3. 1832 reguliert, aber für sie galten Sonderbestimmungen, die der dortigen gutsherrlichen Agrarverfassung Rechnung trugen. Anders als im benachbarten Preußen erlaubte man in der Lausitz auch für die Befreiung aus Erbuntertänigkeit (1. 4. 1832) und Umwandlung

des lassitischen in volles Eigentumsrecht nur eine Geldentschädigung (je nachdem 7,5 oder 10% des jährlichen Reinertrages). Dadurch blieb die Betriebsgrößenstruktur im großen und ganzen erhalten. Dies bedeutete, daß es zwar mehr kleinbäuerliche Betriebe und Großgrundbesitz als im erbländischen Sachsen gab, aber eben auch weniger als in Preußen. Sachsen hat damit jenen Mittelweg beschritten, der Preußen angesichts der katastrophalen Wirtschaftsverhältnisse im Jahre 1811 und der Adelsreaktion nach 1815 verschlossen geblieben ist.

Hessen

Die Agrarverfassung der hessischen Territorien war – sieht man vom ehemals französischen Rheinhessen ab – in sozialer und rechtlicher Hinsicht ziemlich einheitlich.

Eine Ausnahme bildete das im Norden vorkommende Meierrecht, wo die großen Pachthöfe mit sehr erheblichen Grundzinsen belastet waren, während die Mehrzahl der übrigen Bauern nur etwa ein Fünftel ihres Reinertrages aus dem Ackerbau an die Grundherren abführen mußten.[68] Auch die Leibeigenschaft stellt, sofern sie nicht wie in Fulda und Niederhessen verschwunden war, nurmehr eine bescheidene Fiskalabgabe dar. Außer in Hessen-Darmstadt bestanden die landesherrlichen Frondienste fort und richteten sich zusammen mit denen der Berechtigten nach den Bedürfnissen herrschaftlicher Eigenwirtschaft; sie überstiegen aber selten ein Zehntel der gesamten Feudalbelastung.

Die wirtschaftliche Lage der bäuerlichen Bevölkerung war nahezu allenthalben erheblich schlechter, als sich von den rechtlichen Rahmenbedingungen her erwarten ließ. In Kurhessen bedeckten über 40% des Landes Wälder, die Böden waren von schlechter Qualität und die – *de jure* verbotene – Realteilung hatte den Besitz stark zersplittert: 46% der Betriebe, die zusammen nur 6,7% der Nutzfläche besaßen, hatten einen jährlichen Reinertrag von weniger als 10 Talern, während nur 10% der Höfe mit ihrem Anteil von knapp der Hälfte des Landes ein ausreichendes Einkommen erwirtschafteten.[69] Die Landbevölkerung war damit fast ohne Ausnahme auf zusätzliche Verdienstquellen angewiesen, doch die seit 1815 stagnierende Hausweberei und -spinnerei sowie der geringe Bedarf an bezahlten Landarbeitern machten die hessischen Territorien rechts des Rheins zum Armenhaus Deutschlands. Da sich mit der Bauernbefreiung keine ländliche Strukturreform verband, konnte die Mehrzahl der Bauern allenfalls auf ein Ende ihrer Doppelbela-

stung als standesherrliche Privatuntertanen und Staatsbürger hoffen, während sich eine echte Entlastung nur für die Meierhöfe ergab. Die latente Unruhe auf dem Lande, die sich zwischen 1830 und 1848 mehrfach in allen drei großen hessischen Territorien in Revolten entlud, ist daher auf diese Dauerkrise zurückzuführen, die sich durch die Haltung des Adels noch verschlimmerte.
Den Anfang mit gesetzlichen Maßnahmen machte das Großherzogtum Hessen-Darmstadt, das noch in der Rheinbundzeit die Leibeigenschaftsabgaben – am 6. 6. 1811 – und Frondienste – am 13. 5. 1812 – gegen eine 20fache Kapitalisierung für ablösbar erklärte. Die Durchführung kam jedoch erst ab 1816, in den oberhessischen Souveränitätslanden gar erst ab 1827 zustande, nachdem sich der Staat zwischen Adel und Bauern als Gesamtschuldner geschoben hatte. Verzögert wurde auch die Fronablösung, da die am 1. 1. 1817 unentgeltlich aufgehobenen Staatsfronen nahezu jede einzelne Dienstpflicht zum Streitfall werden ließen, bis die Regierung 1828 kurzerhand die Hälfte aller bestehenden Fronen für staatlich erklärte, so daß in den althessischen Gebieten bis 1831 mehr als 75% der Gemeinden reguliert hatten. In den standesherrlichen Territorien, die vor allem in der Provinz Oberhessen lagen und in denen dort knapp 40% der Bevölkerung lebten, kam nach mehreren vergeblichen Versuchen die Fronablösung ebenfalls erst 1827, wiederum durch den Aufkauf der Rechte durch die Staatskasse, in Gang, nachdem der Adel in den 20er Jahren verschiedentlich noch Fronerhöhungen durchgesetzt hatte. Das Gros der bäuerlichen Belastung geriet aber erst Ende der 20er Jahre in Bewegung, als 1829/30 eine Reduktion der überhöhten Getreideäquivalente das Grundlastenablösungsgesetz vom 11. 7. 1821 finanziell realisierbar machte. Die eklatante Benachteiligung der Mediatbauern, die zu den teilweisen hohen Feudalabgaben auch noch eine wegen der außerordentlichen Beanspruchung der Staatskasse beim Ablösungsgeschäft – eine spezielle Rentenbank trat erst 1836 ins Leben – stark erhöhte Steuerlast zu tragen hatten, führte Ende September 1830 zu verbreiteten Unruhen in Oberhessen. Ausgehend von der Isenburgischen Standesherrschaft in Büdingen stürmten städtische Kleingewerbetreibende, die unter der Zollabschnürung litten, Landhandwerker und Bauern die Amtssitze und zwangen die Beamten zu weitgehenden Zugeständnissen. Schon im Oktober war die Ruhe wiederhergestellt und es gelang der sich erst jetzt radikalisierenden bürgerlichen Intelligenz nicht mehr, die ländliche Unzufriedenheit für ihre Ziele auszunutzen – die Bauern lieferten freiwillig Exemplare des *Hessischen Landboten* ab –, obwohl erst am 27. 6. 1836 den standesherrlichen Bauern die Ablösung der

Zehnten und anderen Grundlasten (zum 18fachen Kapitalwert) erlaubt wurde. Mit der Durchführung mußten diese Untertanen jedoch in den meisten Fällen bis 1848 warten, da der Adel nach einem vergeblichen Vorstoß beim Bundestag per Gerichtsbeschluß die Unverbindlichkeit des 18fachen Entschädigungssatzes durchsetzen konnte. Erst die Revolution brachte mit der Allodifikation der Leihegüter (2. 8. 1848) und dem Ablösungszwang für alle noch bestehenden Lasten das Ende der Grundherrschaft, nun freilich zu so günstigen Bedingungen, daß die Berechtigten 1858 noch eine nachträgliche Entschädigung aus der Staatskasse erhielten.
In Kurhessen, das mit Ausnahme der Patrimonialgerichtsbarkeit und der Besteuerung adliger Güter 1814 die gesamte französische Gesetzgebung aufhob, setzte die Grundentlastung erst im Gefolge der hier noch heftigeren Unruhen im September 1830 ein. Während in Kassel das städtische Bürgertum die Einberufung des Landtags abtrotzte, kam es in der Provinz Hanau zum allgemeinen Aufstand, der sich besonders gegen Mautstationen und standesherrliche Verwaltungen richtete und von hier aus auf Oberhessen ausgriff. Nachdem die neue Verfassung vom 5. 1. 1831 die allgemeine Grundentlastung verheißen hatte, regelten zwei Gesetze vom 23. 6. 1832 die Ablösbarkeit der Fronen, Zehnten und anderen grundherrlichen Abgaben zum 20fachen Netto(!)-Ertrag (womit sich die Bauern günstiger stellten als selbst in Hessen-Darmstadt und Baden) sowie die Errichtung einer Landeskreditkasse. Andererseits begünstigte die generelle Zuordnung aller Dienste in den Bereich des Privatrechts eindeutig die Empfänger, wenngleich sie damit dem Land die übliche Prozeßlawine ersparte. Trotz des Hinzutretens weiterer Gesetze blieb das Ganze Stückwerk. 1848 waren erst etwas mehr als die Hälfte der Dienste und Lasten abgelöst, so daß es im März zwar zu keiner geschlossenen ländlichen Erhebung, wohl aber zu zahlreichen lokalen Unruhen kam, die erst endeten, als der Landtag am 26. 8. 1848 ein Gesetz verabschiedete, das die Relikte aus Leibeigenschaft und Heimfallrecht entschädigungslos abschaffte und der endgültigen Ablösung neue Impulse verschaffte.
Im Herzogtum Nassau wurden die aus der Leibeigenschaft herrührenden und andere nicht »vertragsmäßig« begründete Lasten am 1. 9. 1812 und 8. 4. 1826 zur Ablösung freigegeben, doch verhinderten ländliche Armut und Preisverfall für Agrarprodukte, daß die Bauern von der Möglichkeit Gebrauch machten. Erst die am 22. 1. 1840 errichtete Landeskreditkasse sorgte dafür, daß von der am gleichen Tage – und nochmals am 14. 6. 1841 – eingeräumten Ablösbarkeit der Zehnten und anderen Grundlasten tatsächlich Gebrauch gemacht wurde, so daß bis Ende 1843 bereits drei

Fünftel aller staatlichen Berechtigungen reguliert waren. Anschließend geriet der Vorgang wieder ins Stocken, bis im Gefolge der Revolution – am 4. März hatte ein Demonstrationszug von 40000 Bürgern und Bauern vor dem Wiesbadener Schloß wichtige Forderungen durchgesetzt, die allerdings in erster Linie der liberalen Opposition zugute kamen – die Gesetze vom 24. 12. 1848 und 14. 4. 1849 die noch bestehenden Verpflichtungen zwangsweise der Ablösung (zum 14- bzw. 18fachen Jahresbetrag) preisgaben. Die Staatskasse übernahm ein Achtel der Kosten. Bereits Ende 1852 war der Prozeß der Grundentlastung weitgehend vollendet.

Trotz der Phasenverschiebung waren die Folgeerscheinungen der Bauernbefreiung in ganz Hessen dieselben. Wie eine langfristige Ertragsberechnung für verschiedene Dörfer Kurhessens gezeigt hat,[70] überstieg in den Realteilungsgebieten die Einkommensminderung durch Besitzzersplitterung zwischen 1770 und 1830[71] fast durchweg die Einsparung an Grundlasten, falls nicht andere Erwerbsquellen Ersatz boten. Selbst die meist bescheidenen Ablösungsbeträge – in Kurhessen wurden seit März 1849 Darlehen von 3, ab 1853 gar von 1 Taler eingeräumt! – verhinderten nicht, daß viele Kleinstlandwirte ihren Besitz aufgeben mußten, der meist in herrschaftliche Hände geriet. Mit der Bauernbefreiung entstand somit ein Tagelöhnerstand, der saisonweise auf den neuen Großgütern des Adels Arbeit fand, häufig genug jedoch zur Auswanderung gezwungen war,[72] nachdem die Allmendaufteilung ihm die letzten Existenzchancen genommen hatte. Zu der Kombination von Verfall des Hausgewerbes, Übervölkerung und Industrieferne trat hier noch die Bauernbefreiung und vergrößerte damit das typische Elend ländlicher Gebiete im vormärzlichen Deutschland, wie der Marburger Ökonomieprofessor Bruno Hildebrand für das hessische Bergland mehrfach eindrucksvoll analysiert hat.[73]

Baden

Seinen Ruf als *Musterländle* verdankt Baden den intensiven Reformbemühungen seiner Landesherren vor der Revolution. In auffallendem Kontrast zu den frühen Ansätzen einer Agrarreform stehen dann allerdings der lange Stillstand und das späte Ende der Bauernbefreiung im Großherzogtum. Dies legt nahe, in Baden tatsächlich einen Musterfall zu sehen, jedoch in anderem Sinne als er den Zeitgenossen geläufig war. Wenn die Bemühungen des 18. Jahrhunderts sich im 19. nicht einfach fortführen ließen, so lag dies offenbar nicht an mangelndem Eifer. Vielmehr zielte der

Vorstoß nach der Jahrhundertwende aufs Grundsätzliche und löste darum ganz andere Widerstände aus, denen die neuen Prinzipien der Rechtsstaatlichkeit und Repräsentation zusätzliche Kraft verliehen. Baden ist deshalb exemplarisch, weil nirgendwo sonst die Größe des anfallenden Gebiets in einem solchen Mißverhältnis zum Kernland stand und weil der badische Konstitutionalismus den durch die Reformen heraufbeschworenen Konflikt deutlicher sichtbar machte als anderswo.

Der Regierung wurde ihre Aufgabe durch die Agrarverfassung nicht gerade erleichtert, denn Veränderungen hatte es hierin seit Jahrhunderten so gut wie keine gegeben und wirtschaftliche Vorteile, die für die Betroffenen einen Anreiz hätten bilden können, waren nicht zu erwarten. Denn wenn auch die Klöster und ein Teil des Adels umfangreichere Eigenbetriebe führten, standen doch für alle Grundherren die starren bäuerlichen Geld- und Naturalabgaben im Vordergrund, von denen der Zehnt die mit Abstand wichtigste war.

Die Lage der Bauern war unter rechtlichen Gesichtspunkten günstig, unter ökonomischen dagegen meist denkbar dürftig. In den markgräflichen Territorien herrschte Freiteilbarkeit und demzufolge Klein- und Kleinstbesitz vor; nur der Schwarzwald kannte geschlossene Hofgüter mit Anerbenrecht. Die Grundherrschaften des landsässigen Adels, der Kirche und der Standesherrschaften kannten neben dem Erb- noch das Schupflehen, das hohe Besitzwechselabgaben verlangte. Insgesamt wies Baden im 18. Jahrhundert mit seiner Übervölkerung und seinem Splitterbesitz, was namentlich in der Ebene zu einer einmalig hohen Auswanderungsquote führte, wenig bäuerlichen Wohlstand auf.

Die Reformmaßnahmen setzten wie überall an einem Punkt an, der gesamtwirtschaftlich von geringerer Bedeutung, ideologisch dafür um so wichtiger war: der Leibeigenschaft.[74] Das kaiserliche Hofdekret vom 20. 12. 1782, das sie im Breisgau aufheben sollte, erwies sich als weitgehend unanwendbar. Wirksamer war Karl Friedrichs Generalreskript vom 23. 7. 1783, obwohl es nur den Rechtsbegriff und einige Abgaben, nicht jedoch die sonstigen Pflichten aufhob, weil damit der Untertanenverband geradezu zerfallen wäre. Um fiskalische Gesichtspunkte und den Zweck der Harmonisierung ging es auch bei den Fronreduktionen von 1773 und 1786. Selbst die Ansätze zur Grundentlastung machten vor dem Wichtigsten halt, der Zehntregulierung. Ein Erlaß vom 25. 7. 1785 erlaubte die Ablösung der Bodenzinse zum 25fachen Jahresbetrag, 1786 wurde das freie Erbrecht allgemein anerkannt und am 14. 4. 1791 im Gebiet von Badenweiler mit der Allodifikation bäuerlicher Erblehen begonnen.

Die erhofften positiven Impulse blieben entgegen den Versicherungen der vor allem in der Markgrafschaft auf offene Ohren stoßenden Physiokraten aus. Nicht nur, weil die Maßnahmen dafür viel zu beschränkter Natur waren, sondern weil den Bauern das Geld, wenn nicht überhaupt der Anreiz zur Ablösung fehlte. Aber politisch befanden sich die Altbadener Untertanen unversehens in einer besseren Lage, als sich zeigte, daß die Mediatgrundholden der ab 1803 zu Baden stoßenden Territorien zum Unterpfand standesherrlichen Selbstverständnisses geworden waren.[75] Wie in den anderen süddeutschen Staaten erhielt die Bauernbefreiung dadurch einen stärkeren politischen Akzent. Andererseits hatte die Regierung während der gesamten Rheinbundzeit und noch danach nur die Möglichkeit der Rechts- und Verwaltungsvereinheitlichung, so daß es mehr um den Bauern als Untertan denn als Landwirt ging. Beispielsweise ist der am 1. 1. 1810 in Kraft gesetzte *Code civil* mit seinen landrechtlichen Zusätzen eher als ein Reformprogramm des Eigentumsrechts zu verstehen; die Abschaffung der (später allerdings wieder eingerichteten) Patrimonialgerichtsbarkeit am 14. 5. 1813 und der Versuch vom 6. 4. 1815 zur Beendigung der bäuerlichen Doppelbesteuerung durch Standes- und Landesherrn geschahen allenfalls in der Absicht, den modernen Staat auch auf der untersten Ebene durchzusetzen.

Die eigentliche Grundentlastung setzte 1819/20 ein und steht mit den Verfassungskämpfen, in die auch Metternich und die Bundesversammlung eingeschaltet wurden, in offensichtlichem Zusammenhang. 1819 verzichtete die großherzogliche Domänenkammer auf die Leibeigenschaftsabgaben der nach 1803 badisch gewordenen landesherrlichen Bauern. Am 5. 10. 1820 wurde diese Regelung auf die Standesherrschaften ausgedehnt. In beiden Fällen leistete die Staatskasse Entschädigung. Aus eigener Tasche mußten die Bauern hingegen die Kosten für die ebenfalls am 5. 10. 1820 für ablösbar erklärten Grundzinse und Besitzwechselabgaben (»Drittel«) und die Frondienste aufbringen.

In einer nächsten Phase setzte sich der Staat mit den Standesherren über die ihnen entzogenen steuerähnlichen Geldgefälle und die Ausübung obrigkeitlicher Befugnisse auseinander. Erst die Julirevolution lenkte den Blick zurück auf die Grundentlastung. Von der Ablösbarkeit der Fronen war kein Gebrauch gemacht worden. So wurden am 28. 5. 1831 die landesherrlichen Fronen gegen Entschädigung aus der Staatskasse aufgehoben, die übrigen sieben Monate später erneut für ablösbar erklärt, wobei nunmehr öffentliche Gelder, allerdings nur subsidiär in Anspruch genommen wurden. Am selben Tag, dem 28. 12. 1831, begann mit der Ablösung des Blutzehnten der Vorstoß auf den wichtigsten Komplex innerhalb der Abgabenverfassung; Staat und Gemeinden teilten sich die Finanzierung. Der eigentliche Zehnt wurde am 15. 11. 1833 beseitigt. Die Staatskasse übernahm ein Fünftel, der Pflichtige den Rest in fünf Jahresraten, wozu ihm die eigens eingerichtete Zehntschuldentilgungskasse das Kapital vorschießen sollte, doch machten die Bauern davon nur wenig Gebrauch.

1848 war damit die Grundentlastung juristisch weitgehend, im Stammland vollständig abgeschlossen, aber die drückenden Zahlungen liefen noch. Die in Baden besonders heftige Revolution erfaßte zunächst nur die Standesherrschaften, wo sich die Bauern im Namen der Rechtsgleichheit erhoben. Eilends beseitigte die neue Regierung die feudalen Bannrechte am 10. 4. 1848 (die staatliche Entschädigung wurde am 13. 7. 1851 geregelt) und allodifizierte am 21. 4. 1849 die Schupflehen. Mit der Niederlage der Aufständischen in der Reichsverfassungskampagne im Mai 1849 zerschlug sich die Hoffnung auf die Beseitigung des Entschädigungsprinzips.

So zeigt sich zum Schluß, daß trotz einer insgesamt günstigen Gesetzgebung den badischen Bauern die Finanzierung der Grundentlastung offensichtlich schwergefallen ist. Die Einschaltung der Staatskasse seit 1820, die seit 1825 erlaubte Abzugsfähigkeit der Ablösungsgelder von der Steuerpflicht – beides zählt zu den Ausnahmeerscheinungen der Bauernbefreiung auf deutschem Boden –, der sich häufig Luft machende Haß auf jüdische Geldverleiher sowie der durch unzählige Konkurse leicht sinkende bäuerliche Landanteil sind die wichtigsten Indizien. So war trotz der mit dem benachbarten Württemberg grundsätzlich vergleichbaren Folgen hier das Elend noch größer, zumal die gewerbliche Entwicklung die Stagnation der Landwirtschaft nicht ausgleichen konnte.

Württemberg

Das Gebiet des nachmaligen Königreichs Württemberg war vor der durch Napoleon herbeigeführten staatlichen Neuordnung so zersplittert wie kaum eine andere Landschaft des alten Reiches. Dieser Umstand war auch an der Agrarverfassung ablesbar, die daher, selbst wenn sie generalisierend dem Bereich der südwestdeutschen Grundherrschaft zugeordnet wird, im Hinblick auf die soziale und wirtschaftliche Lage der Bauern teilweise beträchtliche Unterschiede aufwies. Die wichtigste Gemeinsamkeit betraf den weitestge-

henden Verzicht der Grundherren auf eigene Wirtschaftsbetriebe, wovon allenfalls die ehemaligen Klöster Altwürttembergs und die oberschwäbischen Reichsabteien eine gewisse Ausnahme machten, dem auf der Gegenseite eine außerordentliche Abhängigkeit von bäuerlichen Geld- und Naturalabgaben entsprach. Unter diesen ragten die Zehnten und die grundherrlichen Abgaben besonders hervor, während die Abgaben an Gerichts- und Landesherren in der Regel geringer waren und nur in den östlichen Landesteilen für Pflichtige und Berechtigte einen ausschlaggebenden Anteil im Etat ausmachten. Die Abgaben aus der Leibeigenschaft waren durchweg unbedeutend, was indessen die frühe Politisierung gerade dieses Problems nicht verhindert hat. Auch die Naturalfronen waren mangels herrschaftlicher Eigenbetriebe geringfügig.
Bei den Bauern ergaben sich aus den mannigfachen Besitzrechtsformen wichtige ökonomische und soziale Unterschiede. Zwar waren faktisch am Vorabend der Bauernbefreiung sämtliche Güter erblich, doch wirkte sich die Unterscheidung in Erbzinsgüter und Fallehen ganz erheblich auf die Abgabenbelastung und die wirtschaftliche Bewegungsfreiheit aus. Die absolute Vorherrschaft der günstigeren Erbzinsgüter in Altwürttemberg kontrastierte scharf zum Überwiegen der Fall- und Schupflehen in Ostwürttemberg und Oberschwaben, wo das mit dem Tode des Inhabers erlöschende Besitzrecht dem (Ober-)Eigentümer die Anpassung an die Konjunkturentwicklung erlaubte. Wichtiger war freilich, daß die Trennung der Besitzrechte sich auch auf das Erbrecht erstreckte, was die gesamte ländliche Sozialstruktur maßgeblich beeinflußt hat: dem altwürttembergischen Realteilungsgebiet mit seiner hohen Bevölkerungsdichte und starken gewerblichen Durchmischung standen die Landschaften mit Anerbenrecht gegenüber, das die Mobilität und wirtschaftliche Leistungsfähigkeit behindert und zur Ausprägung scharfer Unterschiede in der dörflichen Gesellschaft geführt hat.
Die Wirkungen der Bauernbefreiung in Württemberg mußten demgemäß landschaftlich verschieden ausfallen. Bevor es jedoch so weit kommen konnte, waren mannigfaltige Hindernisse zu überwinden, von denen die wichtigsten im Rentencharakter der Grundherrschaft und in der hohen Stellung des ehemals reichsunmittelbaren Adels zu suchen sind.
Die Stabilität der tradierten Agrarverfassung bewirkte, daß von der günstigen Konjunktur in der 2. Hälfte des 18. Jahrhunderts neben den Herren auch viele Bauern profitierten. Dies und die fehlende Notwendigkeit einer Bauernschutzpolitik – hier im Südwesten war der Adel im Laufe der Zeit weitgehend selbst zur Landesherrschaft

aufgestiegen – ließen Agrarreformen zunächst weithin als überflüssig erscheinen. Die meisten Neuerungen mochten von der 1775 in Gang gekommenen Fronablösung in den vorderösterreichischen Territorien ausgegangen sein, während die 1782 beabsichtigte Allodifikation der Schupflehen bei den Betroffenen auf wenig Interesse stieß. Auch die versuchte Umwandlung der Leibeigenschaft in eine »gemäßigte Untertänigkeit«[76] scheiterte, weil die Patente Josephs II. keine Rücksicht auf die andersartigen Verhältnisse Vorderösterreichs nahmen. Ebenso ergebnislos verlief die auf dem Stuttgarter Reformlandtag von 1797/98 vorgetragene Initiative zur Aufhebung der Leibeigenschaft. In Hohenlohe waren entsprechende Maßnahmen überflüssig, da die Herrschaft an ihr, die mehr kostete als sie einbrachte, schon lange kein Interesse mehr hatte. Güterzertrümmerung war in Altwürttemberg eine seit alters geübte Praxis, so daß das Edikt von 1779 nur Bestehendes sanktionierte. Die 1808 geregelte Allmendeaufteilung hatte lediglich den Zweck, die im Stammland üblichen Grundsätze der Parzellierung der *Kommun* zugunsten aller Ortseinwohner auf den gesamten Staat auszudehnen; bis 1820 hat dann diese vor allem spätkameralistischen »Peuplierungs«-Zielen entspringende Politik mehrere zehntausend Morgen privatisiert.

Insgesamt sind aber weder vor noch in der Rheinbundzeit wesentliche Anstöße zu Reformen erfolgt. Neben offenbar fehlenden wirtschaftlichen Motiven war es vornehmlich der Umstand, daß jeder ernsthafte Versuch an der Rheinbundsakte gescheitert wäre, die hier wie überall den Besitzstand der Mediatisierten privatrechtlich abgesichert hat. War schon von der am 16. 3. 1808 eröffneten Möglichkeit für landesherrliche Hintersassen, ihre Lehen gegen Geld allodifizieren zu lassen, kaum Gebrauch gemacht worden, so kam dem entsprechenden Reskript vom 6. 7. 1812 für die Mediatgrundholden ein ausschließlich deklaratorischer Charakter zu.

Erst unter König Wilhelm I. setzten die Reformen ein, die aber auch jetzt noch nicht so sehr die Bauernschaft emanzipieren als vielmehr den Adel weitergehend als bisher unterwerfen sollten. Unübersehbar ist der Zusammenhang mit den Verfassungskämpfen ums *alte Recht*, in denen die Standesherren mit der altwürttembergischen Opposition koalierten, der zum Edikt vom 18. 11. 1817 geführt hat. Es sah neben der Ablösbarkeit unrentabler Gefälle die Aufhebung der persönlichen Leibeigenschaft gegen Geld – außer bei landesherrlichen Untertanen –, die kostenlose Aufhebung des Obereigentums an Erblehen und die Allodifikation aller Fallehen vor. Diesen ersten wirklichen Einbruch in die Grundherrschaft interpretierten die Mediatisierten zu Recht als Kampfansage und erwirkten unter Berufung auf Artikel 14 der Bundesakte am 24. 5. 1819 in Frankfurt einen Schiedsspruch zu ihren Gunsten. Damit erlangte von jetzt an »die ›Bauernbefreiung‹ in Württemberg einen stärkeren ›außenpolitischen‹ Aspekt als in irgendeinem anderen deutschen Staat«.[77]

Einen zweiten Anlauf, bei den standesherrlichen Hintersassen mit der Grundentlastung zu beginnen, stellten die drei Ablösungsgesetze vom 27., 28. und 29. 10. 1836 dar, zu denen die Julirevolution den Anstoß gegeben hatte. Zur Ablösung freigestellt wurden die steuerartigen Abgaben, die Privatfronen und die noch verbliebenen Leistungen der 1817 nur formell aufgehobenen Realleibeigenschaft; die Staatskasse übernahm die Differenz zwischen Ablösungs- und Entschädigungsbetrag. Tatsächlich kam nunmehr infolge freiwilliger Zustimmung die Bauernbefreiung auch in den Standesherrschaften in Gang.

Mit dem Bundesentscheid vom 13. 9. 1846 erhielt die Regierung endlich die nötige Handlungsfreiheit, die seit 1817 stagnierende Auflösung des Lehnsverbandes in »Neuwürttemberg« umfassend zu regeln. Der schon weit vorangeschrittene ministerielle Entwurf wurde jedoch von der Märzrevolution überholt. Nunmehr kam es zu einer in Deutschland einmalig günstigen Regelung durch die Gesetze vom 14. 4. 1848 und 17. 6. 1849, die die Reallasten und Zehntpflicht beseitigten: teilweise entschädigungslose Aufhebung, im übrigen aber niedrige Ablösungssätze, Verrechnung der Verwaltungskosten und herrschaftlichen Gegenreichnisse und Bewertung der Leistungen nach den niedrigen Getreidepreisen von 1821 bewirkten, daß die Pflichtigen relativ billig »befreit« wurden, während die bisherigen Empfänger fast die Hälfte ihres Einkommens verloren.[78]

Die Bauernbefreiung hat mithin angesichts der in Württemberg anzutreffenden Formen der Agrarverfassung zwar eminente Folgen für die soziale Stellung der Bauern und ihrer einstigen Herren, für letztere auch erhebliche materielle Einbußen und eine vollständige Umstellung ihrer Einkommensstruktur heraufbeschworen, sie führte jedoch trotz einer nennenswerten finanziellen Entlastung der Untertanen nicht zu einer Änderung der Betriebsstruktur. Die Modernisierung beschränkte sich hier ganz auf den politisch-gesellschaftlichen Bereich, die Wirtschaftsweise wurde von ihr nicht betroffen. Bis heute dominiert das kleine und mittlere Bauerntum, das vielfach auf Nebenerwerb angewiesen bleibt und damit eine Voraussetzung für die charakteristische Durchmischung von Landwirtschaft und Industrie liefert.

Bayern

Das rechtsrheinische Bayern – die Pfalz wurde bereits im Abschnitt über die Rheinlande behandelt – ist neben Württemberg der große Nachzügler bei der Bauernbefreiung in Deutschland. Die Gründe dafür sind vielfältiger Art. Unter die spezifisch bayerischen Ursachen fällt zum einen die Hofmarkenverfassung als Sonderform der süddeutschen Grundherrschaft, die dem alten Adel eine politisch und sozial gleichermaßen starke Stellung verlieh, und der hohe Anteil landesherrlicher Bauern nach 1803/06, die so lange einen überproportionalen Beitrag zu den Staatseinkünften zu leisten hatten, als eine hierfür Ersatz leistende Steuerreform auf sich warten ließ.

Bei den ca. 1400 Hofmarken des Adels und der Kirche in Altbayern, d.h. den schon vor 1803 bayerischen Gebieten, handelte es sich um geschlossene Herrschaftsbezirke, in denen Grund- und Gerichtsherrschaft stets zusammengefaßt waren und Vogtei, Leibherrenschaft und Zehntrecht häufig noch hinzutraten. Im Unterschied zu Nord- und Ostdeutschland kam es jedoch nur zur Ausbildung kleiner herrschaftlicher Eigenwirtschaften, die von Taglöhnern, Dienstboten und Scharwerkern (Fronpflichtigen) bearbeitet wurden. Durch die ungeteilte Übergabe der Voll- und Halbbauernhöfe hatte sich im Laufe der Zeit eine starke soziale Differenzierung auf dem Lande ergeben. Die eigentlichen Bauern bildeten trotz zunehmender wirtschaftlicher Schwierigkeiten eine standesbewußte Minderheit, die ihre Höfe bei unterschiedlichen Rechtsformen faktisch erblich besaß. Eine Stufe tiefer stand die im 18. Jahrhundert rasch anwachsende Schicht schwach begüterter Sölden, die auf Zuerwerb – etwa im stark territorialisierten Landhandwerk – angewiesen waren. Umfangreiche Scharwerke für die Gerichtsherren und namentlich die hohen, vielfach steigenden Besitzwechselabgaben und Steuern führten dazu, »daß die Belastungen der Bauern in Bayern höher sind als in allen sonstigen grundherrlichen Bereichen West- und Süddeutschlands«.[79]

In dieser Situation war das kurfürstliche Mandat vom 3. 5. 1779 von vornherein zum Scheitern verurteilt, das den landesherrlichen Bauern – wie immer, setzten bei diesen die Reformen ein – das erbliche Besitzrecht und die Fixierung der Besitzwechselabgaben gegen feste Geldrenten anbot. Da die rückständige bayerische Landwirtschaft nicht am gesamteuropäischen Agraraufschwung partizipierte, fehlte es an den wirtschaftlichen Voraussetzungen zum Aufbringen der geforderten Summen, selbst wenn die Bauern den Nutzen des Vorhabens eingesehen hätten.

Die Fernwirkungen der Französischen Revolution, die wirtschaftlichen Schwierigkeiten vieler Bauern und der wachsende Finanzbedarf des Staates sorgten dann aber auch in Bayern für mancherlei Unruhe und führten vor allem zu einer Flut von Reformprojekten, deren radikalste in der Forderung nach einer »jakobinischen« Republik um die Jahrhundertwende gipfelten. Der leitende Minister Montgelas hatte seinerseits längst ein vielfältiges Agrarprogramm entwickelt, das er seit 1799 zu verwirklichen suchte. Erste Maßnahmen sollten die seit 1762 erlaubten Güterzertrümmerungen vorantreiben. Ab 1800 propagierte man auch die Gemeinheitsteilungen. Beides sollte namentlich den Besitzlosen und Kleingütlern zugute kommen, aber statt einer Intensivierung der Landwirtschaft erreichte man zunächst einmal die Zerschlagung der dörflichen Strukturen, da der Viehbestand der Großbauern bedroht und weil nicht aus wirtschaftlichen Gründen die Höfe geteilt wurden, sondern um die Schuldenlast zu tilgen. 1817 bzw. schon 1814 erschwerte man daher wieder beide Vorgänge. Gescheitert ist auch der Versuch, auf den nach 1803 von der Kirche eingezogenen Ländereien, soweit sie der Staat wieder veräußerte, die Bauernbefreiung zu beginnen, indem die Kornboden- und Geldzinse zusammengefaßt und für ablösbar erklärt wurden. Die verlangte Summe von 600 fl. pro Hof war trotz steigender Getreidepreise schon deshalb viel zu hoch, weil die Käufer vielfach die gerade zuvor aus den Klosterdiensten entlassenen Diener und Handwerker waren.
Nur wo wirtschaftliche Zwänge fehlten und der Druck der öffentlichen Meinung stark war, ließen sich Reformen auch bei den Privatbauern ohne besondere Schwierigkeiten durchführen. So hob die Verfassung vom 1. 5. 1808 lapidar die Leibeigenschaft entschädigungslos auf, ein Organisches Edikt vom 31. 8. 1808 regelte die Einzelheiten. Im Gegensatz dazu war die spätestens seit der Mediatisierung des reichsunmittelbaren Adels unumgängliche Abschaffung der Patrimonialgerichtsbarkeit ebensowenig durchsetzbar wie die von den Bauern geforderte »Peräquation«, d. h. Vereinheitlichung und Fixierung der grundherrlichen Rechte. Die beiden entsprechenden Organischen Edikte von 1808 beseitigten daher weder das Durcheinander noch die Rechtsunsicherheit, der die seit 1803 in der Minderheit befindlichen Privatbauern ausgesetzt waren und verursachten eine wahre Flut von Beschwerden und obrigkeitlichen Eingriffen.
Im Ergebnis erscheint somit das Jahr 1808 als ein Wendepunkt: die bisher angestrebte Bauernbefreiung wurde aufgegeben zugunsten einer Politik, die den Adel als Sozialstand stärkte, um ihn den Verlust seiner politischen Stellung verschmerzen zu lassen. Inso-

fern setzt die Restauration in Bayern früher als anderswo ein und sie sollte hier auch länger dauern.
Bis 1848 ging der Abbau der Grundherrschaft des Adels nur langsam voran, da am Grundsatz der Freiwilligkeit nicht gerüttelt wurde und weil die bis 1830 dauernde Agrarkrise den Bauern keine Mittel zur Ablösung übrig ließ. Ausgerechnet mitten in der Baisse gestattete die Regierung in zwei Verordnungen vom 8. 2. 1825 und vom 13. 2. 1826 die Fixierung, Geldumrechnung und Ablösung (zum 25fachen Jahresbetrag) der grundherrlichen Gefälle und Frondienste. Entsprechendes wurde am 19. 6. 1832 für die Besitzwechselabgaben nachgeholt. Speziell für die Privatbauern, unter denen es 1830/31 gärte, tat der Staat nicht mehr, als daß er am 28. 12. 1831 den Adligen eine Entschädigung im Falle eines Verzichts auf die Patrimonialgerichtsbarkeit zugestand. Im Zeichen sich erneut festigender Autokratie erschwerte die Regierung 1840 sogar die Ablösung bei landesherrlichen Bauern, indem sie für jeden Antrag eine königliche Genehmigung verlangte.
Wenn die revolutionäre Bewegung 1848 in Bayern, besonders in Franken, auch auf das Land ausgriff, so ist dies ohne Zweifel eine Folge der verschleppten Grundentlastung. Das hastig erarbeitete Gesetz vom 4. 6. 1848 hatte denn auch trotz einiger recht bauernfreundlicher Lösungen etliche gravierende Mängel zu verzeichnen, die mehrfach, zuletzt 1908, korrigiert werden mußten. Entschädigungslos aufgehoben wurden Naturalscharwerke, Blut- und Neubruchzehnt, Mortuarien, die Relikte der an der Person haftenden Abgaben und vor allem die standes- und grundherrliche Gerichtsbarkeit. Was aber davon bereits früher in Geld fixiert und teilweise abgelöst war, mußte weiter entrichtet werden, was dem Gleichheitsgrundsatz Hohn sprach. Hinsichtlich der Fixierung der Besitzwechselabgaben und ihrer Geldumwandlung sowie der Ablösung der anderen Gefälle wurden die Verordnungen von 1826 und 1832 in das jetzige Gesetz übernommen. Allerdings verzichtete man unverständlicherweise zunächst auf Allgemeinverbindlichkeit und Befristung der Anträge. Eine ins Leben gerufene Ablösungskasse half bei der Finanzierung, war aber wegen der Differenz zwischen Ablösung (zum 18fachen Betrag) und Entschädigung (zum 20fachen Betrag) auf erhebliche Steuergeldzuschüsse angewiesen.
Die geschilderten Maßnahmen verhinderten, daß die Bauern für ihre Entlastung Land abtreten mußten. Die Erhaltung der bäuerlich bestimmten Sozialstruktur Bayerns ist allerdings nicht der Bauernbefreiung zu danken, sondern dem Nivellierungsvorgang,

der im 19. Jahrhundert Vollbauern und Sölden erfaßte und insgesamt zu einer Reagrarisierung Bayerns geführt hat.

Die Nationalversammlung von 1848

Die Entwicklung der 48er-Revolution brachte es mit sich, daß neben anderen Themen auch die Bauernbefreiung erstmals eine Behandlung auf nationaler Ebene erfahren hat. Im Unterschied zu jenen zählte diese Frage jedoch nicht zu den zentralen Anliegen der Liberalen, vielmehr wurde den Märzregierungen wie auch dem Parlament die Behandlung des Komplexes von außen, d. h. von den revoltierenden Bauern selbst, aufgedrängt. So kam es schließlich, daß ebenso wie im Bereich der Gewerbepolitik, wo diametral zu den Interessen des antimodernistisch eingestellten Mittelstandes entschieden wurde, die Nationalversammlung – auch wenn sie im Gegensatz zum englischen Unterhaus alles andere als ein Gutsbesitzerparlament war[80] – die Grundentlastung keineswegs so regelte, wie es die Petitionen der Bauern verlangten. Freilich war hier der Entscheidungsspielraum begrenzt, einmal, weil die Diskussion nicht unter sozialpolitischen, sondern eigentums- und verfassungsrechtlichen Vorzeichen geführt wurde, und zum anderen, weil Frankfurt sich im großen und ganzen an den Rahmen der von den süddeutschen Regierungen zwischen April und Juni erlassenen Gesetze gebunden fühlte.

Am 8. Juni behandelte der Verfassungsausschuß, in dem das rechte Zentrum die absolute Mehrheit besaß, erstmals diesen Punkt. Nach der Ablehnung der von den Radikalen Hecker und Struve im Vorparlament beantragten entschädigungslosen Aufhebung aller Feudalabgaben[81] ging es jetzt eigentlich nur noch um Formulierungsfragen. Als Welcker »Freiheit der Person und des Eigentums durch Aufhebung aller aus der Leibeigenschaft stammenden Lasten und Abgaben« vorschlug, beschwor Fürst Lichnowsky den Ausschuß, »es komme hier unendlich viel auf die Fassung an; von ihr hängt es ab, ob der Bauernkrieg in Deutschland von neuem beginnen soll oder nicht; sowie es heißt ›Aufhebung‹, so würde kein Bauer mehr zahlen oder leisten oder gar Ablösung wollen«; er sah »unseliges Mißverständnis« entstehen, denn »namentlich das Wort ›Freiheit‹ werde als ein Aufruf zur Gewalt angesehen werden«.[82]

Auch das Plenum, das am 3. Oktober diese Frage zu beraten begann, hielt am Grundsatz der Entschädigung fest und wollte nur öffentlich-rechtliche Lasten aufheben, weil anders – wie es in der Stellungnahme des Volkswirtschaftlichen Ausschusses hieß – »das

Eigentum und der Besitz der Bittsteller in Zukunft ebensowenig gesichert sein [würde], wenn es vielleicht dereinst den Besitzlosen – den Tagelöhnern und Heuerlingen – beikäme, eine Teilnahme an den bäuerlichen Grundbesitzungen geltend zu machen«. Drastischer drückte es der Abgeordnete Plathner aus: bei Enteignung der Feudalrechte würde »der Kommunismus durch ein allgemeines Gesetz eingeführt«..

Umstritten war nur noch, ob zugleich mit der Abschaffung der Fideikommisse auch die Realteilung der Höfe durchgesetzt werden sollte, wie es die linke Mitte forderte, um dem Tagelöhnerproletariat Grunderwerbschancen zu geben. Aber Beselers Warnung, »an die agrarischen Verhältnisse unseres Vaterlandes so kühn die Hand anzulegen«, wie es Adam Smith lehre, fiel den wirtschaftsliberalistischen Neigungen der Mehrheit zum Opfer.[83]

Als die Reste der Nationalversammlung 1849 auseinandergejagt wurden, ging nicht nur in der Politik, sondern auch in der Wirtschaft eine Epoche zu Ende. Mit der Befreiung der letzten grunduntertänigen Bauern (was im Bereich der Gutsherrschaft nach 1850 noch freigesetzt wurde, erfüllte kaum mehr die Kriterien bäuerlicher Existenz), es mögen vielleicht 15 bis 20% von ihnen erst jetzt ihrer drückendsten Feudallasten ledig geworden sein, verschwand eine Ordnung, die weit über tausend Jahre das ländliche Deutschland geprägt hatte. Das Bauerntum glaubte sich am Ziel seiner Wünsche, obwohl doch neben ihm schon eine neue, sein Leben weit stärker und rascher verändernde Macht emporstrebte, das »Fabrikwesen«, wie die Zeitgenossen sagten. Schon lag der letzte von einer Agrarkrise bestimmte Zusammenbruch der Konjunktur zwei Jahre zurück und die gewerbliche Wirtschaft bestimmte immer intensiver das Leben aller. Aber das ländliche Deutschland hatte seine Rolle noch nicht ganz zu Ende gespielt: noch hielten seine Eliten die Herrschaft im Staate fest in der Hand und der zähe Widerstand der Bauern gegen das Neue zögerte den endgültigen Triumph der Industrie um Jahrzehnte hinaus.

Würde man sich bei der Bauernbefreiung mit einem Blick auf die deutschen Länder begnügen, so blieben wesentliche Erkenntnisse ausgeklammert. Die sozial- und wirtschaftsgeschichtlichen Gesamtzusammenhänge jenes Vorgangs reichen nämlich weit über diesen Rahmen hinaus und werden vielfach erst sichtbar, wenn man in einem zweiten Durchgang die Perspektive erweitert. Auch trägt der Vergleich zwischen den einzelnen Regionen sehr zum Verständnis der vielfältigen Rolle des Bauerntums innerhalb von Staat, Gesellschaft und Wirtschaft im 19. Jahrhundert bei. Die Darstellung setzt mit den relativ einheitlichen rechtspolitischen Maßnahmen der Regierungen ein und geht danach zu einer Thematik über, in der die innerdeutschen Spannungszustände immer deutlicher zutage treten. Damit soll die These untermauert werden, daß die Agrarstruktur des *Ancien Régime* von bleibendem Einfluß nicht nur auf die Modernisierung der Landwirtschaft selbst war, sondern auch für die Art und Weise, wie die Industrielle Revolution zur Wirkung gekommen ist.

Die Rechtsproblematik

Das gegenwärtige Interesse an der Bauernbefreiung speist sich vornehmlich an ihren sozialen und wirtschaftlichen Aspekten. Den Zeitgenossen stellten sich die Reformen dagegen zunächst als ein Problem des Rechts dar, da man von den Schwierigkeiten und Folgewirkungen der Ablösungsfrage aus Mangel an Erfahrung noch nichts ahnte. In der Tat läßt sich besonders am Beispiel der Bauernbefreiung der geradezu revolutionäre Wandel des Eigentumsbegriffs demonstrieren, der von einem Kritiker wie Marwitz denn auch durchaus als »Revolutionierung«[1] gebrandmarkt worden ist.

Zum Verständnis dieser Vorgänge bedarf es eines kurzen Rückblicks auf die damals herrschende Rechtslehre. Die altständische Gesellschaft Europas kannte im Bereich des Grundbesitzes keine scharfe Trennung von Eigentums- und Hoheitsrechten. Sie zeichnete sich zugleich durch eine vielfache Abstufung dieser Rechte aus, der eine Dosierung der Freiheit entsprach. Die Naturrechtslehre, die dieses Eigentum in den Rang eines den Staaten vorgeordneten Rechtes erhoben hatte, sanktionierte tendenziell die beste-

henden Verhältnisse. Grundsätzlich waren damit nicht nur die Vermögens- und Herrschaftsrechte der privilegierten Stände geschützt, sondern auch die Untertanen konnten sich in vielen Fällen auf althergebrachte und verbriefte Leistungskataloge berufen. Aber deren willkürliche Ausweitung war keine Seltenheit mehr. Eine ganze Generation verachteter »Winkeladvokaten« lebte schon vor der Jahrhundertwende von der wachsenden Prozeßlust bäuerlicher Individuen oder Untertanenverbände und fühlte sich zugleich als politischer Sachwalter der Landbevölkerung. Es war also nicht erst die Bauernbefreiung, die am alten Recht zu rütteln begann, vielmehr hatten gerade die Grundherren bereits Jahrzehnte früher durch mannigfache Versuche zur Fron- und Abgabenerweiterung, durch Schließung der Wälder, durch Einhegungen oder Verschärfung der Triftrechte die überlieferten ländlichen Rechtsverhältnisse in Frage gestellt und damit verbreitete Unruhe hervorgerufen.
Diese herrschaftlichen Rechte verloren aber nicht nur durch ihre eigennützige Auslegung im Wege der Patrimonialjustiz viel von ihrem einstigen Nimbus der Unantastbarkeit, sondern die Gelehrten begannen in zunehmendem Maße, die persönliche Freiheit als ein der Eigentumsordnung vorgelagertes Recht zu betrachten. Und schließlich haben die Fürsten mit ihrer Politik, die altständische Gesellschaft in Richtung auf einen einheitlichen Untertanenverband umzuändern und damit alle hoheitliche Gewalt für den Staat zu beanspruchen, ihren Einfluß in der ländlichen Sozialordnung zunehmend ausgedehnt. So war schon vor Beginn der Bauernbefreiung die geltende feudale Eigentumsordnung zum ersten und wichtigsten Konfliktgegenstand geworden und es konnte nicht ausbleiben, daß der rechtliche Rahmen den gewandelten Anschauungen angepaßt wurde.
Die aufgeklärte Jurisprudenz hatte also den hergebrachten Rechten, nunmehr abwertend als »bloße Privilegien« bezeichnet, den Kampf angesagt und es bedurfte nicht erst der berühmten Feststellung des Abbé Sieyes – »man ist nicht frei durch Privilegien, sondern durch die Bürgerrechte, Rechte, die allen zustehen«[2] –, um diese Entwicklung einzuleiten. Schon etliche Zeit vorher hatte ein besonders einflußreicher deutscher Rechtslehrer, Stephan Pütter, die Obrigkeit ermächtigt, »die natürliche Freiheit einzelner Untertanen zum allgemeinen Besten einzuschränken«.[3] Das preußische Allgemeine Landrecht von 1794 hat dann in diesem Sinne »Privilegien und verliehene Freiheiten« von vornherein nurmehr vom Standpunkt der Ablösbarkeit her ins Auge gefaßt,[4] zugleich aber auf der anderen Seite das Eigentum als solches mit weitgehenden staatlichen Garantien versehen. Der Umfang der damit vom Staat

gleichsam zur Disposition gestellten Vermögensmasse einerseits und die problematische Berufung auf das *dominium eminens* des Fürsten als einer Art Obereigentum, bzw. auf das »gemeine Beste« andererseits erklären, warum diese Frage rasch zum Hauptthema der juristischen Diskussion der Zeit aufgerückt ist.
Nicht nur die Grundentlastung insgesamt, schon die ersten Reformmaßnahmen des 18. Jahrhunderts zugunsten der Bauern standen somit vor der Aufgabe, die obrigkeitlichen Eingriffe in bestehendes Recht zu rechtfertigen. Im Unterschied zur folgenden Epoche tastete man damals jedoch allenthalben das »Privatrecht« – wie man in nachträglicher Systematisierung diesen komplexen Rechtsbestand bezeichnet hat – nicht an. Vielmehr bemühte man sich im Wege der Ausdehnung des staatlichen Zuständigkeitsbereichs, die Abgaben zu fixieren, die Dienste von Willkür zu befreien und die Leibeigenschaft als eine mit der beabsichtigten Rechtsgleichheit kontrastierende »Sklaverei« aufzuheben. Die Grundherrschaft als solche blieb jedoch unberührt. Im Gegenteil befestigten sich im Zuge der Abgrenzung des öffentlichen vom privaten Rechtskreis die den Herren verbliebenen Befugnisse, die teilweise sogar mit einer ausdrücklichen Garantie versehen worden sind. Um so größer war die Entrüstung des Adels, als nur wenige Zeit später – in Preußen lagen keine zwanzig Jahre dazwischen – die soeben erst »festgeschriebene« spätfeudale Eigentumsordnung nun sogar als Ganzes von den Staaten attackiert zu werden begann und schließlich im Wege der Ablösung aufgegeben werden sollte.
Die unter sozial- und rechtsgeschichtlichen Gesichtspunkten zweite Phase der Überwindung des der Grundherrschaft als Basis dienenden Eigentumsbegriffs vollzog sich im rechtsrheinischen Deutschland nicht im Gefolge der Revolution, sondern wurde erst möglich, nachdem 1806 das Ende des Reiches die bis dahin bestehende Garantie der ständischen Rechtsverhältnisse beseitigt hatte. Nichts beweist deutlicher den Zusammenhang zwischen Gesetzeskodifikation und Ausbildung des modernen, souveränen Staates als der Vorgang, daß die Landesherren ihre neugewonnene innenpolitische Souveränität sogleich zur Reglementierung des Privatrechts ausgenutzt haben. Die Proteste des Adels gegen die mit dem Oktoberedikt entschädigungslos abgeschafften einträglichen Rechtsansprüche – Zwangsgesindedienste, Schutzgelder, Abzugsgelder, Lohnfestsetzungen usw. – wies der preußische Staat mit dem Argument beiseite, daß die erfolgte Modifikation des Untertanenverhältnisses eine »polizeiliche Maßnahme sei, welche nach dem jedesmaligen Kulturzustande der Nation abgeändert werden« könne.[5]

Dieser weitgehende Eingriff, noch dazu vollzogen ohne die von den Juristen allgemein verlangte Teilnahme der Betroffenen, d. h. ohne Vereinbarung mit den Ständen, rief nun erst recht vielfache Kritik hervor. Marwitz, der bekannteste Gegner der Stein-Hardenbergschen Reformen, nannte das Oktoberedikt von 1807 einen »Krieg der Besitzlosen gegen das Eigentum, der Industrie gegen den Ackerbau . . . des (eingebildeten) Nutzens gegen das Recht«.[6] Hinter dieser Auffassung stand ein Begriff vom Grundbesitz, der mit seinen antirationalistischen, ja geradezu mythischen Formulierungen die ökonomischen Interessen der Privilegierten nur mühsam verbarg. »Das Objekt des Privateigentums ist nicht etwa eine tote, aus dem allgemeinen Zusammenhange der bürgerlichen Gesellschaft herausgeschnittene, eximierte Sache, sondern der lebendige Verkehr mit den nutzbaren Eigenschaften dieser Sache oder ihr Gebrauch«, erklärte 1809 Adam Müller. Daher »haben die Gesetzgeber des Mittelalters« bestimmt, es müsse »durch strenge Erbfolgegesetze der einzelne Besitzer an das durch Jahrtausende fortlebende Grundstück geknüpft werden«. Nicht »gemeine Privilegien« seien es, die »die göttliche Institution des Adels« bei seinem Eigentum schützen, sondern unverzichtbare »Rechte« zur Erhaltung des Staatsganzen.[7] Der moderne abstrakte Eigentumsbegriff mit seinem Anspruch auf freie Verfügbarkeit des Besitzes war damit grundsätzlich in Frage gestellt. Noch 1843 – mitten im Regulierungsvorgang – behauptete der nachmalige preußische Außenminister Radowitz: »Grund und Boden kann gar nicht verkauft werden, man verkauft immer nur die Nutznießung. Dieses allein schon scheidet den Grundbesitz von jeder Ware, deren Substanz verkauft, verändert, vernichtet werden kann.«[8]
Diese teils polemischen, teil wirklichkeitsfremden – nirgends wechselten damals die Rittergüter den Besitzer so häufig wie in Preußen und Mecklenburg – Äußerungen wurden nicht zufällig im deutschen Osten formuliert, hatte doch in den dortigen Gutsherrschaften die Bauernbefreiung nicht nur die Boden-, sondern auch die Arbeitsverfassung von Grund auf umgeändert. Der Widerstand der Berechtigten im Bereich der Grundherrschaft, d. h. im westlichen und südlichen Deutschland, setzte nicht nur später ein, er entfaltete sich naturgemäß auch in einer anderen Argumentationsweise. Zwar bezeichnete der in der Provinz Westfalen ansässige Freiherr vom Stein, der auf bäuerliche Geld- und Naturalabgaben angewiesen war, die Ablösungsordnung von 1821 ebenfalls als »revolutionär«, weil es sich um eine »gezwungene Veräußerung des Eigentums« handle[9] – womit er, was bislang kaum beachtet worden ist, in eine auffallende Nähe zu seinem einstigen Hauptkritiker Marwitz ge-

riet –, doch war damit im Grunde ein anderes Problem angesprochen. Stein kritisierte nicht die freie Disposition des Bodens durch die Bauern, denn diese bestand im Westen faktisch seit alters und gerade sie hatte er selbst 1807 im ostelbischen Preußen eingeführt. Er und seine Gesinnungsgenossen attackierten vielmehr die von den Regierungen der Zeit und ihren Juristen praktizierte Politik der Scheidung des privaten vom öffentlichen Rechtsbereich. Dem Einbau der »wohlerworbenen« Rechte der herrschaftlichen Stände in die moderne Eigentumsordnung fiel naturgemäß als erstes das tausendjährige Rentenbezugssystem zum Opfer, das dem grundherrlichen Adel zur hervorragenden Stütze seiner Stellung im Staate und seines Selbstverständnisses geworden waren. Das Tauziehen verlief damit vorwiegend zwischen den Regierungen und dem Adel, während sich im Osten der Staat beim Umbau der Feudalverfassung zum angeblich neutralen Schiedsrichter in der Auseinandersetzung zwischen Gutsbesitzern, Bauern und unterbäuerlichen Schichten erklärt hat.
Die den Standesherren in der Rheinbundakte (Art. 27) und der Deutschen Bundesakte (Art. 14) als unverletzliches Privateigentum garantierten Domänen und grundherrschaftlichen Rechte, sofern es sich nicht um eindeutige Hoheitsrechte handelte, hat die Position aller Adligen noch einmal stabilisiert und somit das Ablösungsgeschäft mit Ausnahme von Preußen erheblich verzögert, der juristischen Diskussion jedoch keine neuen Lichter aufgesetzt. Es war eine politische Frage, in welcher Form die Regierungen diese Barriere umgingen oder abbauten. Hingegen zeigte es den Fortgang der Eigentums- bzw. Enteignungsdebatte an, wenn an die Stelle der ursprünglich freiwilligen die zwangsweise Ablösung trat, d. h. die Kann- in eine Sollbestimmung umgewandelt wurde. Der wesentliche Motor in dieser Entwicklung ist allerdings weniger in der Rechtswissenschaft als vielmehr im Druck der revolutionären Ereignisse im Jahre 1848 zu suchen, der sich gerade gegen die bisher meist nur fakultative Ablösung wandte. Dieser Druck bewirkte zugleich, daß man in der Frage, wofür Entschädigungen zu entrichten seien und wofür nicht, ohne Willkürmaßnahmen nicht auskam. Die Lehre von der Enteignung wurde dadurch gleich in ihren Anfängen so kompromittiert, daß einer ihrer wichtigsten Theoretiker, Lorenz von Stein, die Grundentlastung nicht unter dieser privatrechtlichen Kategorie subsumieren wollte, da sie ihm nur als »Konsequenz eines öffentlich-rechtlichen Fortschritts« erschien.[10]
Im Überblick betrachtet, stellt sich die Bauernbefreiung unter rechtlichen Vorzeichen als ein stufenweiser Abbau von Herrschaftsrechten dar, die ursprünglich mit dem Eigentum eine feste

Verbindung besessen hatten: Machte das 18. Jahrhundert noch ausnahmslos vor der der Privatsphäre zugeordneten Grundherrschaft halt, so fiel diese Schranke nach 1806 zunehmend, indem zunächst freies Eigentum geschaffen und dann überall die Ablösung der Dienste und Abgaben vollzogen wurde. In der zwangsweisen Entlastung erwuchs den Staaten ein zusätzliches Machtinstrument. Des weiteren ist für das ganze rechtsrheinische Deutschland kennzeichnend, daß man trotz der Ansicht, die Mehrzahl der Lasten sei im Mittelalter »durch Gewaltmißbrauch auf die Schultern der allmählich bis zur Leibeigenschaft herabgedrückten Kolonen gelegt« worden, und trotz des Wissens, daß Frankreich in der Revolution »die Aufgabe durch einen durchgreifenden Machtspruch gelöst« hat,[11] am Grundsatz des Loskaufs der meisten – und zwar der wirtschaftlich bedeutendsten – Rechte festgehalten hat. Dies entsprach nicht nur der nach wie vor starken Stellung des deutschen Adels in Staat und Gesellschaft, sondern auch der juristischen Lehrmeinung, historische Rechte seien nicht grundsätzlich schutzlos. In der Praxis eröffnete dieser Kompromiß jedoch ein endloses Feilschen zwischen Berechtigten und Pflichtigen, bzw. Berechtigten und Beamtenschaft, das häufig eben doch nicht anders als durch einen obrigkeitlichen Machtspruch beendet werden konnte. Unter rechtlichen Aspekten kann man daher getrost den Staat als großen Gewinner betrachten. Die Bauernbefreiung wurde ihm mehr als jede andere Reform dasjenige Instrument, mit dessen Hilfe sich erstmals massiv in bis dahin weitgehend autonome Rechtsbereiche eindringen ließ. Der Sieg der modernen Eigentumsidee bedeutete einen unerhörten Machtzuwachs, der, wie die weitere Geschichte zeigt, von den Regierenden nicht ungenutzt gelassen worden ist.

Die Krise des Adels

Eine Geschichte des deutschen Adels zwischen politischer und industrieller Revolution existiert derzeit nicht und selbst einzelne »Adelslandschaften« oder Gruppen innerhalb dieses stark gegliederten Standes sind höchst selten Gegenstand wissenschaftlichen Interesses gewesen. Die folgende Darstellung kann darum nicht mehr als ein bloßer Entwurf zu einer wirtschaftsgeschichtlich orientierten Adelshistorie sein.

Das Jahrhundert zwischen 1750 und 1850 beendete die tausendjährige Vormachtstellung des Adels. Er wandelte sich vom autonomen politischen Stand zu einer vom Staat privilegierten sozialen Füh-

rungsschicht mit – besonders in Preußen – namhaften hoheitlichen Rechten auf dem Lande. Dieser Vorgang war zwar nicht ausschließlich, aber wesentlich durch die Bauernbefreiung verursacht und erfaßte je nachdem, wie stark die Agrarreformen in die traditionelle Herrschafts- und Wirtschaftsverfassung eingriffen, die Position der Adligen in unterschiedlichem Ausmaß. Der früheste Wandel spielte sich daher im ostelbischen Preußen ab, aber der grundherrliche Adel wurde nicht weniger hart getroffen, weil er sein weitgehend arbeitsfreies Einkommen verlor. Vollständig verschwunden ist lediglich die Adelskirche des *Ancien Régime*, der die Säkularisation ein Ende bereitete, während das kirchliche Finanzwesen erst von der Zehntablösung schwer getroffen worden ist.
Die Krise hatte bereits vor dem Umbruch im Bereich des landsässigen, niederen Adels und bei der Reichsritterschaft eingesetzt. Fixierte Grundrenten bzw. ein durch Tote Hand und Bauernschutzpolitik begrenzter und nur durch die aufwendige Ödlandkultivierung ausdehnbarer Landbesitz engten für die angewachsene Nachkommenschaft und die mancherorts zahlreichen Nobilitierten die standesgemäßen Erwerbsquellen ein, wobei die nachgeborenen Adelssöhne in Verwaltung und Justiz zunehmend auf bürgerliche Konkurrenz trafen. Kriege, mangelhafte Verwaltung und hoher Lebensaufwand ruinierten überdies nicht wenige Rittergutsbesitzer und engten auch den finanziellen Spielraum des grundherrlichen Adels ein. Wenn in Preußen, wie geschildert, um 1800 rund 15% der Güter bereits in bürgerlicher Hand waren, dagegen 75% der adligen Familien nicht mehr am herkömmlichen »adeligen Landleben« teilnehmen konnten,[12] so zeigt sich hier deutlich die entstehende Konkurrenzsituation, der sich der Erste Stand ausgesetzt sah. Er wandelte sich in dieser Lage, wie es ein bürgerlicher Beobachter kritisch ausdrückte, zur »Partei« im Staat.[13]
Nur die Weitsichtigsten in Deutschland – wie Jahrzehnte früher in Frankreich und Italien – sahen ein, daß unter diesen Umständen eine Adelsreform unumgänglich wurde. Nach Lage der Dinge konnte dies, namentlich im Osten, nur im Wege einer erneuerten Stände- und Agrarverfassung geschehen, die »diese große Menge armen, güterlosen oder verschuldeten Adels«, der »dem Staate äußerst lästig« und dabei »eingebildet, hilfsbedürftig, anmaßend«[14] sei, neuen Aufgaben zuführen müßte. Dieses Ziel hat die mit dem Oktoberedikt einsetzende Reform bekanntlich nur unvollkommen erreicht. Nirgendwo auf dem Kontinent besaß der Staat genügend Macht zu solch einem tiefen Eingriff und der Adel nur selten die Einsicht, im Abschied von vertrauten Lebensformen und der Hinwendung zur »rationellen Landwirtschaft« sein Heil zu erblicken.

Das Ergebnis bestand in einem Kompromiß, der ausreichte, um den Widerstand des Adels gegen die Modernisierung zu mobilisieren. Diese Gegnerschaft, ablesbar besonders im Verhalten gegenüber der Bauernbefreiung, reichte von der landständischen Opposition über verbitterte Beschwerden beim Bundestag in Frankfurt bis zum Sturz reformerischer Regierungen und anschließender Rearistokratisierung von Politik und Verwaltung beispielsweise in Preußen und Bayern.

Die Forschung ist sich heute im wesentlichen über die Sonderrolle vor allem des niederen Adels einig. Daß die kleinen Grundherren und Gutsbesitzer den staatlich verordneten Modernisierungsprozeß auf dem Lande unter ihre Kontrolle brachten, ist zwar ein Ergebnis der Entwicklung Deutschlands im Vormärz, aber die wichtigsten Ursachen dafür sind schon vor der Revolution zu suchen. Zu ihnen zählen insbesondere die ungeschwächte Position des Adels im ländlichen Bereich und die geringe Bereitschaft zu einer Änderung der überlieferten Wirtschaftsverfassung. Tatsächlich fällt etwa im Vergleich zu Frankreich auf, daß in Deutschland Adel und Bauern auf dem Lande gewissermaßen unter sich geblieben sind, bis in Preußen, vereinzelt auch in Sachsen und anderen Territorien, seit den 80er Jahren des 18. Jahrhunderts kapitalkräftige bürgerliche Parvenüs in diese ihnen bislang verschlossene Domäne eindrangen und die oben geschilderten Veränderungen auslösten. Weiter ist bemerkenswert, daß der im Ausland damals zu beobachtende aggressive Rentenkapitalismus mit seiner Tendenz zur Erhöhung der Fixpacht, wo die noch lohnendere Teilpacht nicht durchsetzbar war, in Deutschland ausgeblieben ist, wenn man von einzelnen Landstrichen wie der Pfalz, Rheinhessen oder dem Niederrhein absieht. Einerseits schloß die unter rechtlichem Aspekt quasi »versteinerte« Grundherrschaft solche Neuerungen aus, wo nicht besondere Umstände für eine Dynamisierung sorgten, andererseits erblickten die Gutsbesitzer in der Bewahrung feudaler Verhältnisse zunächst noch den vorteilhafteren Rahmen für den von ihnen praktizierten embryonalen Agrarkapitalismus und mußten meist von oben zur Übernahme einer freien Wirtschafts- und Arbeitsverfassung veranlaßt werden. Die als »Adelsreaktion« von der Wissenschaft bezeichneten Anstrengungen zu einer Rationalisierung und Intensivierung des eigenen Gutsbetriebes und der damit verbundenen oder anderweitigen Rechte hat denn auch im grundherrschaftlichen Deutschland in großem Stil erst nach der Jahrhundertwende eingesetzt, in einer Zeit also, in der zugleich auch die meisten Staaten wesentlich mehr Möglichkeiten erhalten hatten, den verschärften Forderungen des Adels an seine

Bauern entgegenzutreten. Die mittel- und süddeutschen Staaten erlangten damit zunehmend das *image* entschlossener Beschützer bäuerlicher Interessen und nur Preußen, von Mecklenburg ganz zu schweigen, blieb im Ruch einseitiger Adelspolitik. Die ländlichen Unruhen machten daher 1848 außer in diesem Staat vor den Thronen halt und die Aufständischen verbanden bisweilen die Angriffe auf Schlösser und Rentämter mit einer Ergebenheitsadresse an den Landesherrn. Die in die Rolle von Schiedsrichtern geratenen Fürsten zwangen aus dieser Position heraus den Adel zur Preisgabe seiner noch verbliebenen herrschaftlichen Befugnisse – worin sie sich des Beifalls in Stadt und Land sicher waren –, sie schützten ihn aber gleichzeitig in der Entschädigungsfrage nach Kräften und erhielten, ja stärkten ihn noch – wie etwa die endgültige Zusammensetzung des preußischen Herrenhauses zeigt – in seinen politischen Prärogativen. Wo in der 48er-Revolution das Rechtsempfinden des Adels durch zu große Ablösungsverluste verletzt schien, erhielten die Berechtigten einen nachträglichen Ausgleich aus der Staatskasse; Hessen-Darmstadt und Württemberg, deren Standesherren zuvor durch Intervention beim Bundestag die Grundentlastung allzulange aufgehalten hatten, beschritten diesen Weg.

Die insgesamt außerordentlich erfolgreiche Durchsetzung seiner gesellschaftspolitischen Vorstellungen und Entschädigungsziele in einer sich radikal wandelnden Welt verdankte der Adel zum wenigsten der Standessolidarität von Monarchen und Kabinettsministern. Ohne die brüchige Zusammenarbeit Preußens und Österreichs wäre der Bundestag nie zum Instrument der Mediatisierten geworden, von deren Erfolgen auch der übrige Adel profitierte. Vielmehr hat es der deutsche Adel als erste gesellschaftliche Gruppe vermocht, seine Interessen durch Kongreßlobby und regelrechte *pressure-groups* zu Gehör zu bringen. Begonnen hatte dies bei der Reichsritterschaft, die zwischen 1803 und 1815 um Restitution und Entschädigung kämpfte und dabei auf ihre bewährte Selbstverwaltungsorganisation der Ritterkantone zurückgreifen konnte. Die Standesherren schlossen sich zwar erst 1863 zu einem eigenen, noch heute bestehenden Verein zusammen, waren aber bereits beim Wiener Kongreß durch einen »Verein der Mediatisierten« vertreten und hatten sich seither fallweise in den einzelnen Ländern zusammengeschlossen. So war es 1815 in Stuttgart und 1818 in Donauwörth zu einer Verbindung süddeutscher Standesherren gekommen, die jeweils bald wieder durch interne Differenzen auseinandergefallen ist. Von besonderer Bedeutung wurde dann jedoch die 1848 zur Abwehr drohender Gefahren gegründete Vereinigung des ostelbischen Gutsadels zum sog. »Junkerparlament« unter der Führung des pommerschen Gutsbesitzers Ernst von Bülow-Cummerow. Noch im August, als das Scheitern der Revolution keineswegs ausgemacht war, gelang es dem »Verein zur Wahrung der Interessen des Großgrundbesitzes und der Förderung des Wohlstandes aller Werksklassen« durch publizistische Maßnahmen und Petitionen, daß Friedrich Wilhelm IV. die liberale Regierung zur Rücknahme ihres Ablösungsentwurfs veranlaßte. Der König fand »es sehr bedenklich, Gesetzentwürfe, bei denen die größeren Grundbesitzer vorzugsweise interessiert sind, zur Beratung einer Versammlung zu bringen, in welcher dieser Stand unverhältnismäßig wenig Vertreter hat«.[15] Nirgendwo sonst haben sich in damaliger Zeit die politischen und wirtschaftlichen Interessen einer Gruppe so erfolgreich formiert. Es war die vermutete Existenzbedrohung, die die preußische Gutsbesitzeraristokratie zu solch modernen Methoden politischer Einflußnahme hat finden lassen und so zeigt sich auch in diesem Punkt der Vorsprung des ostdeutschen Adels gegenüber seinen westfälischen, fränkischen oder schwäbischen Standesgenossen, denen die staatliche und gesellschaftliche Integration erheblich schwerer gefallen ist.

Betrachtet man die Ablösungsverluste, d. h. die Werteinbußen der Berechtigten im Verhältnis von Feudaleinnahmen und Entschädigung, so ergeben sich bemerkenswerte Unterschiede zwischen den deutschen Einzelstaaten. Sie betrugen in Hannover 0%, in Baden zwischen 5 und 15%, in Braunschweig und Kurhessen durchschnittlich 15%, in Hessen-Darmstadt 14 bis 16%, in Sachsen ca. 17%, in Bayern und Preußen 10 bis 20%, in Nassau zwischen 20 und 28%, in Württemberg aber 47 bis 48%; selbst durch die Nachzahlung von 1865 verminderte sich hier der Verlust nur um rund 15%.[16] Gerade das Beispiel Württembergs mit seiner eklatanten Streichung adliger Ansprüche zeigt die Fragwürdigkeit der Annahme eines einheitlichen, an Preußen ausgerichteten Ablösungsmodells. Die 50, bzw. 35% Verlust reichen, was oft übersehen wird, durchaus an jene Einbußen heran, die der niedere Reichsadel links des Rheins im Wege der revolutionären Bauernbefreiung erlitten hatte. Wie in Frankreich überstanden auch im Rheinland nur jene Betriebe die Revolution, die zuvor grundherrlichen Boden in freies Eigentum umgewandelt hatten.

Neben den Ablösungsverlusten müssen auch die Ablösungssummen betrachtet werden. Den Berechtigten flossen teils sofort, teils ratenweise erhebliche Gelder zu, die einer sinnvollen Verwendung harrten. In die hochgerechnete Globalsumme von 4 bis 5 Milliarden Mark[17] teilten sich vom Landesherren bis zur kleinsten Armenstiftung unzählige Empfänger. Das meiste davon ging stets an die Staatsfinanzverwaltungen. Der Anteil des Adels richtete sich je nach dem Charakter der abgelösten Lasten; in Württemberg flossen so nach dem Gesetz von 1836 65,4% der insgesamt 5,7 Millionen fl. an ihn, aber nur 18,7% der 68,8 Millionen fl. nach den Gesetzen von 1848/49.[18] Welche Summe im einzelnen an die adligen Häuser aus dem Ablösungsgeschäft geflossen sind, wird sich mangels genauer Unterlagen niemals mit der wünschenswerten Klarheit feststellen lassen. Die folgenden Beispiele geben daher nur eine Vorstellung von den Größenordnungen.[19] Der größte Empfänger zumindest im süddeutschen Raum waren die Thurn und Taxis mit 5,4 Millionen fl. bis Mitte der 50er Jahre; weitere Gelder in Höhe von mehreren Millionen fl. erhielten sie aus der Ablösung des Postregals. Die verschiedenen Hohenloher Linien bezogen allein von ihren württembergischen Untertanen 4,4 Millionen fl. Öttingen-Wallerstein, 1842 in einem bayerischen Untersuchungsbericht wegen unzulässiger Gefälleintreibungen und Grundzinserhöhungen »verfassungs- und gesetzwidriger Ansprüche« geziehen,[20] erhielt 2,8 Millionen fl., Öttingen-Spielberg 1,5 Mill. Der Anteil der Fürsten von Fürstenberg als den reichsten badischen Standesherren belief sich auf 2,3 Mill. fl. Auch die Landesherren selbst gingen nicht eben leer aus: das Haus Zähringen bekam in allen Linien zusammen 3,6 Mill. fl., die württembergische Hofkammer 3,4 Mill., gefolgt von den süddeutschen Hohenzollern mit 1,7 Mill., zu denen noch eine halbe Mill. fl. aus böhmischen Besitzungen kam. Die herausragende Position der süddeutschen Standesherren wird aus einem Vergleich mit den Summen deutlich, die andere Adelsgruppen erhielten; allein aus der Zehntablösung bezog jeder der 61 badischen Standesherren, die zusammen knapp 20% der badischen Untertanen regierten,[21] zwischen 1833 und 1857 im Durchschnitt 505 000 fl.,[22] während die Württemberger immerhin noch auf 394 000 fl. kamen. Der niedere, vormals reichsunmittelbare Adel erreichte dagegen in Württemberg nur noch 55 460 fl. im Durchschnitt, der ehemals landsässige Adel bezog mit 24 280 fl. ein rundes Zwanzigstel seiner reichsten Standesgenossen;[23] hier gab es Beträge bis hinunter zu 33 fl., wie sie die Freiherrn von Münchingen aus der Entlassung ihrer Hintersassen erhielten. Unter den ostelbischen Gutsbesitzern, die – wie unten breiter dargelegt[24] – eine Verrentung ihrer Ansprüche vorzogen, konnten viele mit den in Süddeutschland umgesetzten Beträgen durchaus mithalten. So bezogen die Arnims aus Boitzenburg »mehrere hunderttausend Taler«,[25] was immerhin dem Durchschnitt eines württembergischen Standesherrn entsprach.

Den Ostelbiern kam hierbei ohne Zweifel zugute, daß der Staat auf eine genaue Bewertung der gutsherrlichen Leistungspflichten verzichtet hatte. Paragraph 6 des Regulierungsedikts vom 14. 9. 1811 zählte zwar diese Pflichten summarisch auf, jedoch bezifferten § 9 bzw. § 37 den Entschädigungsanspruch pauschal auf ein Drittel oder die Hälfte des bäuerlichen Landes. Auch wenn diese Vorschrift nur nachträglich legalisierte, was längst zur Praxis geworden war – die Pflichten der Obereigentümer wurden kaum noch wahrgenommen[26] –, so stellte die faktische Streichung der bäuerlichen Ansprüche quasi eine zweite Entschädigung der Gutsherren dar. Die preußische Bauernbefreiung kann jedenfalls nicht, wie eine vielzitierte Ansicht lautet, »ebenso eine Befreiung der Grund- und Gutsherren von ihren ›hochberechtigten‹ bäuerlichen Arbeitskräften genannt werden«.[27] Anders in Süddeutschland, wo beispielsweise in Württemberg sehr zum Ärger des Adels mit der Zehntablösung zwar die Verwaltungskosten und ausdrücklichen Gegenleistungen entfielen, die nur 6,9% der Ablösungsgelder ausmachten, nicht jedoch die wesentlich umfangreicheren sog. Komplexlasten, die kirchliche, schulische und gemeindliche Verpflichtungen umfaßten und bei den Standesherren 21,2%, beim übrigen Adel 15,2% der Zehnterträge verschlangen. Erst das Komplexlastengesetz vom 19. 4. 1865, das dem Adel zugleich eine Nachtragsentschädigung von 1,63 Mill. fl. brachte, befreite die Herren von ihren Obliegenheiten; sie mußten hierfür freilich 2 Mill. fl. aufbringen, was immerhin 16% der seit 1848 überwiesenen Ablösungsgelder ausmachte.[28] Durch willkürliche Festsetzung der Ablösungsmaßstäbe im Jahre 1848 kam es überdies in etlichen Fällen dazu, daß die herrschaftlichen Gegenleistungen höher bewertet wurden als die Einnahmen. Die so zustandegekommenen Überschüsse zugunsten der Pflichtigen mußten sogleich in bar entrichtet werden; zwölf standesherrliche Häuser zahlten dabei einen jährlichen Beitrag von 14086 fl.[29] Bis zur Komplexlastenablösung hat somit der württembergische Adel Aufgaben finanziert, die anderswo längst zur Sache der Steuerzahler geworden waren. Regierung und Zweite Kammer scheuten sich nicht, wo es um ihren Vorteil ging, die fiskalische Modernisierung aufzuhalten.

Wie der Adel die ihm zufließenden Gelder verwandt hat, ist neuerdings recht gut erforscht. Was immer die Empfänger mit ihren Kapitalien planten, sie hatten davon auszugehen, daß sie nur in seltenen Fällen sofort über die gesamten Summen verfügen konnten. Nicht nur legten ihnen Hausgesetze und fideikommissarische Bestimmungen hier Beschränkungen auf, sondern manche Regierungen verlangten aufgrund lehensrechtlicher Vorschriften die Wiederanlage der Ablösungsgelder für die Bestandssicherung und Melioration der Fideikommisse. Im übrigen verhinderte die meist ratenweise Auszahlung größere Kapitalansammlungen, die entsprechende Wiederanlagemöglichkeiten suchten.

Neben der Entschuldung des Besitzes suchte der Adel seine Einkommensverluste vor allem durch Landerwerb auszugleichen. Hier traf er nun allerdings auf die Konkurrenz von Fiskus, Hofkammern und Kirchen, die ebenfalls diese Art der Wertsicherung anstrebten und den Privatberechtigten darin überlegen waren, daß sie aufgrund ihres Streubesitzes überall und daher als Aufkäufer auch einzelner Parzellen und Grundstücke auftraten. Kein Wunder, wenn in dieser Lage die Grundstückspreise rascher stiegen als es ihrer Wertsteigerung durch die Grundentlastung entsprach: in Niederbayern stellten die Thurn und Taxisschen Rentämter fest, daß zwischen 1830 und 1870 das Tagwerk Ackerland von 100–150 fl. auf 350–400 fl., das Tagwerk Wiesen von 200 fl. auf über 400 fl. im Preis anstieg.[30] Den Zeitgenossen blieb dieser Vorgang nicht verborgen, sie überschätzten jedoch für das westelbische Deutschland die hierdurch drohende Gefahr für die Bauern, wenn sie wie Karl Mathy fürchteten, »die Zahl der begüterten Landwirte nimmt ab. Armut, Not und Elend wachsen furchtbar unter der Bevölkerung der Dörfer«.[31] Robert von Mohl verlangte darum in der Nationalversammlung zur Vergrößerung des Grundstücksmarktes das Verbot der Fideikommisse und der geschlossenen Hofübergabe.[32]

Eine andere, angesichts des begrenzten Landangebotes unumgängliche Geldanlage war der Erwerb von Wertpapieren, unter denen staatlich garantierte Obligationen zu den gesuchtesten zählten. Auf diesem Umweg gelangten auch am ehesten Kapitalien in den Industriesektor, nachdem eine direkte Beteiligung an gewerblichen Unternehmungen von den meisten Adligen aus Furcht vor Risiken oder Abneigung gegenüber der Industrie abgelehnt wurde. Lediglich unter den Standesherren kam es in größerem Umfang zu Kontakten mit der Hochfinanz und zur Gründung eigener Betriebe. Unter ihnen ragten die Hohenlohe-Öhringen besonders hervor, die seit den 20er Jahren über das größte oberschlesische Industrieimperium verfügten und dieses in der Folge durch Ablösungskapitalien laufend erweiterten, bis Fürst Hugo größter Zinkproduzent der Welt und Großaktionär mehrerer Gesellschaften war und an der Spitze des allerdings noch vor dem 1. Weltkrieg wieder zusammengebrochenen, im Orient engagierten »Fürstentrusts« stand. Insgesamt haben aber bis zur Jahrhundertwende die dem Adel zufließenden Kapitalien »kaum eine entscheidende Rolle in der

industriellen Revolution gespielt«, während von einer »Initialzündung« ohnedies nicht gesprochen werden kann.[33]
Wie wirkte sich nun die Bauernbefreiung auf die Besitzverhältnisse des Adels und auf sein Selbstverständnis aus? Wenn einleitend von der Krise als dem wichtigsten Merkmal jener Epoche die Rede war, so ist hier festzuhalten, daß sich der adlige Grundbesitz ab 1830 wieder zu festigen begann – auf Kosten der Bauern, die mit ihren Kapitalzahlungen, Landabgaben und Steuern zur Konsolidierung beitrugen, und mit Hilfe der vom Staat aufrechterhaltenen Privilegien. Trotzdem setzte sich die Erosion des adligen Besitzanteils im Osten fort: 1856 war er auf 56,9% der 12339 in Preußen befindlichen Rittergüter mit mehr als 500 ha gesunken.[34] In der Spitzengruppe und besonders in der Größenordnung ausgesprochener Latifundien (über 5000 ha) blieb das Bürgertum jedoch auf Dauer ausgeschlossen.[35] Auch wenn die Entstehung landwirtschaftlicher Großbetriebe entgegen einer verbreiteten Ansicht weit in die Vergangenheit zurückreicht und weder in der Frühzeit noch im 19. Jahrhundert wesentlich durch Bauernlegen zustandegekommen ist,[36] so gehört es doch zu den unerwarteten Folgen der Bauernbefreiung, daß ihr westlich der Elbe viele Großgüter ihre Existenz verdanken. In Oberhessen stieg beispielsweise die Zahl der Großbetriebe von 4 auf (1853) 43, die Maximalgröße von 140 auf über 300 ha.[37] Der unentwegte Ankauf von Wald, Äckern oder ganzen Gütern verstärkte erheblich die Adelsfeindlichkeit der Bauern im Vormärz, obgleich keine nennenswerten Verschiebungen der Bodenverteilung zustandegekommen sind. Der Anteil des Adels in Württemberg an Wald und Ackerfläche belief sich 1856 auf ganze 5,4%.[38] Hier wie in anderen Regionen des westlichen und südlichen Deutschlands trifft die Feststellung zu, daß unter agrarwirtschaftlichen Gesichtspunkten der Adel »nur mehr eine kleine Randgruppe darstellte«.[39] Die weitgehende Verpachtung der Betriebe des hohen Adels trug vollends zur Zurückdrängung des traditionellen Einflusses namentlich der Standesherren bei. Für diese Gruppe gilt darum nicht die Beobachtung von Friedrich Engels aus dem Jahre 1847, der von den preußischen Landjunkern sagte, sie »bildeten mit den neu aufkommenden bürgerlichen Gutsbesitzern die neue Klasse der industriellen Grundeigentümer«.[40] Vielmehr reflektierten jene nicht ohne Nostalgie den ihnen aufgelegten Rollenwandel und beklagten, wie es in einer Analyse der hohenlohe-langenburgischen Kanzlei aus dem Jahre 1833 treffend heißt, »daß mit dem Aufhören jenes besonderen Rechtszustandes ein Erlöschen der höheren Stellung der Standesherren eintritt«, so daß sie alsbald »in der Meinung ihrer früheren Vasallen sowohl als anderer nur bloß als große

Gutsbesitzer erscheinen und als solche behandelt und geachtet werden«.[41]

Obwohl »nicht eine standesherrliche Familie ... durch die Ablösungsgesetze ruiniert«[42] worden ist und dies im ganzen auch für den niederen, ehemals grundherrlichen Adel gilt, gab für die Selbsteinschätzung offensichtlich das Ökonomische nicht den Ausschlag. Der mit der Bauernbefreiung, d. h. dem Verlust von Dienstleistungen und Geldzahlungen, besonders aber von Untertanen verbundene Rollenwechsel traf die adlige Mentalität weitaus stärker. Für alle Gruppen des deutschen Adels läßt sich daher zusammenfassend erkennen: Das Ende des Feudalismus nahm ihm zwar nicht seine materielle Sonderstellung, indem sich der Staat zwischen Adel und Bauernschaft schob, entzog er diesem aber das Spezifikum einer tausendjährigen Daseinsform. Hierdurch fühlte er sich in seinem Selbstverständnis zutiefst getroffen, da immaterielle Güter seine Wertordnung bestimmten. So erklärt sich die zunehmend konservative, ja reaktionäre Mentalität, die in deutlichem Kontrast zu seiner Aufgeschlossenheit und Reformbereitschaft im 18. Jahrhundert steht und die im verarmten, in seiner Existenz bedrohten Kleinadel am ausgeprägtesten zutage trat. Sie hat im Typus des Junkers in verhängnisvoller Weise in Deutschland fortgewirkt.

Die Rolle des Staates

Ein Blick auf die wichtigsten Staaten Europas zeigt, daß das Feudalregime auf sehr verschiedene Weise beseitigt worden ist. In der Stadtlandschaft Mittel- und Oberitaliens fiel es bereits im Hochmittelalter den Auseinandersetzungen zwischen den aufstrebenden Stadtgemeinden und dem Landadel zum Opfer, als die Kommunen ganze Landstriche kollektiv von der Leibeigenschaft befreiten und unter ihre eigene Oberhoheit stellten. Der Umbau der englischen Agrarverfassung zwischen dem 16. und dem 18. Jahrhundert mit seiner charakteristischen Herausbildung eines kapitalistisch wirtschaftenden Pächterstandes entsprach dagegen ganz den Absichten des Landadels. Krone und Parlament sanktionierten die Vorgänge auf dem Lande nachträglich durch *enclosure-acts*, ergriffen in dieser Sache jedoch kaum die Initiative. Das Beispiel der Französischen Revolution liefert eine weitere Variante. Hier ging der Anstoß zur Abschaffung der Feudalrechte von den aufständischen Bauern aus, deren Zielen die Nationalversammlung zunächst nur so weit nachkam, wie die Grundherren es zuließen. In anhaltenden ländlichen Unruhen zwangen dann aber die Bauern im

Sommer 1793 dem Parlament ihre Vorstellungen endgültig auf, so daß der Exekutive nur noch die Legalisierung der tatsächlich bereits entschädigungslos durchgeführten Entfeudalisierung übrig blieb. Zwischen Rhein und Ural waren es schließlich ausnahmslos die Monarchen und ihre beamteten Helfer, die die Bauern von ihren persönlichen und dinglichen Lasten befreit haben.

An diesen Beispielen fällt ohne weiteres auf, daß die Funktion des Staates bei der Entfeudalisierung sich im Laufe der Zeit ganz wesentlich geändert hat. Die zentrale Ebene der Politik fehlte (naturgemäß) am Anfang vollständig, kam dann allmählich als quasi notarielle Instanz und später als Schiedsrichter ins Spiel, um am Ende in Gestalt eines massiven gouvernementalen Interventionismus die entscheidende Rolle zu übernehmen. Die relative Rückständigkeit der Nachzügler hat demnach dazu geführt, daß Interventionen der Exekutive die ausgebliebenen »natürlichen« Anstöße ersetzen mußten. Damit verhielt sich der Staat im Falle der Bauernbefreiung ganz ähnlich wie bei der Industrialisierung, wo sich ebenfalls seine Aufgaben mit wachsendem Abstand zum Spitzenreiter (in diesem Falle England) vervielfacht haben.

Angesichts dieser großen Bedeutung des Staatsapparates für die Bauernbefreiung in Deutschland tauchte verschiedentlich in der Forschung die Ansicht auf, die Bürokratie habe hier nicht oder wenigstens nicht primär das Wohlergehen der Bauern und die Steigerung der Agrarproduktion beabsichtigt, sondern in diesen Aktionen nur ein Mittel gesehen, um die eigene Autorität von den letzten noch existierenden Fesseln zu befreien. Der mit diktatorischen Mitteln erzwungene Machtwechsel zwischen bürokratischer und altständischer Elite aus gruppenegoistischen Motiven (wie Kehr, Rosenberg und Schissler meinen) bzw. die im Auftrag modern denkender Junker eine Verbesserung des Großgrundbesitzes auf Kosten der Bauern geschickt kaschierenden Beamten (wie es marxistische Historiker sehen) – diese Interpretationen verfehlen nicht nur die tatsächlichen Absichten der Reformer, sondern übersehen auch, daß es nirgendwo eine Alternative zur Verwaltung als Träger der Bauernbefreiung in Deutschland gegeben hat.

Am ehesten trifft das Motiv des eigenen Machtzuwachses paradoxerweise dort zu, wo die Wissenschaft es bislang kaum gesucht hat: im deutschen Süden. Vor allem in Württemberg, wo auch nach den territorialen Erweiterungen der napoleonischen Zeit das bürgerliche Element in der Beamtenschaft überwogen hat, bestimmte das Prinzip der Staatssouveränität eine entschiedene Frontstellung gegen alles, was im Rufe stand, ein Attribut des »Feudalismus« zu sein. Das Innenministerium war deshalb nicht nur der geistige

Urheber der Edikte zur Grundentlastung, sondern empfahl, worin weder der Finanzminister noch der König folgen mochten, mehrfach ein härteres Vorgehen gegen die Grundherren. Da im politischen Alltag die Unterschiede schwer auszumachen waren, hielt die Kammeropposition mehr als einmal diese ministerielle Adelsfeindlichkeit für Liberalismus, wo sie doch in Wirklichkeit nur »die modernisierende Funktion der Bürokratie« gewesen ist.[43] Auch in Bayern erkannte der künftige Regierungschef, Graf Montgelas, schon früh, daß die Autorität der Verwaltung nur durch eine Reduzierung des ständischen Einflusses vergrößert werden könne. Er schlug daher in seiner berühmten Reformdenkschrift von 1796 eine wesentliche Einschränkung der bäuerlichen Grunddienstbarkeiten vor. Wenn er von diesem Programm später längst nicht alles verwirklichen konnte, so widerspricht dies nicht der These von der Unersetzlichkeit staatlicher Initiative bei den Agrarreformen, sondern belegt umgekehrt, daß es keine Instanz gegeben hat, die die »Revolution von oben« hätte ersetzen können.

In der Tat fehlten im damaligen Deutschland alle Voraussetzungen für den Versuch anderer Kräfte und Gruppen, die hergebrachte Agrarverfassung zu ändern. Die Bauern selbst waren mit den Worten Scharnwebers von 1811 noch »meistenteils unter die Unmündigen zu zählen«,[44] was besagen sollte, daß von ihnen kaum Anstöße zu ihrer eigenen Befreiung zu erwarten waren. Noch weniger freilich war von den Landständen oder ihren Ausschüssen, sofern sie ihre Existenz bis in die Anfänge des 19. Jahrhunderts hatten hinüberretten können, ein Eintreten für die bäuerliche Sache zu erhoffen, da die Repräsentation des flachen Landes in den Händen des Adels lag. Nicht einmal der württembergische Reformlandtag von 1797/99, dem kein Adliger, aber dafür einige Bauern angehörten, verstand sich zu einem hartnäckigen Beharren auf der ursprünglich geforderten Aufhebung der Leibeigenschaft und wäre sogar bereit gewesen, in Gestalt von Steuerzuschlägen auf andere bäuerliche Leistungen finanziellen Ersatz für die entfallenen Abgaben zu leisten.

Aus den gleichen Gründen wäre es unrealistisch, von den nach napoleonischem Muster gebildeten Repräsentativorganen der Rheinbundzeit Anstöße zur Bauernbefreiung zu erwarten. Denn auch wenn in ihnen jetzt der berufsständisch gedachte »Grundbesitzer« anstelle des erblich landtagsberechtigten Adels trat und sogar die Majorität besaß, so fehlten wiederum die Bauern, da die zeitgenössische Verfassungstheorie verlangte, die Abgeordneten den Reihen der größten Steuerzahler zu entnehmen. Außerdem fehlte den Deputierten der Blick für die, wie Knapp später sagen

sollte, »soziale Frage« auf dem Lande, so daß ein freiwilliger Verzicht auch nur auf einen Teil der bäuerlichen Arbeits- und Geldrenten von niemandem erwogen wurde. Vielmehr versuchten seit dem Beschluß der französischen Nationalversammlung vom 11. 8. 1789 alle Gesetzgebenden Körperschaften, in Fragen der Agrarpolitik den eigenen Nutzen möglichst ungeschmälert zu bewahren. Insbesondere die preußischen Reformer und allen voran Hardenberg mußten daher mit Bitterkeit feststellen, daß weder die Notabelnversammlung von 1811 noch die interimistische Nationalrepräsentation von 1812 das – wie es der König verlangte[45] – »eine Nationalinteresse« mit »ihrer eigenen pflichtmäßigen Überzeugung« in Einklang zu bringen wußten. So blieben in allen deutschen Ländern bis weit in den Vormärz hinein die Beamten die einzigen, die, um eine berühmte Stelle aus Hegels Rechtsphilosophie zu zitieren, »das allgemeine Interesse in diesen Zwecken geltend machen« (§ 287).

Damit soll nicht behauptet werden, daß diese Interpretation Hegels für alle Handlungen der Bürokratie in Anspruch genommen werden kann und daß nicht andere Motive das Prinzip der »Revolution von oben« allmählich beseitigt haben. Trotzdem bleibt festzuhalten, daß lange vor anderen gesellschaftlichen Gruppen die Beamtenschaft die Aufgabe der Befreiung der Bauern aus ihren überlieferten Abhängigkeiten erkannt und gegen erhebliche Widerstände durchgesetzt hat. Das Bewußtsein, hierdurch gegenüber den bisherigen Exempeln, wie sie namentlich das Ausland lieferte, einen neuen Weg zu beschreiten, war besonders an der Spitze der Exekutive anzutreffen. In ihm spiegelte sich das Überlegenheitsgefühl eine Generation, die seit Jahrzehnten aufgeklärte Reformpolitik praktizierte und dadurch sich selbst eine unheilvolle Revolution, den Untertanen aber größere Opfer zu ersparen hoffte. In den Worten des Ministers Struensee gegenüber dem französischen Geschäftsträger zehn Jahre nach Abschaffung der Feudalität in Frankreich findet sich die bekannteste Wendung dieser Geisteshaltung, die allerdings auch von den meisten Intellektuellen geteilt worden ist: »Die heilsame Revolution, die Ihr von unten nach oben gemacht habt, wird sich in Preußen langsam von oben nach unten vollziehen. Der König ist Demokrat auf seine Weise: er arbeitet unablässig an der Beschränkung der Adelsprivilegien und wird darin den Plan Josephs II. verfolgen, nur mit langsamen Mitteln. In wenig Jahren wird es in Preußen keine privilegierte Klasse mehr geben.«[46]

»Beschränkung der Adelsprivilegien« war dabei ein Motiv, das nur im internen Gespräch offen genannt werden konnte. Die offiziell

geltend gemachten Gründe waren darum nicht weniger glaubwürdig. So nannte etwa Scharnweber in seiner bereits zitierten Rede, daß »die an sich schon nützliche Eigentumserklärung der Bauern« ein »dringendes Bedürfnis« sei; ein weiterer »sehr wichtiger Vorteil« schien ihm, »daß wir Realkredit gründen«, wodurch endlich »die Kultur bedeutend gehoben wird«, »die Bevölkerung zunimmt«, »der Wert aller Güter steigt« und schließlich durch die Mobilisierung des Bodens »die Zirkulation, der es an Speise fehlt, gewinnen muß«. Dieses Motivationsbündel war kein Einzelfall. Auch Montgelas versprach sich »Fortschritte in der Landwirtschaft«, wenn man endlich dem »geheiligten Recht auf Eigentum« Genüge leiste.[47]

Die Bauernbefreiung bedurfte aber nicht nur dieser rechts- und wirtschaftspolitischen Rechtfertigungen. Ohne ein Mindestmaß politischer Vorbedingungen war an die Durchsetzung ihrer Ziele nicht zu denken. Einen ersten Schritt stellt die Säkularisation von 1803 dar. Sie hat durch die Entsetzung der geistlichen Obrigkeiten den neuen Landesherren eine erhebliche Zahl bäuerlicher Untertanen beschert, die der Regierung direkt unterstanden. Der Anteil der Immediateinwohner stieg etwa in Altbayern von 43,7% auf 71,2%.[48] Der unmittelbare Zusammenhang dieses Vorgangs mit der Grundentlastung wird deutlich, wenn man sieht, daß der ehemalige Kirchenbesitz zehntfrei verkauft wurde und auch gegen einen, allerdings viel zu hohen Geldbetrag bis auf ein geringes Fixum von allen grundherrlichen Abgaben freigekauft werden konnte. Die nächste Etappe wurde 1806 durch das Ende des Kaiserreiches erreicht, als die innerstaatlichen Verfassungen ihre reichsrechtliche Garantie verloren und von nun an dem Zugriff der Fürsten ausgesetzt waren. Die Rheinbundakte vom selben Jahr bestätigte die solchermaßen erlangte Souveränität der übriggebliebenen Länder, sie beschnitt jedoch gleichzeitig die innerpolitischen Durchgriffsabsichten der Regierungen durch weitreichende Besitzstandsgarantien für den hohen Adel.

Die dadurch aufgeworfenen Probleme führten den Regierungen alsbald vor Augen, daß eine Agrarreform ohne gleichzeitige allgemeine Staatsreform undurchführbar bleiben mußte. Der Auf- und Ausbau einer eigenen Verwaltung war unerläßlich, um die von den privilegierten Ständen bisher wahrgenommenen Funktionen an den Staat ziehen zu können. Der Widerstand des Adels gegen diese administrativen Modernisierungsversuche war allerdings beträchtlich und führte beispielsweise dazu, daß die Kreisreform 1813 in Bayern und 1815 in Preußen gescheitert ist. Gerade auf der Kreis- und Gemeindeebene tat sich der Staat besonders schwer, den von

der Verfassung verheißenen gleichen und unmittelbaren Untertanenverband herzustellen. Patrimonialgerichtsbarkeit und Jagdrecht auf fremdem Grund fielen daher meistenteils erst 1848; in Preußen beseitigten gar erst die Kreisordnung von 1872 und die Landgemeindeordnung von 1891 eine Reihe von politischen und polizeilichen Privilegien und es dauerte bis 1927, um die Rittergüter in die ländlichen Kommunalbezirke einzuordnen.
Ein weiterer wesentlicher Aspekt der Staatsreform war die Anpassung des Zivilrechts an den neuen Eigentumsbegriff. Auch wenn diese Absicht im ersten Anlauf nur unvollkommen gelang (man betrachte nur die neuen Gesetzbücher in Preußen 1794, Westphalen 1808, Baden 1809, Berg 1810 und den gescheiterten Versuch in Bayern 1809/11), so besaßen doch fortan die feudalen Rechte vollends den Charakter »bloßer Privilegien« und genossen dadurch eine um so prekärere Existenz.
Trotz dieser retardierenden Momente zählt die Bauernbefreiung zu jenem vergleichsweise schmalen Bereich der Reformpolitik, der durch die 1815 einsetzende Periode der Restauration nicht unter- oder gar abgebrochen worden ist. Die preußischen Rittergutsbesitzer erlangten zwar in Gestalt der Deklaration von 1816 einen folgenschweren Sieg, mußten aber 1821 die Entlastung der Hälfte ihrer Bauern, nämlich der Erbpächter hinnehmen. In West- und Süddeutschland setzten die legislativen Maßnahmen nach 1817 überhaupt erst in größerem Umfang ein, nachdem die verfassungs- und verwaltungstechnischen Voraussetzungen in den Jahren davor geschaffen worden waren. Allerdings waren es nun häufig die Finanzminister, die sich mit dem Hinweis auf die fehlende Etatdekkung einem raschen Fortgang der Bauernbefreiung oft mit Erfolg in den Weg stellten. Denn selbst eine durch das Befreiungswerk stark expandierende Agrarwirtschaft wie die preußische benötigte fast zwei Jahrzehnte, um die anfänglichen Ausfälle wettzumachen. In Ostpreußen, für das als einzige Provinz bislang ausreichende Zahlen vorliegen, verminderten sich infolge der Befreiungen zwischen 1802/03 und 1806/07 die Domäneneinkünfte netto um 208000 Tlr. oder insgesamt 5,7%, weil Abgaben entfielen und dem anzustellenden Personal Wohnungen gebaut werden mußten. Demgegenüber verblieben der Staatskasse spätestens ab 1820 jährliche Mehreinnahmen von 235000 Tlr., eine Summe, die um 28% über den 1805/06 eingelaufenen Nettodomäneneinkünften lag.[49] Gemessen daran mußte der Süden mit seinen andersartigen Fiskalverhältnissen eine noch weit geringere Motivation für die Reform der Agrarverfassung haben. So brachte im ganzen Vormärz das Kammergut in Württemberg etwa 41 bis 48% der gesamten Staats-

einnahmen auf, an der die Kameralverwaltung, die die grundherrschaftlichen Abgaben einzog, ihrerseits mit der Hälfte beteiligt war. Mit anderen Worten: wenn der Anteil der feudalrechtlichen Bruttoeinkünfte am Einnahmeetat nach den Voranschlägen der Verwaltung von 19,3% (1823/24) trotz eingeleiteter Grundentlastung – aufgrund der starken Zunahme der Zehnterträge – nur auf 15,9% (1846/47) sank und wegen der Preissteigerungen erhebliche Überschüsse abwarf,[50] so wird das Zögern der Regierung verständlich. Jeder Gulden Einnahmeminderung in diesem Bereich setzte sie verstärkt der Kontrolle der mit dem Steuerbewilligungsrecht versehenen Stände aus.

Die Haltung, die die deutschen Regierungen in der Frage der Bauernbefreiung einnahmen, war von dem Zwiespalt geprägt, einerseits auf eine Entfesselung der gebundenen Agrarverfassung zu drängen, andererseits aber das Gesellschaftsgefüge und damit das eigene Fundament nicht zu gefährden. Das Befreiungswerk konnte darum gar nicht anders als nur Teilaspekte erfassen. Daher die Widersprüchlichkeit seiner Geschichte. Der Widerstand des grundbesitzenden Adels war eine Tatsache, mit der selbst so absolut regierende Monarchen wie Leopold II. zu rechnen hatten. Dieser stellte 1778 allen Ernstes Überlegungen an, ob nicht »ein mäßiger Aufstand der Bauern dem Staate nützlich sein [würde], um die Großen zu demütigen«.[51] Zu einem von oben ausgelösten Bauernkrieg ist es bekanntlich nicht gekommen, wohl aber stellten die Ereignisse des Frühjahrs 1848 im großen und ganzen diese Konstellation her, in der dann manches Ministerium nicht ohne Schadenfreude die Probleme registrierte, die sich die Grundherrschaften durch ihre langjährige Verweigerungshaltung selber beschert hatten. Aber auch jetzt dachte keine Regierung an einen Totalumbau von Staat und Gesellschaft. Leitmotiv der gesamten Reformen war vielmehr ein ausgeprägter Sozialprotektionismus, der landschaftlich verschieden akzentuiert, insgesamt aber einheitlich auf die Sicherung der adligen Ökonomie und Besserstellung der (voll-)bäuerlichen Existenz zielte. Daher konnten die Resultate gar nicht anders als begrenzt ausfallen, so daß man gerade aus der Perspektive staatlichen Handelns heraus die Wege der Bauernbefreiung in Deutschland als Musterbeispiele partieller Modernisierung wird bezeichnen müssen.

Die Tatsache, daß vor allem in Preußen – mit Ausnahme Mecklenburgs spielen in den anderen Gebieten Deutschlands die bäuerlichen Landabtretungen im Zusammenhang mit der Grundentlastung keine große Rolle – alle in die Gutswirtschaft integrierten Adelsbauern ein Drittel oder gar die Hälfte ihres Landes zur Regulierung ihrer Verhältnisse abgeben sollten, hat namentlich seit den Untersuchungen Knapps fast ausnahmslos Kritik erfahren. Als Alternative dazu wird damals wie heute eine Abfindung in Geld oder allenfalls in Naturalien genannt, nachdem eine entschädigungslose Entfeudalisierung, wie sie die französischen Bauern schließlich 1793 durchgesetzt hatten, nach Lage der Dinge in Deutschland nicht in Frage kam. Die Debatte ging also nur um das Problem, in welcher Weise die »wohlerworbenen Rechte« des Adels abzulösen seien.

Ein Blick auf die Vorgeschichte der Reformen und auf die Wirtschaftshaltung des grundbesitzenden Adels Ostelbiens vermag nun aber das 1811 gewählte Mittel der Landabfindung einsichtig zu machen. Zum einen hatten die Reformer davon auszugehen, daß sämtliche Versuche des vorangegangenen Jahrhunderts, die Bauern von ihren drückenden Dienstverpflichtungen zu befreien, wesentlich am völligen Geldmangel der Betroffenen gescheitert waren. Nicht nur partizipierten die bäuerlichen Betriebe wenig am Geldkreislauf, die Dienste waren auch so hoch, daß sie vom Nettoertrag häufig kaum etwas übrig ließen, ja in schlechten Zeiten an der Substanz zehrten. Zu Recht verwies daher 1807 ein holsteinischer Edelmann die Regierung in Berlin auf »eine Einrichtung wie unsere Kreditkasse, um den gordischen Knoten zu lösen«.[52]

Ein solches Institut verbot sich aber damals nicht nur wegen der zerrütteten Finanzlage des preußischen Staates, sondern auch die meisten seiner Berater sowie die Autoritäten des Auslandes plädierten für eine Landabfindung. So hatte schon 1774 der berühmte Agronom Arthur Young in einem Projekt zur englischen Zehntablösung vorgeschlagen, »man sollte den Geistlichen für die Zehnten Äquivalente an Landstücken geben«,[53] weil dies das einzig sichere Mittel im Falle einer Geldentwertung sei. In Frankreich hatte 1779 der Physiokrat Le Trosne als erster – und einziger – wahlweise eine Geld- oder Landentschädigung zur Ablösung der Feudallasten ins Feld geführt,[54] war damit aber bei den Grundherren auf kein Gehör gestoßen. Die Ursache hierfür ist in der völlig andersartigen agrarischen Interessenlage der französischen Grundrentenempfänger zu suchen, denn – wie Karl Mathy 1845 im

»Staatslexikon« zu bedenken gab – die Abtretung von Land setzt voraus, »daß die Berechtigten in der Lage sind, die Grundstücke zu benutzen«.[55]

Dies war nun allerdings am ehesten beim gutsherrschaftlichen Adel Preußens der Fall, der nichts vom Rentenkapitalismus seiner französischen Standesgenossen wissen wollte, sondern eine ausgedehnte Eigenwirtschaft aufzubauen bestrebt war. So erklären sich die zahllosen, sich offen als Klassentheorie gerierenden Eingaben märkischer und pommerscher Gutsbesitzer, als die preußische Regierung über die Regulierung der Bauern nachzudenken begann. Diese Denkschriften und Vorschläge, aus denen Knapp ausführlich zitiert,[56] lassen sich hinsichtlich ihrer Ziele in zwei Gruppen einteilen. Die einen verlangten die sofortige Aufhebung des Bauernschutzes und das Recht der Gutsherren, die unrentablen und überschuldeten Stellen einzuziehen; auch Fachleute wie Thaer und Sack vertraten die Ansicht, in solchen Fällen bedeute die Verwandlung des Bauern in einen Tagelöhner einen Fortschritt. Die anderen schlugen vor, den Bauern gegen Abtretung eines Viertels ihres Besitzes das volle Eigentumsrecht zu gewähren, ohne daß damit allerdings die Dienst- und Abgabeverpflichtungen tangiert würden. Die preußische Regierung entwickelte demgegenüber unter Friedrich von Raumer eine Konzeption, die insgesamt bauernfreundlicher war, aber für die Regulierung der Laßbauern ebenfalls einen Ausgleich in Naturalien, Rente oder eben Land vorsah. In der dann ausgehandelten Formulierung vom 14. 9. 1811 wurde der Kreis derer, die Land abtreten sollten, erweitert (1816 allerdings wieder auf die Gespannbesitzer beschränkt), ihre Quote teilweise erhöht und überdies ohne Rücksicht auf die individuellen Verhältnisse pauschal festgesetzt. Völlig außer acht blieb aber vor allem der betriebswirtschaftliche Gesichtspunkt, obwohl bereits 1808 der Frankfurter Ökonomieprofessor Friedrich Benedikt Weber eine an der Rentabilität zu orientierende Höchstgrenze für bäuerliche Landabgaben vorgeschlagen hatte. Eine entsprechende Sicherung enthielt erst die Ablösungsverordnung vom 13. 7. 1829 – Abtretung von maximal einem Drittel des Landes nur auf Wunsch des Pflichtigen –, die jedoch, und nichts illustriert deutlicher die ungebrochene Macht der preußischen Rittergutsbesitzerklasse, nicht für die ostelbischen Provinzen durchgesetzt werden konnte. So wurde noch einmal just am Beginn der »goldenen Jahrzehnte« der kontinentalen Landwirtschaft die Verfügbarkeit über das wichtigste Produktionsmittel von Staats wegen ständisch eingegrenzt – eine für den Liberalismus der preußischen Bürokratie typische Einschränkung ihres dogmatischen Anspruchs.

Im Hinblick auf eine Quantifizierung dieser Vorgänge ist zunächst auf die sehr unterschiedlichen Meinungen in der Literatur zu verweisen. Zudem herrschten bis vor kurzem so gut wie ausnahmslos Gesamtbilanzen vor, weil das problematische statistische Quellenmaterial solche Zusammenstellungen noch am ehesten erlaubte. In der Regel verbirgt sich jedoch hinter diesen Bilanzen eine unausgesprochene Bauerntumsideologie, die von gewissermaßen überzeitlichen standesspezifischen Ansprüchen auf Bodenanteile ausgeht, so daß das Zahlenmaterial je nach dem subjektiven Standort das erlittene Unrecht bzw. die Intensität des Klassenkampfes illustrieren soll. Wenn hier trotz aller methodischen Bedenken ebenfalls Globalziffern vorgelegt werden, so ausschließlich in der Absicht, die ganz außerordentliche Mobilisierung des Bodens und damit zusammenhängend die agrarsozialen Veränderungen zu verdeutlichen. Im übrigen sind die Zahlenangaben mit Vorsicht zu betrachten, weil die Statistiken nicht nur unzuverlässig, sondern möglicherweise zum Teil sogar gefälscht sind.[57]

Bäuerliche Landverluste 1816–1859 in Preußen

1. a) durch Regulierungen für Gutsherrschaft mindestens	519512 ha
b) für Zehntherrschaft mindestens	24538 ha
c) für Grundherrschaft mindestens	37018 ha
	581068 ha
2. durch Verkäufe	ca. 450000 ha
3. durch »Bauernlegen«	ca. 300000 ha
	ca. 1330000 ha
dagegen Landgewinn 1816–1859	
durch Separationen	ca. 630000 ha
Landverlust insgesamt	ca. 700000 ha

Dieser Landverlust entspricht etwa 8,2% der gesamten bäuerlichen Betriebsfläche von 1816 (als es jedoch noch keine separierten Ländereien gab). Die Rolle der Regulierungen wird sogleich deutlicher, wenn man sich vergegenwärtigt, daß die ca. 520000 den Laßbauern abgesprochenen Hektar fast genau ein Drittel – 32,4% – jenes bäuerlichen Besitzes ausgemacht haben, der 1816 unter die Regulierungsedikte gefallen ist. Nicht minder wichtig ist wohl der Umstand, daß die Landbewegungen bei den Bauern insgesamt mindestens 2 Millionen ha erfaßten, was 23,1% der bäuerlichen Betriebsfläche entsprach. Die Bauernbefreiung hat damit in einem Gebiet mit bisher geringem bäuerlichem Grundstücksverkehr als enormer Mobilitätsfaktor gewirkt, der nicht nur wirtschaftliche Folgen zeitigte, sondern ohne Zweifel einen freilich kaum meßbaren Mentalitätswandel ausgelöst hat.[58]

Für die Beurteilung der hier angedeuteten Besitzverschiebungen ist aber ein Blick auf die betriebswirtschaftliche Ebene nicht minder wichtig. Die oben (S. 67f.) angegebenen Zahlen sollen hier nicht noch einmal wiederholt werden. Aus ihnen geht hervor, daß die von den Edikten 1811 und 1816 vorgesehene Landabtretung in der Mehrzahl der Fälle nicht die volle Höhe erreicht haben kann, weil die Höfe durchschnittlich nur zwischen 5 und 15% ihrer Ausgangsfläche einbüßten. Der Bodenverlust ist jedoch nicht der einzige Maßstab. So ergibt sich eine andere Perspektive, wenn man die Bodenqualität ins Auge faßt. Die Bauern gaben in der Regel wertvolles Ackerland ab und erhielten im Wege der Gemeinheitsteilungen – aus denen sie entgegen ihrem tatsächlichen Besitzanteil von ca. 52% nur knapp 14% erhielten – öde Ländereien. Auch hier manifestierte sich das höhere Durchsetzungsvermögen der Gutsbesitzer. Eine Bilanz muß daher insgesamt zwiespältig ausfallen: einerseits verweisen die anhaltenden freiwilligen Landverkäufe zusammen mit der enormen Steigerung der monetären Belastung auf die erheblichen Schwierigkeiten, mit denen die »befreiten« Bauern namentlich in den zwei Jahrzehnten der Agrarkrise zu kämpfen hatten. Andererseits nahm die Gesamtzahl der Höfe nicht nennenswert ab – knapp 2%, die Zahl der Gutsbetriebe verdreifachte sich nahezu, die der Kleinstellen nahm noch weit stärker zu – und die Steigerung der Produktion glich die Flächeneinbußen mindestens aus. Mit Sicherheit sind daher Urteile wie jene, daß dadurch Landwirtschaft und Industrialisierung gehemmt worden seien, unzutreffend. Dies wäre allerdings der Fall gewesen, wenn die Bauern tatsächlich die volle Höhe ihrer Verpflichtungen in Land abgegolten hätten. Wie das Beispiel der Herrschaft Boitzenburg zeigt, konnten schon nicht einmal die 10% des bäuerlichen Ackerlandes, das die Arnims erhielten, sämtlich zu neuen Vorwerken geschlagen werden, weil dazu das Kapital fehlte, so daß man große Flächen aufforstete.[59] Die Pflicht zur Landabtretung stellte darum aus der Sicht der Gutsbesitzer zunächst vielfach ein bloßes Reservoir an Äckern und Wiesen dar, aus dem sie sich so weit bedienten, wie die Ablösungsgelder eine sinnvolle Bewirtschaftung erlaubten. Diese Kombination von Land und Geld (samt beibehaltener Dienste der Nichtregulierten) verlieh dem ostdeutschen Rittergut die ihm eigentümliche Schubkraft und sicherte ihm den dauernden Vorsprung vor den bäuerlichen Wirtschaften.

Neben dem ostelbischen Preußen hatte die Grundentlastung nur noch in Mecklenburg-Schwerin erhebliche Besitzverschiebungen zur Folge. Hier fielen Eigentumsverleihung und Regulierung nicht nur ungefähr ein Viertel aller Bauern zum Opfer, es eigneten sich die Gutsbesitzer zwischen 1820 und 1850 obendrein fast die Hälfte allen bäuerlichen Landes an, so daß jedem überlebenden Bauern statt durchschnittlich 46 ha nur noch rund 29 ha zur Verfügung standen.[60] Die Schwäche der Regierung einerseits und der günstige Konjunkturverlauf andererseits haben hier zu einer selbst für das östliche Deutschland selten intensiven Synthese von Aristokratie und Kapitalismus geführt, dem der Restbestand nicht gelegter Bauern mit großem Abstand folgte, nachdem die Bauernschaft insgesamt die Vorgaben finanziert hatte.

In den übrigen Ländern besann sich der Adel überhaupt erst aus Anlaß der Bauernbefreiung auf seine einstige Rolle als Grundbesitzer. Die Kapitalisierung der Grundrente bewog daher beispielsweise einen so engagierten Standespolitiker wie den späten Freiherrn vom Stein, für eine Entschädigung in Bauernland zu plädieren, um damit den angestammten Führungsanspruch des Landadels auch künftig materiell zu fundieren. Tatsächlich lassen sich überall dort, wo es zu Anfang des 19. Jahrhunderts im Bereich der Grundherrschaft noch Eigenwirtschaft in nennenswertem Umfang gab, Versuche zur Vergrößerung der Gutsbetriebe auf diesem Wege erkennen. So führte die vom Kgr. Westphalen am 7. 9. 1810 in Gang gesetzte Zehntablösung durch Landabgabe oder Geldrente trotz der geringen Wirkung, die dieses Gesetz hatte, regional zu bemerkenswerten Umschichtungen: bis 1813 erhielten die Zehntberechtigten allein im Kreis Iserlohn 5872 ha Land (d. h. ein Vielfaches der bis 1849 in der Prov. Sachsen abgetretenen 1760 ha[61]), was 350 Bauerngütern zu je 50 Morgen entsprach.[62] Am Oberrhein einigten sich die Fürstenberger vor der staatlich durchgesetzten Grundentlastung mit den Inhabern der Erb- und Schupflehen auf einen eigenen Modus, der bei Schupflehen eine Landabgabe von 40 bis 50% vorsah, bei Erblehen dagegen etwas weniger. Auf diese Weise gelangten etwa 600 ha an den badischen Standesherrn.[63] Die sächsischen und hessischen Gutsbesitzer setzten 1832 Landabtretungen in Sonderfällen durch.

Auch wenn diese Beispiele mengenmäßig nicht sonderlich ins Gewicht fallen, so vermögen sie doch die gewandelte Rolle des Landbesitzes im 19. Jahrhundert zu demonstrieren. Vor allem aus Statusgründen wurde er im Westen und Süden Deutschlands so attraktiv, daß – wie gleich noch zu behandeln sein wird – neben den eher bescheidenen Zwangsabtretungen auch erhebliche Geldmittel zum Ausbau moderner Großbetriebe eingesetzt worden sind. Insgesamt zeigt sich jedoch, daß die Qualität der Besitzrechte für den Umfang der bäuerlichen Landverluste nur Rahmenbedingungen schuf, die dann je nach der aktuellen wirtschaftlichen Gesamtstruktur verschieden ausgefüllt wurden. Widerstand von bäuerlicher Seite scheint es in diesem Zusammenhang nicht gegeben zu haben, zumal sich der bäuerliche Landhunger auf die Realteilungsgebiete beschränkte, in denen Ablösungszahlungen die Regel waren.

Ablösungsgelder, Industrialisierung und »preußischer Weg«

Der Umfang der Landbewegungen insgesamt und besonders in jedem Einzelfall darf nicht darüber hinwegtäuschen, daß die Entschädigung der Obereigentümer ganz überwiegend – auch im Osten – in Geld erfolgt ist. Da dieser Weg nicht nur eine in der Regel sich über Jahrzehnte hinziehende Mehrbelastung mit sich brachte, sondern namentlich für die mittleren und kleineren Bauern überhaupt erst den Zwang zur Beteiligung am Marktgeschehen mit allen Folgen wirtschaftlicher und mentaler Art, hing das Funktionieren des Loskaufs von drei Bedingungen ab: es mußten gleichzeitig hohe Agrarpreise, günstige Kapitalisierungsfaktoren für die Ablösungssummen und schließlich Zugang zu Darlehensquellen gegeben sein. Ein Vergleich von Agrarkonjunktur, Gesetzgebung und Kreditusancen macht darum deutlich, daß erst vom Anfang der dreißiger Jahre an das Prinzip der Geldabfindung funktionieren konnte, als die Krise überwunden war, die Auswirkungen der Julirevolution in den deutschen Mittelstaaten die zweite Phase der Bauernbefreiung eingeleitet hatten und zugleich die ersten Ablösungsbanken gegründet wurden. Bis zu diesem Zeitpunkt war eine Befreiung größeren Ausmaßes lediglich für Preußen in Gang gekommen, wo tatsächlich zahlreiche, in besonders schlechten Jahren sogar alle Bauern ihren finanziellen Verpflichtungen nicht nachkommen konnten: noch vor dem Tiefpunkt der Preisentwicklung – zwischen 1823 und 1825 – blieben allein 27% der Verpflichtungen ostpreußischer Domänenbauern offen.[64] Zugleich erwies sich in diesen Jahren der relative Vorteil der Landabtretung, da die solchermaßen regulierten Adelsbauern die Krisenzeit meistens besser überstanden.[65]

Um zunächst einen Eindruck der im Laufe von 4 bis 5 Jahrzehnten aufgebrachten Gelder – ohne Zinsen! – zu bekommen, sei auf diese, allerdings unvollständige Zusammenstellung verwiesen:[66]

Land	*Betrag in Landeswährung*	*Mark*
Preußen 1821 – 1865	213 861 035 Tlr.	641 583 105
Mecklenburg-Schwerin 1867 – 1877		

Vererbpachtung des Domaniums	16200000 Mk.	16200000
Vererbpachtung der Rittergüter	115000 Tlr.	345000
Kgr. Sachsen	85688465 Mk.	85688465
Kurhessen 1833–1869 (Darlehen der Landeskreditkasse)	14050379 Tlr.	42151137
Hgm. Nassau	9000000 fl.	15300000
Kgr. Württemberg	87500000 fl.	136500000
Ghgm. Baden (bäuerlicher Anteil an Grundzins-, Fron- und Zehntablösung bis 1857)	34411835 fl.	65300119
Kgr. Bayern (bäuerlicher Anteil bei der durch staatl. Vermittlung vollzog. Ablösung bis 1871)	108680000 fl.	184656000
		1187733826

Es versteht sich, daß die hier zusammengetragenen knapp 1,2 Milliarden Mark bei weitem nicht alle geleisteten Zahlungen erfassen. Henning hat eine Hochrechnung gewagt und ist dabei von einer jährlichen Hektarbelastung von 2 bis 3 Talern und 43 Jahresraten ausgegangen. Er gelangte so zu einer Ablösungssumme für ganz Deutschland von etwa 4 bis 5 Milliarden Mark zuzüglich 7 Milliarden Mark Zinsen. Die insgesamt aufgebrachten Gelder haben sich dieser Berechnung zufolge auf 11 bis 12 Milliarden Mark belaufen[67] – eine Summe, die fast drei Vierteln des gesamten, 1850 in der deutschen Landwirtschaft angesammelten Kapitalstocks – 15,9 Milliarden Mark[68] – gleichkam. Diese enorme Zahl ist nicht ganz unwahrscheinlich, entsprachen doch beispielsweise in Württemberg die im Jahre 1863 aufgebrachten Ablösungsgelder 54% des gesamten landwirtschaftlichen Einkommens.[69]

Da diese Globalziffern nur etwas zu den wirtschaftlichen Gesamtzusammenhängen aussagen, ist eine Betrachtung bäuerlicher Einzelfälle unumgänglich, wenn man den finanziellen Aspekt zuverlässig gewichten möchte. Leider sind die hierzu bisher vorgelegten Berechnungen viel zu lückenhaft, um eine endgültige Aussage zu gestatten. Immerhin zeigen aber die Analysen für Ostpreußen und Württemberg einen Trend an, der zweifellos mit der Wirklichkeit übereinstimmt. So errechnet Gropp für die ostpreußischen Domänenbauern im Durchschnitt eine globale Mehrbelastung an Geldabgaben um ca. 63%, wovon auf die Dienstablösung 13 Tlr. 36 Kr. –

entsprechend 48% – und auf die Eigentumsübertragung 14 Tlr. 26 Kr. – entsprechend 52% – entfielen.[70] Diese erheblichen Aufwendungen trafen die Bauern jedoch nicht gleichmäßig, sondern hingen vom jeweiligen Besitzrecht ab. Am ungünstigsten stellten sich daher die Scharwerksbauern, die nach dem Fortfall der teilweise sehr umfangreichen Dienste schlagartig – mitten im Kriege – auf Geldwirtschaft umstellen mußten und dabei noch zusätzlich unter nunmehr überhöhtem Arbeitskräfte- und Zugtierbestand litten. So steigerte sich die durchschnittliche Geldbelastung dieser Bauerngruppe von 4,6 bis 7,5% des Rohertrages auf 10,7 bis 20,5%, was bedeutete, daß von vornherein 37 bis 74% der Verkaufserlöse gebunden waren.[71] Gerade die Scharwerker wurden darum von den Reformern zunächst nur in nachteiliger Weise getroffen. Kein Wunder, wenn sich unter diesen Umständen die Betroffenen gegen eine derartige »Befreiung« wehrten und nur nach angedrohter »Exekution«, d.h. Abmeierung unterschrieben. Obwohl das ostpreußische Landesökonomiekollegium 1814 die »Vermutung« aussprach, »daß die Eigentumsverleihung nicht immer eine Wohltat, sondern öfters ein sehr schwerer und unfreiwilliger Kauf ist«,[72] entschloß man sich äußerstenfalls zu Zinsnachlässen (1818) oder zur zeitweiligen Rückkehr zur Naturalwirtschaft (1824) und erst 1848, bzw. 1850 kam es zu einer Ermäßigung der Ablösungsbedingungen. In aller Schärfe zeigt sich hier die Problematik des abrupten Übergangs vom feudalen zum liberalistischen Wirtschaftssystem, der sich im bäuerlichen Alltag erheblich mühsamer gestaltete als in den Plänen und Denkschriften der sich dem Fortschritt verpflichtet fühlenden Beamtenschaft. Die ungleichen Ausgangsbedingungen verhinderten, daß, wie es die klassische Theorie verkündete, der Boden zum besten Wirt wanderte. Vielmehr verwandelte dieser rigorose Liberalismus die Privilegien von einst unter den damaligen Begleitumständen in Prämien, die die Abstände zu den auf Geldablösung gesetzten schlechten Besitzrechtsgruppen nur noch vergrößerten. Mit Recht hat man daher gesagt, daß bei solchen Modalitäten der Loskauf »in vielen Fällen einer Doppelbezahlung des Eigentums gleichkam.«[73]
Von diesem ungünstigen Bild heben sich scharf die Vorgänge und Ergebnisse in Württemberg ab. Für die Bauern der Hohenlohe errechnete Schremmer eine Feudalquote von 32,4% des Reinertrags, der nach der Bauernbefreiung eine Grundsteuerbelastung von 10,7%, nach 1876 sogar nur noch 6% gegenüberstand.[74] Der tatsächliche Rückgang der direkten Belastung betrug aufgrund der unterschiedlichen Berechnungsgrundlagen allerdings nur etwas mehr als ein Drittel, so daß durch die wachsende indirekte Besteue-

rung die Belastung im Endeffekt nach der Bauernbefreiung nur etwas unter der der Feudalzeit lag. Ein ähnliches Bild zeigen die Gemeindeanalysen für Oßweil bei Ludwigsburg und das benachbarte Kornwestheim. In Oßweil verringerte sich nach 1850 die Gesamtbelastung zunächst um 26%, d.h. von 4 fl. 38 Kr. auf 3 fl. 25 Kr. pro Haushalt, um dann allerdings nach der Erhöhung der Grundsteuer 1858 wieder soweit anzusteigen, daß sich der Entlastungsgewinn halbierte.[75] Für Kornwestheim, wo zum Zwecke einer Gesamtbilanz auch die landwirtschaftliche Intensivierung und der Preisanstieg miteinbezogen wurden, stiegen in den 73 Jahren zwischen 1787 und 1860 die Prokopfbruttoeinkommen von 113 auf 193 fl., d.h. um 70,8%, die Prokopfbelastung sank jedoch von 18,6 auf 7%. Bezogen auf die landwirtschaftliche Fläche verringerte sich die Gesamtbelastung, obwohl sie real um 1000 fl. anstieg, von 24 auf 8,5%, d.h. um runde zwei Drittel.[76] Diese günstigen Zahlen sind jedoch nicht ausschließlich der Bauernbefreiung zuzuschreiben: wohl ergab sich für die Pflichtigen 1848 durch zu niedrig angesetzte Preise, nur sechzehnfachen Kapitalisierungsfaktor und Staatszuschüsse ein Ablösungsgewinn von 49% bei Naturallieferungen und 36% bei Geldabgaben, zugleich aber sorgten Ertrags- und Preissteigerungen, späterhin auch die Steuerrektifikation und nicht zuletzt der in Württemberg außergewöhnlich hohe Anteil des Kammergutes am Staatshaushalt für eine positive Bilanz. Außerdem lagen beide herangezogenen Gemeinden in einem ausgesprochen fruchtbaren Gebiet, verkehrsgünstig und hatten vor der Grundentlastung vergleichsweise wenig Abgaben zu entrichten. Die Ausgangschancen waren also in vieler Hinsicht günstiger als in anderen Teilen Württembergs.
Daß die Bauernbefreiung auch im Bereich der Grundherrschaft nicht von vornherein ohne Schwierigkeiten für die Pflichtigen verlief, sondern wesentlich von der wirtschaftlichen Ausgangslage bestimmt wurde, zeigt das Beispiel Kurhessens. In drei untersuchten Dörfern – Aue, Leimbach und Mardorf –, von denen das letztere im Gebiet des Anerbenrechts lag und durchweg große, mit hohen Grundzinsen belastete Meierhöfe aufwies, während in den beiden übrigen Realteilung vorherrschte, zeigt sich ein höchst unterschiedliches Ergebnis. Den kleinen Bauerngütern verblieben zwar je nach Ernteergebnis zwischen 56,2 und 79% des Reinertrags (ohne Einkünfte aus Viehzucht, Wald und Nebenerwerb), sie litten aber mehr als unter der sog. Feudalquote unter Agrarkrise und Besitzzersplitterung. Dadurch verlor jeder Bauer zwischen 1770 und 1830 pro Jahr durchschnittlich 12,6 Taler seines Einkommens in Aue und 16,4 Taler in Leimbach, aber die Grundentlastung

erleichterte ihn nur zwischen einem halben und 5,8 Talern. Bei den Meierhöfen Mardorfs stand hingegen einer Einkommensminderung von 13,4 Talern eine Entlastung von 35,4 Talern gegenüber.[77] Die Bauernbefreiung »befreite« tatsächlich in Kurhessen nur die Bauern im eigentlichen Wortsinne, während bei den Nebenerwerbslandwirten Aues und Leimbachs lediglich ein marginaler Entlastungseffekt eintrat, der von der vorindustriellen Verarmung vielfach aufgezehrt worden sein dürfte; anders erklärt sich jedenfalls nicht die Tatsache, daß die kurhessische Landeskreditkasse seit März 1849 Darlehen von 3 Talern, seit 1853 sogar von 1 Taler bewilligte.

Schon dieser Vorgang weist auf einen Umstand hin, der zum Dauerproblem der deutschen Landwirtschaft im 19. Jahrhundert geworden ist: die Verschuldung. Es war dies die unausweichliche Folge der Tatsache, daß die Bauern ihren Besitz im Verlaufe eines knappen Menschenalters vollständig kapitalisieren mußten. Bis zur Grundentlastung war trotz mangelhafter Rendite die Schuldenlast der Höfe gering, weil Grund- und Gutsherrschaft einer Darlehensaufnahme der Untertanen zustimmen mußten und den Konsens wegen hypothekenrechtlicher Schwierigkeiten in der Regel verweigerten. Nach 1803 war dann der größte Realkreditgeber für bäuerliche Kreise, die Kirche, verschwunden, da sie im Gefolge der Säkularisation ihr Vermögen selbst verloren hatte. Kriegsnöte, Preisverfall und Grundentlastung steigerten aber den Geldbedarf erheblich, ohne daß dieser zunächst befriedigt werden konnte. Eine der ersten Institutionen, die hier Abhilfe zu schaffen sich bemühte, waren die in den 20er Jahren auf Veranlassung der württembergischen Regierung gegründeten »Öffentlichen Corporationsleihkassen« der Ämter und Gemeinden, die Betriebsmitteldarlehen bereitstellten. Für die Ablösungsfrage war es ein entscheidender Durchbruch, daß Sachsen als erstes deutsches Land 1832 nach englischem Vorbild – das Beispiel Schleswig-Holsteins ist von der öffentlichen Meinung nirgends beachtet worden – eine Landrentenbank errichtete und den Bauern bei der Finanzierung der enormen Summen half. Ihre Mittlerrolle leistete zugleich einen nicht zu unterschätzenden Beitrag zur Entspannung des Verhältnisses zwischen Pflichtigen und Empfangsberechtigten, die nunmehr nach der Unterschrift des Ablösungsvertrages nicht mehr miteinander verkehren mußten. Obwohl das sächsische Modell alsbald von anderen Staaten nachgeahmt wurde, zogen die wichtigsten Staaten erst in der Revolution nach: Württemberg und Bayern 1848, Preußen – wie Österreich – gar erst 1850. Hat schon dies die Zahlungsschwierigkeiten nicht weniger Bauern vergrößert, so wirkte allgemein der

Umstand nachteilig, daß die Ablösungsbanken ja in erster Linie im Interesse der bisherigen Herren ins Leben gerufen worden waren. Klein- und Kleinstkredite, deren Kätner und Tagelöhner am dringendsten bedurften, wurden häufig als Bagatellen nicht genehmigt und statt dessen einmalige Kapitalzahlung verlangt. In dieser ländlichen Bevölkerungsgruppe, die nach der Freigabe des Bodens in den zurückliegenden Jahrzehnten ihren Landhunger durch Kauf von Parzellen zu befriedigen gesucht und sich dabei bereits finanziell übernommen hatte, sind darum die meisten Notverkäufe und Konkurse zu finden, obgleich auch besser ausgestattete Bauern davon nicht verschont blieben. In Württemberg entfielen zwischen 1840 und 1847 etwa 19% aller »Vergantungen« auf die Landwirtschaft und innerhalb dieses Sektors 30% auf Bauern und Gutsbesitzer, dagegen 40%, im Jagstkreis sogar 57% auf Tagelöhner.[78] Dabei hatte in dieser Zeit die Ablösung noch kaum, in Hohenlohe so gut wie gar nicht begonnen. Die Grundentlastung hat also den bäuerlichen Kredit in großem Stil überhaupt erst geschaffen, ihn freilich anfangs aber auch eingegrenzt auf die Finanzierung der Ablösungsschulden, so daß Darlehen für Erbauseinandersetzungen, Unglücksfälle und Meliorationen nach wie vor schwierig und teuer blieben. Die Verschuldung ist dadurch insgesamt nicht zurückgegangen. Dies war allerdings auch zu keiner Zeit die Absicht der Regierungen, die lediglich, wie das preußische Oktoberedikt einleitend feststellte, »den Wert des Grundeigentums und den Kredit des Grundbesitzers« heben wollten, um für die Gesamtwirtschaft und den staatlichen Finanzbedarf positive Wirkungen zu erzielen.

Bemerkenswerterweise haben die durch die Bauernbefreiung in Gang gesetzten riesigen Kapitalströme aber auch die Schuldenlast der Empfänger nicht wesentlich verringert. Zumindest in Preußen, wo durch Spekulation und zu aufwendigen Lebensstil bereits vor den napoleonischen Kriegen zahlreiche Güter zu mehr als 60% ihres Schätzwertes verschuldet waren – trotz oder vielmehr gerade wegen der günstigen Kreditquellen in Gestalt der ausschließlich dem Herrenstand zugänglichen »Landschaften« –, hat sich die Geldnot durch Kriegsfolgen und Agrarkrise noch erheblich verschärft. Zwischen 1815 und 1830 wechselten in den östlichen Provinzen ca. 80% der Güter wegen Überschuldung den Besitzer.[79] Aus dieser Perspektive wird erklärlich, warum die Gutsherren letztlich viel weniger Bauernland übernommen haben als ihnen gesetzlich zustand und es die Vorstöße zu Anfang des Jahrhunderts erwarten ließen: das Geld reichte ja oft nicht einmal zur Sanierung des Altbesitzes. So hielten sich auch die Investitionen in engem

Rahmen, weshalb die erheblichen Ertragssteigerungen bis über die Jahrhundertmitte hinaus auf eine Ausdehnung der Ackerfläche und nicht auf eine Intensivierung des Anbaus zurückzuführen sind. Im Vergleich zu England, Teilen Nordfrankreichs und einigen Gebieten Oberitaliens bleibt darum der preußische Agrarfortschritt deutlich zurück, da sich zwischen Eigentümer und Arbeitskräften nie eine unternehmerische Pächterschicht geschoben hat. Adel und Bürgertum bewirtschafteten ihre Güter selbst, mit der Folge, daß Erbgänge, aber auch betriebsfremde Aufwendungen, die einer standesgemäßen Lebenshaltung dienen sollten, dem Boden Kapital vorenthielten. Dies gilt weniger für den west- und süddeutschen Adel, soweit er über nennenswerten Grundbesitz verfügte. Im allgemeinen sahen sich diese Familien, unter denen namentlich die Standesherren ungleich vermögender waren als die Mehrzahl der preußischen Gutsbesitzer, eher vor das Problem gestellt, daß sie für ihre großen Barmittel keine ausreichenden Anlagemöglichkeiten in der einheimischen Landwirtschaft finden konnten.

Weder im Bereich der bäuerlichen noch in demjenigen der herrschaftlichen Hofgüter hat sich im Laufe des 19. Jahrhunderts die Schuldenlast nennenswert vermindert. Bestenfalls ging ihr Gewicht infolge der Produktionszuwächse und Bodenwertsteigerungen zurück. Ein Blick auf größere wirtschaftliche Zusammenhänge zeigt dabei, daß die Möglichkeiten der individuellen Betriebsführung im Hinblick auf das Problem der Verschuldung begrenzt blieben. Da der Kapitaleinsatz pro Arbeitsplatz in der Landwirtschaft damals ungefähr achtmal höher lag als in der Industrie,[80] übertraf auch der auf Kredite angewiesene Kapitalbedarf des primären Sektors den des sekundären bei weitem. Von seiten der Wissenschaft wurde daher die Frage aufgeworfen, in welcher Weise dieser Umstand gemeinsam mit den anderen Eigenarten des Agrarsektors das Tempo der Industriellen Revolution in Deutschland beeinflußt hat.

Die Rolle der Landwirtschaft für den Ablauf der gesamten Konjunktur in der Phase der Industrialisierung Deutschlands ist eine der umstrittensten Fragen der modernen Konjunkturforschung. Dem Ratsuchenden bieten sich drei Lösungsvorschläge an: das *englische Modell*, die Theorie des *preußischen Weges* und die Ansicht, daß zwischen beiden Wirtschaftssektoren wenig positive Beziehungen bestanden haben.

Das sog. *englische Modell*, das seit Marx' erster Präsentation im »Kapital« nicht wenige Ökonomen und Historiker zu präzisieren suchen, geht davon aus, daß eine »Agrarrevolution« zu den Vorbedingungen der Industriellen Revolution gehört, d. h. daß die Landwirtschaft eine sprunghafte Zunahme ihrer Produktion erreicht, in wesentlichem Umfang Kapital und Arbeitskräfte für die gewerbliche Wirtschaft zur Verfügung stellt und deren Produkte kauft.[81] Abgesehen davon, daß die neuere englische Forschung selbst ein wesentlich differenzierteres, die agrarischen Verhältnisse sorgsam in den allgemeinhistorischen Kontext einbettendes Bild der Industriellen Revolution zeichnet,[82] taugt dieser Typ selbst als Modell, auch wenn man seinen hohen Abstraktionsgrad hinzunehmen bereit ist, für die Erklärung der deutschen Geschichte im 19. Jahrhundert offenkundig wenig.

So wenig, daß sich sogar die marxistischen Historiker über die von Marx so nachdrücklich betonte Beispielhaftigkeit Englands hinwegsetzen und Lenins Formel vom *preußischen Weg* benützen. Mit diesem Begriff soll das Ausbleiben einer Revolution und die Verzögerung beim Durchbruch des Kapitalismus in Deutschland erklärt werden, zwei Tatsachen, die es nach Lenins Willen in Rußland unbedingt zu vermeiden galt (s. o., S. 29). Lenin ging es mit seiner dichotomischen Typologie offensichtlich weniger um historische Erkenntnis als vielmehr um Argumente, die seine revolutionäre Bündnispolitik stützen sollten. Gestaltet sich darum schon die Überprüfung seiner Aussagen zur russischen und amerikanischen Agrargeschichte für dogmatisch gebundene Historiker als äußerst delikate Angelegenheit, so gilt dies erst recht für die Deutung der Bauernbefreiung und ihren Zusammenhang mit der Industriellen Revolution in Deutschland. In der geringen Erklärungskraft einer so globalen Feststellung liegt auch der Grund für die »Entdeckung« immer neuer »Varianten« des *preußischen Weges*,[83] die allerdings der Wirklichkeit ebensowenig gerecht zu werden vermögen wie die Originalversion. Einmal kann überhaupt von einem Durchbruch zum Agrarkapitalismus in Deutschland nur sehr begrenzt die Rede sein; er hat nach Ausweis der Besitzstatistik in weiten Teilen Süd- und Westdeutschlands bis zum heutigen Tage niemals richtig stattgefunden und müßte auch in seiner preußischen Erscheinungsform kritisch mit den fortgeschritteneren Entwicklungsstufen Westeuropas und Nordamerikas verglichen werden, die seine relative Rückständigkeit belegen könnten. Zum andern aber läßt sich das Argument der durch den *preußischen Weg* verzögerten Industrialisierung Deutschlands mit dem Hinweis auf das Beispiel Frankreichs – des klassischen Falles einer revolutionären Bauernbefreiung – falsifizieren. Entsprechendes gilt für das Rheinland, wo trotz weitgehend entschädigungsloser Grundentlastung und günstiger Ausgangslage am Ende des 18. Jahrhunderts wirtschaftliches Wachstum vielerorts besonders lange auf sich warten ließ.

Wenn man die beiden Extremfälle agrarischer Entwicklung –

Mecklenburg und Südwestdeutschland – als Kontrollgrößen im Auge behält, so wird rasch sichtbar, daß weder der eine noch der andere Weg der Beseitigung des Feudalregimes eine rasche Industrialisierung begünstigt hat. Die Gründe dafür sind, wie betont wurde, noch keineswegs vollständig bekannt.

Ein Faktor ist dafür sicherlich, daß – aus Mentalitätsgründen? – die Kapitalströme die sektoralen Grenzen kaum überschritten haben. Jedenfalls hat die Freisetzung der bis dahin institutionell gebundenen, sehr erheblichen Grundrente – sie wird um 1800 auf 200 Millionen Reichstaler beziffert[84] – im Zuge der Agrarreformen dem sekundären Sektor wenig Impulse vermittelt. Auch als Käuferin industrieller Erzeugnisse war die Landwirtschaft so sparsam – zwischen 1835 und 1873 gab sie dafür ungefähr 2 Milliarden Goldmark aus[85] –, daß sich daraus keine Wachstumsanstöße ergaben. Selbst in industriell verdichteten Gebieten verharrten, wie jüngst eine Fallstudie für den Kreis Saarlouis gezeigt hat,[86] beide Wirtschaftszweige in nahezu beziehungslosem Nebeneinander.

Allerdings erfüllte auch die deutsche Landwirtschaft ihre Aufgabe als Nahrungsmittellieferantin für die Industriebevölkerung, und zwar in einem solchen Maße, daß noch bis nach der Reichsgründung Agrarerzeugnisse exportiert werden konnten. Bei der Frage nach der Bereitstellung von Arbeitskräften für die Industrie wird dagegen meist übersehen, daß die Fabriken ungelernte Arbeiter zum wenigsten benötigten, wie es sie auf dem Lande mehr als genügend gab.[87] Vielmehr waren vorgebildete und disziplinierte Kräfte erforderlich und diese entstammten Handwerk und Heimgewerbe.

Die letztere Feststellung ist ein wichtiges Indiz für die heute immer stärker akzeptierte Ansicht, daß in Deutschland nicht so sehr der Umfang des landwirtschaftlichen Produktivitätsfortschritts den Ausschlag zur Herausbildung einer wirtschaftsräumlichen Umstrukturierung gegeben hat als vielmehr die vorindustrielle Ausgangslage. Diese wies eine Massierung exportorientierter Gewerbestandorte am Niederrhein und entlang der sächsisch-böhmisch-schlesischen Grenzregion auf. Damit ist zugleich angedeutet, daß die Gebiete der Grundherrschaft sich für die Industrialisierung besonders gut eigneten, denn hier hat die Feudalordnung die mittelalterliche Arbeitsteilung zwischen Stadt und Land nicht aufrechterhalten können; Handwerk und Gewerbe hatten sich bis zum Ende des 18. Jahrhunderts in ganz erheblichem Umfang dezentralisiert. Gleichwohl konnte dieses Gebiet den frühen Durchbruch zu einem vom Großbetrieb bestimmten Entwicklungsstand aber auch verhindern, wie etwa das Beispiel Württem-

bergs zeigt, wo Realteilung und vielfältige Nebenerwerbsmöglichkeiten nur ein unterdurchschnittliches Wachstum von sekundärem und tertiärem Sektor zuließen.[88] Umgekehrt bedeutet dies, daß im Bereich der Gutswirtschaft, der schon eine industrialisierungsfeindliche Ausgangsstruktur aufwies, der Aufschwung der Landwirtschaft eine spätere Industrialisierung erst recht unterbunden hat.
Der Beitrag des Agrarsektors zur Industriellen Revolution in Deutschland ist daher kaum auf eine knappe Formel zu bringen. Dies gilt ebenso für die Rolle der Bauernbefreiung: Sie hat nur im Osten (land-)wirtschaftliches Wachstum hervorgerufen, im Westen stellte sie mit der Beseitigung der feudalen Bindungen lediglich die institutionellen Rahmenbedingungen für den Wandlungsprozeß bereit. Eine stimulierende Wirkung dürfte von der Landwirtschaft insgesamt kaum ausgegangen sein, eher scheint es so, als habe der Agrarsektor wie ein Alp auf der gesamten Wirtschaft gelastet. Zwar zeigt der Konjunkturverlauf, daß sich seit den 50er Jahren das gesamtwirtschaftliche Wachstum zunehmend von den Produktionszyklen der Landwirtschaft befreit hat,[89] doch dauerte es noch Jahrzehnte, bis Industrie und Dienstleistungsbereich den nur schwerfällig vorankommenden »führenden Sektor« überholt hatten: 1890 in der Wertschöpfung, 1913 in der Beschäftigtenzahl.

Die landwirtschaftliche produktion

Eine verbreitete Ansicht lautet, es sei die Bauernbefreiung gewesen, der man den landwirtschaftlichen Aufschwung im 19. Jahrhundert zu verdanken habe. Letzten Endes geht diese Vorstellung zurück auf die ökonomisch und technisch motivierte kameralistische Kritik an den feudalen Agrarverhältnissen als dem Haupthindernis für eine Verbesserung des Landwirtschaftsbetriebes. So stellte etwa Justi schon 1767 mit seiner Forderung nach Teilung der Gemeinheiten, Aufhebung der Triftrechte, Ablösung der Dienste, Übertragung des vollen Eigentumsrechts an die Bauern und Intensivierung des Anbaus einen Programmkatalog auf, der später tatsächlich Gegenstand der liberalen Agrarreformen werden sollte.[90] Dennoch ist gerade im Bereich der Landwirtschaft äußerste Vorsicht im Hinblick auf einen möglichen Zusammenhang zwischen Reformpolitik und Produktionszuwächsen geboten. Schon die zeitgenössischen Theoretiker wie Justi, aber auch Thaer übersahen, wenn sie auf das Vorbild England verwiesen, die Abhängigkeit der Mehrerträge von der Agrarstruktur. Tatsächlich ging dort der agrarische

Aufschwung mit der weitgehenden Enteignung der Bauernschaft einher und zwischen Eigentümer und Arbeiter schob sich ein unternehmerischer Pächterstand. Das Gegenbeispiel liefert Frankreich, wo die Revolution die Besitzverfassung im wesentlichen – sieht man von der Kirche ab – unangetastet gelassen hat, aber der innere Ausbau der Landwirtschaft sogar später als in Deutschland, nämlich erst gegen 1840 begann, obwohl beschleunigtes industrielles Wachstum schon zehn Jahre vorher eingesetzt hatte. Es ist also keineswegs so, daß die bloße Befreiung aus den mannigfachen Bindungen mit der damit verknüpften Möglichkeit der »Internalisierung von Erträgen«[91] einen quasi automatischen Produktionszuwachs beschert hätte. Dies war vielmehr nur dort möglich, wo die Öffnung der der Ökonomie alten Typs gesetzten Schranken auf eine Agrarstruktur traf, die von den gebotenen Chancen profitieren konnte. In Deutschland gilt dies eigentlich nur für das Gebiet der großen Hofgüter, vor allem aber für den deutschen Osten.

Unumgängliche Vorbedingung jeder wesentlichen Produktionssteigerung war in vorindustrieller Zeit das Wachstum der Bevölkerung. Aber dieses Wachstum bedrohte die Feudalgesellschaft in ihrem Bestand, die es darum mit Hilfe vielfältiger Regelungsmechanismen unter Kontrolle zu halten versuchte. Dennoch hatte das aufstrebende Preußen nach 1740 eine Verdoppelung seiner Volkszahl durch Geburtenüberschuß, Zuwanderung und Neuerwerbungen zu verzeichnen. Obwohl damit die Bevölkerungsdichte nach wie vor wesentlich unter derjenigen Württembergs, Badens und der Pfalz lag, die einen ähnlich starken Zuwachs trotz wesentlich höheren Ausgangszahlen erlebten, geriet die hergebrachte Ständeordnung unter dieser Dynamik zusehends in Auflösung. Nachdem die preußische Reformgesetzgebung die alte Gesellschaftsverfassung formell beseitigt und insbesondere die Heiratsschranken für Einlieger und Gesinde aufgehoben hatte, setzte eine zweite Welle demographischer Expansion ein.

Die erneute Verdoppelung der Bevölkerung im ostelbischen Deutschland zwischen 1816 und 1871[92] – von 7,0 auf 13,3 Mio Einwohner –, der im restlichen Deutschland nur ein Zuwachs um 50% – von 17,2 auf 26,0 Millionen – gegenüberstand, erklärt sich daher durch die jetzt erst mögliche Eheschließung der nachgeborenen Bauernkinder und Instleute. Ein detaillierter Überblick für Ostpreußen zeigt zwischen 1805 und 1867 eine nur unwesentliche Zunahme der Bauernhöfe und mithin der bäuerlichen Familien. Dagegen ist der Besatz der auf den Gütern ansässigen Familien auf das 2½fache, die Zahl der ländlichen Kleinstellen auf den Dörfern gar auf das 3½fache angestiegen. Einer Verelendung beugte die im gleichen Umfang zunehmende Zahl der Güter – von 1400 auf 3500 – vor, die eine Verdreifachung der Stellen für Landarbeiter mit sich brachte. Diese Vorgänge haben im fraglichen Zeitraum die soziale Schichtung auf den Dörfern des Ostens geradezu umgekehrt: Stammte 1805 die Hälfte der ländlichen Bevölkerung aus bäuerlichen Familien, so kam sie 1867 aus der Arbeiterklasse, obwohl die Bauern selbst – rechnet man die mit Kleinbesitz ausgestatteten weichenden Erben hinzu, die zu Kätnern und Dorfhandwerkern wurden – die Zahl ihrer Stellen insgesamt ebenfalls verdoppelt haben. Die an sich schon sehr hohe Zunahme der Unterschicht wurde in drei ostelbischen Landschaften durch ein noch rascheres Spitzenwachstum abermals übertroffen: in der Mittelmark, im unteren Weichselland und in Oberschlesien rechts der Oder erlaubte die bis dahin außerordentlich rückständige Wirtschaftsverfassung, mit der eine unterdurchschnittliche Bevölkerungsdichte einherging, jährliche Wachstumsziffern von über 13,5‰.

Mit solchen Quoten hielten vor 1848 nur die allerwenigsten Städte mit. Dieser Umstand bedeutete zusammen mit der fehlenden Möglichkeit einer Abwanderung, daß der Bevölkerungsüberschuß auf dem Lande blieb und dort seine Nahrung finden mußte. Glücklicherweise war dies durch die gewaltige Ausdehnung der Ackerfläche im Osten zunächst der Fall. 1815 nahm der Acker in Preußen nur 26,5% der Gesamtfläche ein, von denen zudem $^1/_3$ brach lag; hingegen waren 40,3% der Fläche Unland. Die gewaltige Bodenbewegung im Gefolge der Regulierung und Separation weckte den Landhunger der Bauern und ebenso verwies die Zunahme der Rittergüter und kleinbäuerlichen Existenzen auf diese riesigen ungenutzten Landreserven. So verdoppelte sich zwischen 1815 und 1849 im preußischen Nordosten – dem Kerngebiet der bisherigen Gutsherrschaft – das Ackerland von 3,2 auf 7,4 Mio ha, während die übrigen Provinzen in erheblichem Abstand folgten (in Sachsen, bzw. Rheinland-Westfalen betrug die Zunahme nur 300000, bzw. sogar nur 240000 ha in diesen 35 Jahren). Diese durch Gemeinheitsteilungen, Kultivierung von Ödlandflächen und Einführung der Fruchtwechselwirtschaft bewirkte »Landnahme« verdoppelte zwar nun ihrerseits schon bis 1834 den Arbeitsaufwand – ein zweites Mal bis 1864 –, aber dennoch hat die nur geringe landwirtschaftliche Intensivierung schon seit den 30er Jahren partiell zu Übervölkerungserscheinungen geführt, die erst im Verlauf der Industrialisierung zum Stillstand kam, bis dann nach 1870 eine rasche Entleerung der Dörfer zugunsten der Fabrikstandorte eintrat.

Beschränkt man den Blick auf die hier geschilderten Erscheinungen, so kann man mit Recht sagen, daß »die preußische Bauernbefreiung im wesentlichen ein staatlich bewirkter Landesausbau« gewesen sei.[93] Schon dieser Terminus verweist darauf, daß der Osten gegenüber den westlichen und südlichen Gebieten Deutschlands einen bis zum Anfang des 19. Jahrhunderts aufgestauten Nachholbedarf hatte. Daher ist eine ähnlich rasante Entwicklung westlich der Elbe kaum, in den dichtbesiedelten Realteilungsgebieten sogar überhaupt nicht zu erwarten.[94] Zum wenigsten konnten solche Impulse von der Grundentlastung kommen, die fast nirgends von strukturpolitischen Maßnahmen begleitet worden ist. Die Besömmerung, später die Aufgabe der Brache hing von der Ablösung alter Hutungsrechte ab, die nur sehr zögernd vorankam. Ebenso blieb in Süddeutschland vielerorts die Allmende erhalten. Von allgemeiner Bedeutung war dagegen die – überall fast zuletzt erfolgte – Beseitigung des Zehnten. Wegen seiner überproportionalen Beteiligung an Erntezuwächsen stand er einer Intensivierung im Wege. Vor allem aber verhinderte er lange Zeit die Einführung neuer Kulturen, unter denen der Kartoffelanbau die wichtigste Innovation darstellte: der hohe Kaloriengehalt der Kartoffel ließ die für die Ernährung einer Familie benötigte Fläche von 7 bis 8 ha auf 2 bis 3 ha sinken,[95] wodurch mehr selbständige Kleinbauernhöfe geschaffen oder neben Getreideanbau noch die Schweinemast betrieben werden konnten (die Hungerkrise von 1846/47 war die erste, die weithin auch auf den Ausfall der Kartoffelernte zurückzuführen ist). Trotz dieser hemmenden Faktoren ist insgesamt die Zunahme der Ackerfläche in Deutschland während der ersten Jahrhunderthälfte imponierend:[96]

Nutzfläche (Mio ha)	1815	1849	Bev. 1849 (1815 = 100)
Preuß. Nordosten	3,2 = 100	7,38 = 230	249
Preuß. Gesamtstaat	7,3 = 100	12,46 = 170	245
Deutschland	13,5 = 100	25,50 = 188	252

Mit dieser Ausdehnung hält die pflanzliche und tierische Produktion insgesamt Schritt. Sie stieg im selben Zeitraum von 22,9 auf 43,8 Mio. Tonnen, d.h. um 190%.[97] Über die tatsächliche Versorgung der Bevölkerung sagen diese Zahlen jedoch wenig aus, wenn man davon absieht, daß – ebenso wie in den heutigen Entwicklungsländern – die Ernteergebnisse zunächst vom Bevölkerungswachstum überholt wurden. Allerdings wurde ein Teil der Produktion exportiert und damit dem einheimischen Nahrungsangebot entzogen.

Ein Vergleich zwischen Anbaufläche und Erntemenge zeigt, daß von einer Intensivierung der Landwirtschaft noch kaum die Rede sein kann. Von 1805 bis 1840 stiegen in Preußen die Hektarerträge für Getreide nur von 9,1 auf 11,6 Doppelzentner, d.h. um 12,7%. Die Bauernbefreiung schlägt sich in der Statistik erst gegen Ende der Bodenbewegungen und des Landesausbaus nieder: Zwischen 1850 und 1863 erreichten die Hektarerträge rund 13 Doppelzentner – ein Ergebnis, bei dem die preußische Landwirtschaft bis etwa 1890 bleiben sollte.[98] Eine vergleichbare Erscheinung weist der Süden auf, wo eine dichtere Bevölkerung zwar schon früh höhere spezifische Erntemengen bedingt hat, die dann jedoch um so länger stagnierten. So ergab die Montgelas'sche Gütererhebung 1809–1814 einen durchschnittlichen Hektarertrag von 15–20 Doppelzentnern, doch blieb es bei dieser Größenordnung bis um 1865. Württemberg verzeichnete dagegen sogar eine sinkende Tendenz im zweiten Drittel des 19. Jahrhunderts.[99]

Die Gesamtheit des hier vorgelegten Zahlenmaterials legt den Schluß nahe, daß von einem raschen Durchbruch zu kapitalistischen Produktionsformen in Deutschland als Folge der Bauernbefreiung kaum gesprochen werden kann. Gemessen an den Produktionsergebnissen der Zeiten vor der Reform nehmen sich die Steigerungsraten allerdings recht enorm aus (schließlich konnte ja, anders als in Rußland, die wachsende Bevölkerung ernährt werden).

Für eine genaue Bewertung sind aber betriebswirtschaftliche Untersuchungen unumgänglich, doch fehlen sie so gut wie vollständig. Immerhin gehört in diesen Zusammenhang die Feststellung, daß die Arnims auch im 19. Jahrhundert ihre Vorwerke, selbst die auf reguliertem und separiertem Land neu angelegten, durchweg verpachteten und daß auf den Gütern noch um 1860 »regelmäßig Brachjahre eingeschaltet worden« sind.[100] Global gesehen stieg sowohl die landwirtschaftliche Wertschöpfung (in konstanten Preisen) – mit Ausnahme des Katastrophenjahres 1846 – als auch der Kapitalstock im fraglichen Zeitraum,[101] so daß durchaus eine nennenswerte Kapitalansammlung der am Marktgeschehen teilnehmenden Betriebe angenommen werden kann. Wieviel davon wieder investiert wurde, ist jedoch ungewiß; die Ablösungszahlungen bei den Bauern, die Schuldentilgung bei diesen und mehr noch bei sehr vielen Gutsbetrieben zogen jedenfalls erhebliche Kapitalströme aus der Landwirtschaft ab. Die starke Zunahme der Rendite im primären Wirtschaftssektor bis zum 1. Weltkrieg kann nicht darüber hinwegtäuschen, daß vor 1850 das Kapitaleinkommen der Landwirtschaft negativ war. Der gesamte Sektor erholte sich erst nach der Jahrhundertmitte, doch verzinste sich das darin investierte

Kapital stets schlechter als in anderen Bereichen.[102] Auch die Zunahme der Arbeitsproduktivität um jährlich rund 1% während der ersten Jahrhunderthälfte[103] – danach wurde diese Steigerungsrate erheblich übertroffen – läßt es problematisch erscheinen, für diese Zeit unter rein ökonomischen Gesichtspunkten von einer »Agrarrevolution« zu sprechen.[104] Die Bauernbefreiung ist nicht die agrarrevolutionäre Vorstufe der Industriellen Revolution in Deutschland, wohl aber lieferte sie zu beidem den institutionellen Rahmen. Wo sich die alte Besitzverfassung erhalten hat, kam es nur zu einem gigantischen Kapitaltransfer, ohne daß dieser wirtschaftliches Wachstum freigesetzt hat. Die unveränderte Struktur scheint diesem sogar eher entgegengewirkt zu haben. Auch die Entwicklung der landwirtschaftlichen Produktion legt es daher nahe, zwischen dem nord- und ostelbischen Bereich einerseits und dem übrigen Deutschland deutlich zu unterscheiden.
Das hier geschilderte Erscheinungsbild ist geeignet, neues Licht auf die These vom Zusammenhang agrarischer Erfolge und adeliger Herrenstellung namentlich in Preußen zu werfen. Möglicherweise war es zu keiner Zeit – und mit größerer Sicherheit läßt sich dies für die Jahre bis 1850 sagen – der Ausfluß der berühmten »goldenen Jahrzehnte« der deutschen Landwirtschaft, der die bekannte reaktionäre Aggressivität des preußischen Adels auf politischem und sozialem Gebiet bewirkt hat. Vielmehr scheint es denkbar, daß die dreifache Bedrohung durch Revolution, bürgerliche Konkurrenz und Agrarkrise, von der kein Teilaspekt als wirklich überwunden gelten konnte, die traditionelle Elite zur rücksichtslosen Absicherung ihrer Position veranlaßt, die Monarchie aber zur Duldung, ja Förderung der das allgemeine Wohl verletzenden Ziele bewogen hat. An den verhängnisvollen Folgen dieses Zusammenwirkens ändert sich dadurch natürlich nichts, nur scheint es plausibler – auch im Vergleich etwa zur reaktionären Wende der deutschen Angestelltenschaft nach dem 1. Weltkrieg –, die überlebte Konservierung feudaler Privilegien als Ausdruck einer vom Abstieg bedrohten Schicht zu interpretieren denn als Frucht eines säkularen landwirtschaftlichen Aufschwungs.

Pauperismus und Landarbeiterfrage

Daß im Verlauf der Bauernbefreiung sich zum Teil gewaltige soziale Verschiebungen auf dem Lande ergeben haben, ist eine altbekannte Tatsache, auf die hier bereits mehrfach eingegangen wurde. Schon allein die Ersetzung der gebundenen durch die moderne Form der freien Arbeitsverfassung mußte zur Fortentwicklung, d. h. Ausdifferenzierung der dörflichen Gesellschaft führen. In diesem Zusammenhang vertrat im Hinblick auf den deutschen Osten die ältere, von Knapp und von der Goltz angeführte Forschung die Ansicht, daß erst die Agrarreformen mit ihrer Bevorzugung der Gutsbesitzer und wohlhabenden Bauern eine eigene Klasse von Landarbeitern, und zwar, wie in England, aus enteigneten Bauern, haben entstehen lassen. Die Untersuchungen der Gegenwart kommen demgegenüber zu dem Schluß, daß dies unzutreffend ist. Die unterschiedlichen Ergebnisse lassen sich zunächst auf definitorische Probleme zurückführen: Während man heute geneigt ist, von »unterbäuerlichen Schichten« oder »Landarmut« zu sprechen und damit die Zeit vor und nach den Reformen gleichermaßen erfaßbar macht, stießen sich Knapp und von der Goltz am undifferenzierten Gebrauch von »Arbeiter« und »Tagelöhner« in den Quellen. Von ihnen nahmen sie irrtümlicherweise an, daß sie inhaltlich mit der modernen Wortbedeutung identisch seien und schlossen aus der terminologischen Unschärfe auf eine relativ einheitliche Sozialverfassung am Ausgang des 18. Jahrhunderts, so daß sich erst in der Folge der Reformen der Bauernstand quasi mit sich selbst in Besitzende und Nichtbesitzende entzweit habe.

Die Fortschritte der Bevölkerungsgeschichte erlauben aber mittlerweile ein wesentlich genaueres Bild der ländlichen Schichtung. Trennt man die klein- (Gärtner, Häusler, Kätner, Kötter, Bardenhauer, Sölden usw.) von der unterbäuerlichen Schicht (Einlieger, Heuerlinge, Insten, Tagelöhner usw.), so zeigt sich, daß letztere schon gegen Ende des 18. Jahrhunderts bis auf 25% im Durchschnitt angewachsen war,[105] in einzelnen Landschaften jedoch noch weit stärker: in Ostpreußen auf 35%, in der Mark auf 33%, in Pommern auf 26%.[106] Es handelte sich um eine noch junge Erscheinung, daß ein Viertel der Landbevölkerung fast oder ganz ohne Besitz war – ein Ergebnis vor allem demographischer und nicht ökonomischer Vorgänge. Die Reformen hoben nun allenthalben die noch bestehenden Heiratsschranken auf, entzogen aber, wo es zu Gemeinheitsteilungen kam, den Kleinviehbesitzern eine wichtige Nebenerwerbsquelle. Die unerblichen gespannlosen Laßbauern, die die preußische Regierung 1816 preisgab, übrigens mit Zustimmung der bäuerlichen Deputierten,[107] stießen in der Folge zu Abertausenden hinzu; sie sind zugleich der einzige Fall, in dem kleinbäuerliche Existenzen als direkte Folge der Bauernbefreiung vernichtet wurden; aber sie galten den Zeitgenossen rechtlich nicht als Bauern! Das dörfliche Elend potenzierte sich noch – und dies gilt besonders für das Deutschland westlich der Elbe – durch die Krise der Hausindustrie, die sich nach dem Ende der Kontinentalsperre im Jahre 1814 der überlegenen englischen Konkurrenz um so weniger gewachsen zeigte, als sie vordem in einer Art Treibhausklima übermäßig zugenommen hatte.

Die Gesamtheit dieser Vorgänge bezeichneten die Zeitgenossen alsbald als »Pauperismus«. Sein geographischer Ort ist das Land, sein historischer die Übergangsphase zwischen vorindustrieller Erwerbsstruktur und Industrieller Revolution. Dies unterscheidet Deutschland fundamental von Großbritannien, denn es waren hierzulande nicht expropriierte Bauern und Pächter, sondern die über den agrarischen Arbeitsbedarf hinauswachsende Gruppe unterbäuerlicher Existenzen, die das demographische Substrat dieser Erscheinung bildeten.[108]

Obwohl die durch Bevölkerungswachstum, Bauernbefreiung und Krise der Hausindustrie verursachte Landarmut geradezu lawinenartig zunahm und um die Jahrhundertmitte auf ca. 60% angewachsen war, davon die Hälfte ganz ohne Besitz,[109] brach das bürgerlich-kapitalistische System nicht zusammen, wie es Marx und Engels seit 1848 voraussagten. Letzten Endes war dies die Folge der alsbald einsetzenden Industrialisierung und schon 1852 tauchen Berichte preußischer Gutsbesitzer über die Abwanderung der Insten auf.[110] Zunächst jedoch, also im Vormärz, war es gerade der Ausbau der ostdeutschen Landwirtschaft, der nicht nur die Bevölkerungsreserven aufbrauchte, sondern zwischen 1816 und 1834 zusätzliche Arbeitskräfte aus anderen Gebieten Deutschlands anlockte: insgesamt ca. 158000, zwischen 1834 und 1852 nochmals 73000 Personen[111] (eine noch größere Entlastung brachte freilich die Auswanderung, auf die hier jedoch nicht eingegangen werden kann).

Das Millionenheer der Landarbeiter bestand anfangs aus drei verschiedenen Kategorien: Die Eigenkätner, Häusler etc. waren im Grunde genommen Kleinstlandwirte, denen die Reformen die gemeindliche Landreserve, die Wirtschaftskrise auch noch das Heimgewerbe genommen hatte. Sie waren also auf Zuerwerb angewiesen und fanden diesen zumeist in großbäuerlichen Betrieben, weshalb sie vorwiegend im nordwestlichen und östlichen Deutschland angetroffen wurden; in Preußen verloren sie bis 1850 meist ihren Landbesitz. Die Gutstagelöhner oder Insten erhielten als Gegenleistung für ihren ganzjährigen Arbeitseinsatz keinen Geldlohn, sondern neben Naturalien etliche Morgen Acker- und Gartenland. Das Land war so knapp bemessen, daß es zur Ernährung der Insten nicht ausreichte, denn »sonst wollen sie vom Land und nicht von der Arbeit leben«, wie schon 1799 eine regierungsamtliche Instruktion die Domänenpächter warnte.[112] Die Fortdauer dieses altertümlichen, zahlenmäßig aber überwiegenden Arbeitsverhältnisses zeigt ebenso das zögernde Eindringen kapitalistischer Wirtschaftsmethoden in die Gutsbetriebe wie die Zurückhaltung gegenüber den Landarbeitern im engeren Sinne, den Einliegern, die zwar keine ganzjährigen Arbeitsverträge, dafür aber Barlohn erhielten. Vor dem Bau der notwendigen Unterkünfte schreckten viele Gutsverwaltungen zurück (die preußischen Domänenpächter erhielten dazu zwischen 1799 und 1808 staatliche Zuschüsse). Auch die Einlieger übten nach Möglichkeit Nebentätigkeiten aus, fanden diese jedoch regelmäßig nur im nichtagrarischen Bereich.

Neben diesen drei Kategorien ländlicher Arbeitskräfte existierte natürlich das Gesinde fort. Schon durch seine Aufnahme in die Familie lebte es in relativ gesicherten Verhältnissen, doch ging seine Zahl zurück, weil die nachgeborenen Bauernkinder, die das traditionelle Reservoir dieses Haus- und Hofpersonals bildeten, sich lieber eine bescheidene, aber eigene Existenz und Familie gründeten. Die Ökonomie des »ganzen Hauses« löste sich allmählich auf und zurück blieb die gleichsam privatisierte Kernfamilie. Hingegen tauchte in der zweiten Jahrhunderthälfte in Gestalt der Wanderarbeiter ein neuer Typus auf, der den anderen Landarbeitern zunehmend Konkurrenz machte. Diese billigen Saisonkräfte, für die vielfach eigene Behausungen, z. B. die sog. Schnitterkasernen, errichtet wurden, kamen im Nordosten meist aus Polen und Westrußland, im Süden aus Oberitalien, doch spezialisierten sich auch industrieferne Regionen in Deutschland auf diese Gelegenheitsarbeit.

Zu den weniger bekannten Tatsachen gehört, daß sich auch westlich und südlich der Elbe bisweilen Besitz- und Sozialverhältnisse durch die Bauernbefreiung auffallend verschoben – hier jedoch ausschließlich als Folge wirtschaftlicher Vorgegebenheiten. So entstand in Bayern, Oberschwaben, aber selbst in Realteilungsgebieten wie Hessen durch Aufkauf verschuldeter oder durch die Gemeinheitsteilung unrentabel gewordener Betriebe einerseits Großbesitz (in Oberhessen mit – 1854 – durchschnittlich 196 ha, d. h. fast ein Drittel größer als das größte Gut vor der Bauernbefreiung), andererseits ein berufsmäßiger Tagelöhnerstand, der rasch zunahm und auf den Gütern sein Brot fand.[113] Was ihn scharf vom proletaroiden ostelbischen Gegentyp abhob, war das in aller Regel noch vorhandene eigene Haus samt Garten und eine soziale Umgebung, in der die bäuerlichen Existenzen ebenfalls wenig wohlhabend waren; auch lastete nicht die gutsherrliche Polizeihoheit auf ihnen,

die in Preußen 1856 anstelle der in der 48er Revolution untergegangenen Patrimonialgerichtsbarkeit eingeführt worden war.
Zusammenfassend läßt sich somit am Ende feststellen, daß die Bauernbefreiung weder den Pauperismus hervorrief noch die Landarbeiter schuf. Sie hat jedoch örtlich beides verstärkt, ohne daß sich im einzelnen ihr Anteil messen ließe, zugleich aber auch im Osten die Folgen durch ein erweitertes Arbeitsplatzangebot gemildert. Der Differenzierung der ländlichen Sozialstruktur wurde dadurch ein wesentlicher Impuls vermittelt. Allerdings steht dieser Entwicklung der andere Vorgang gegenüber, daß der Pauperismus die agrarischen und gewerblichen Erwerbsformen entmischt hat, so daß weite Gebiete Deutschlands im 19. Jahrhundert einer Reagrarisierung zum Opfer gefallen sind. Dies war der Preis der Modernisierung.

Die Wende der Besteuerung

Es ist ein offenes Geheimnis, daß die Bundesrepublik für Landwirte gegenwärtig eine wahre Steueroase ist, denn an Einkommens- und Vermögensabgaben entrichten sie gegenwärtig, gemessen an den Normen für Gewerbebetriebe und Unternehmen, aber auch für Lohn- und Gehaltsempfänger jedes Jahr mindestens 2 Milliarden DM zu wenig. Steuerprivilegien für die Landwirtschaft, von denen wie eh und je die Großbetriebe am meisten profitieren, gibt es erst seit rund hundert Jahren. In allen vorindustriellen Systemen lebt dagegen die Gesellschaft auf Kosten der Bauern,[114] deren vielfältige Dienste und Abgaben nur selten den Weg in den primären Sektor zurückfinden. Den Wendepunkt zwischen beiden Umverteilungsverfahren bildet die Bauernbefreiung. Es ist ein einziger Prozeß, der die Freisetzung des Bodens und der Personen mit dem Versuch verbindet, die Allgemeinheit und Gleichheit der Besteuerung einzuführen.
Begonnen hatte diese Entwicklung im 17. Jahrhundert mit der Einführung ständiger landesherrlicher Steuern zusätzlich zu den grundherrlichen und anderen feudalen Abgaben. Etliche deutsche Territorien waren bis zum Ende des 18. Jahrhunderts immerhin dazu gelangt, daß der Adel (wie auch die Kirche) wenigstens für einen Teil seiner von ihm selbst bewirtschafteten Güter eine Grund-, von seinen feudalherrlichen Einkünften aber eine sog. Gefäll- oder Dominikalsteuer entrichten mußte, während die bäuerlichen Untertanen ihre Grund-, Gerichts- und Zehntabgaben, modern ausgedrückt, ganz oder teilweise steuerlich absetzen konn-

ten. Für die Beurteilung der Lage in Frankreich am Vorabend der Revolution ist es nicht ganz unwichtig, daß die Könige dies nicht durchsetzen konnten und wegen der rasch steigenden Verschuldung ihrerseits ebensosehr an der Steuerschraube drehten wie die beiden ersten Stände die Grundrente zu erhöhen trachteten.

Abgesehen von England, das einen anderen Weg beschritt, war Italien in der Frage der Beseitigung von Steuerprivilegien besonders weit vorangeschritten. Hier wirkte vor allem der mariatheresianische Kataster der Lombardei bahnbrechend, der, 1749 begonnen und 1760 in Kraft gesetzt und auf einer Kombination von persönlicher Erklärung des Besitzers, Vermessung und sachkundiger Schätzung fußend, die Steuerfreiheiten von Adel und Kirche beseitigte. Diesen indirekten Angriff auf das Feudalwesen im Wege der Rationalisierung vollzogen im 19. Jahrhundert die deutschen Staaten nach, wobei das lombardische Vorbild über die Österreichischen Niederlande (Kataster von 1766, allerdings ohne Entprivilegierung) und Frankreich direkt hineinwirkte, wo nach 1801 in den vier rheinischen Departements mit der Vermessung begonnen wurde.

Bei der Verwirklichung der beiden großen steuerpolitischen Reformziele des 19. Jahrhunderts – Allgemeinheit der Veranlagung und Gleichheit der Bemessung – lassen sich sehr unterschiedliche Tempi beobachten, je nachdem, welche Position der Adel im politisch-sozialen System des Landes einnahm. Preußen einerseits und die süddeutschen Staaten andererseits bilden dabei die jeweiligen Endpunkte der Skala, wenn man vom linksrheinischen Deutschland absieht, wo auch nach 1815 das für damalige Verhältnisse revolutionäre System erhalten geblieben ist (dort war nur Kirchen-, Gemeinde- und standesherrlicher Besitz grundsteuerfrei).

Preußen versuchte als einziger Staat, die Grundentlastung vom daran haftenden Fiskalsystem zu trennen. In den sechs östlichen Provinzen blieb auch nach der Steuerreform von 1816 bis 1822 die Steuerverfassung des vorigen Jahrhunderts erhalten, so daß die Hälfte des ritterschaftlichen Grundbesitzes oder 22,8% der Gesamtfläche unbesteuert blieben. Auch für die andere Hälfte seines Besitzes zahlte der Adel weniger als vergleichbare Bauern, ja seine Belastung sank sogar noch relativ zur Produktionssteigerung seiner Äcker von den vierziger Jahren an. So nimmt es nicht wunder, daß entsprechend zur politischen Gewichtsverteilung im Osten die Bauern, im Rheinland und in Westfalen die Städte die Rittergutsbesitzer steuerlich indirekt subventionierten, während diese mit Hilfe privilegierten Kreditzugangs und der Ablösungsgelder zwischen 1815 und 1848 allein in den vier nordöstlichen Provinzen ihre

Anbaufläche um rund 4 Millionen ha erweiterten. 1861 zeigte sich beim Grundsteuerausgleich das Maß der Entlastung für den Osten: Bei insgesamt unverändertem Steueraufkommen hatten Brandenburg, Pommern, Posen und Preußen nunmehr 1,5 Millionen Tlr. oder 61,4% mehr aufzubringen als bisher.[115] Dafür erhielten die bisherigen Privilegierten auch noch eine staatliche Entschädigung zwischen dem neun- und dem 20fachen Jahresbetrag.
Beruhte in Preußen also die ungleiche steuerliche Behandlung nicht nur der verschiedenen Wirtschaftssektoren untereinander, sondern auch innerhalb der Landwirtschaft selbst auf politischen Vorentscheidungen, wodurch die Krise des Pauperismus und die inneren Spannungen im Vormärz verschärft wurden, so trug die Ungleichheit in den süddeutschen Staaten einen völlig anderen Charakter. Hier war der Adel entsprechend der Ermächtigung durch Art. 27 der Rheinbundakte seit 1806 nur für seine Residenzen von der Grundsteuer befreit. Allerdings hatte ihn der württembergische König 1821 in völligem Widerspruch zur bisherigen Politik auch von der Beitragspflicht zu den außerordentlich hohen Amts- und Gemeindelasten befreit, was zwar nur 5,4% der Nutzfläche betraf, aber die antiaristokratischen Neigungen der Bauernschaft erheblich verstärkte. Trotz dieser erst 1848 beseitigten Verstöße gegen das Egalitätsprinzip ergab sich im Süden Deutschlands die Distanz zwischen konstitutionell verankerter Steuergleichheit und tatsächlichen Belastungsunterschieden vornehmlich aus der extremen Kompliziertheit der Materie, von der dadurch auch die Bauern profitieren konnten. Bösen Willen warfen die süddeutschen Parlamente ihren Regierungen seltener vor – sieht man vom Sonderfall der überbelasteten bayerischen Pfalz ab –, um so häufiger aber der Verwaltung Unfähigkeit. Hierbei ist jedoch zu berücksichtigen, daß die süddeutschen Bodenwert-, bzw. Ertragssteuersysteme bei der fehlenden exakten Katastergrundlage die Erfassung des Steuerobjekts äußerst schwierig machten. Die Wertfeststellung feudalrechtlicher Gefälle, die meist noch nicht einmal in Geldbezügen fixiert waren, und ihre Abgrenzung vom staatlichen Steuergegenstand war unumgänglich, da beides gesondert veranlagt wurde, warf aber ebenfalls enorme Probleme auf. Provisorien und Spezialinstruktion lösten einander ab, doch war die Administration schlechterdings überfordert. Und kaum hatte man einen vorläufigen Kataster einigermaßen unter Dach und Fach, da setzten die ersten Maßnahmen zur Grundentlastung ein und machten alle Bemessungen illusorisch.
Zwei Folgeerscheinungen der engen Verzahnung von Bauernbefreiung und Grundsteuer strapazierten in besonderem Maße die

bäuerliche Geduld. Zum einen nahmen die Regierungen gleichzeitig mit der gesetzlich angeordneten Ablösung einheitlich die Neu-, d. h. Höherfestsetzung der Grundstückswerte oder landwirtschaftlichen Erträge vor und zwar ohne Rücksicht, wann die Bauern individuell tatsächlich ablösten. Wo der Adel sich gegen die Entfeudalisierung sperrte, wie das vor allem bei den Standesherren der Fall war, ergab sich daher eine nicht unerhebliche Mehrbelastung der Mediatgrundholden im Vergleich zu den der Grundherrschaft des Monarchen unterstehenden Untertanen. Zum anderen waren die Ablösungsbeträge im Unterschied zu den früheren Feudallasten nicht mehr steuerlich absetzbar, da sie nunmehr als normale, d. h. sachenrechtliche Schuld angesehen wurden. Wenn sich dennoch beispielsweise in Württemberg eine verringerte bäuerliche Belastung um 26% schon gleich 1848 ergab, so ist dies ausschließlich auf den fast 50%igen »Ablösungsgewinn« zurückzuführen.[116]

Dieser knappe Hinweis deutet bereits die Tendenz an, daß letzten Endes die Bauern von der Grundentlastung profitierten, obwohl sie gezwungen waren, innerhalb einer Generation ihren Besitz ganz oder teilweise zu kapitalisieren. Allerdings liegen bisher nur Globaluntersuchungen vor, die naturgemäß mit Vorsicht zu betrachten sind, da die Besitzgrößen und Nebenerwerbsmöglichkeiten ebensowenig berücksichtigt werden wie das Ausmaß der indirekten Steuern. In Baden hat demnach in 50 Jahren bis ca. 1876 das Bruttoeinkommen aus dem Ackerbau um 155%, in Württemberg um 188,9% mehr zugenommen als die direkte steuerliche Belastung: pro Kopf habe deshalb die bäuerliche Bevölkerung zuletzt das Fünffache verdient;[117] eine andere Berechnung spricht nur von etwas mehr als einer Verdreifachung.[118] Der größte Teil dieser Einkommenssteigerungen ging auf die anhaltenden Preissteigerungen zurück, so daß die Krise des Agrarsektors, die in der Mitte der 1870er Jahre einsetzte, die genannten Zuwächse rasch zusammenschmelzen ließ. Im übrigen waren schon vorher die indirekten Steuern so stark angestiegen, daß sich insgesamt eine nur »etwas geringere Abgabenbelastung der württembergischen Landwirtschaft nach Abschluß der Bauernbefreiung«[119] ergeben haben dürfte. Auch so war der Agrarsektor noch überbesteuert, denn die beiden anderen Sektoren wuchsen wesentlich rascher, ohne doch entsprechend zur Gesamtsteuerbelastung herangezogen zu werden. Durch die mangelhafte Flexibilität des Katasters haben die Bauern Süddeutschlands daher zwangsweise bis zur Jahrhundertwende den gewerblich-industriellen Bereich indirekt subventioniert (in Preußen ergab sich derselbe Effekt infolge einer überproportionalen Besteuerung der Armen in Stadt und Land mit Hilfe der Schlacht-, Mahl- und Klassensteuer).

Die Bedeutung der Steuerreform für die Bauernbefreiung sollte dennoch nicht gering erachtet werden. Für den modernisierungswilligen Staat bildete die Einführung einer neuzeitlichen Realsteuer ein wichtiges Instrument bei der Zurückdrängung der Macht feudaler »Zwischengewalten«, deren Zahlungskraft die der einfachen Untertanen bei weitem überstieg. Die ungleichmäßige, vor allem aber mit fortschreitender Zeit immer weniger tolerierte Teilung der landwirtschaftlichen Erträge zwischen Grundholden und Herren machte einem einfacheren, den Zuwachs motivierenden und obendrein billigeren, einem insgesamt also gerechteren Abgabensystem Platz. Nicht selten beteuerten 1848 bäuerliche Petitionen, die überall das Ende der Feudalabgaben verlangten, sie wollten ihre Steuern an den Fürsten wie bisher entrichten und fortan nur einem Herrn dienen. Auch wenn dies vor allem für die Wohlhabenden unter den Bauern gilt, so hat ihnen doch gerade die nunmehr allgemeine Veranlagung von Besitz und Ertrag – nicht des Einkommens! – deutlicher als vieles andere ihre Position innerhalb einer Gesellschaft vor Augen geführt, die sich rascher als jemals zuvor in Eigentümer und Nichteigentümer spaltete und in der erstere den Ton angaben. Die bäuerliche Mentalität erfuhr darum nicht zuletzt durch die Steuerreformen des 19. Jahrhunderts eine Motivation, die die Wendung zum Konservatismus verstärkt hat.

IV. Bauernbefreiung und bäuerliche Reaktion

Die westdeutsche Forschung hat bisher die Wechselwirkung von technisch-administrativer Befreiung und »politischer« Antwort der betroffenen Bauern ignoriert. Daß partielle Modernisierung in aller Regel konfliktsteigernd wirkt, weil – vereinfacht gesagt – die Neuerungen vielen zu weit oder nicht weit genug gehen, ist aber eine oft zu beobachtende Tatsache. Der marxistischen Geschichtsschreibung ist dieser Zusammenhang seit jeher geläufig, sie hat ihn aber mit Hilfe des Klassenkampfschemas zu fassen versucht und daher dem bäuerlichen Selbstverständnis, das die Welt nicht als Klassengesellschaft begreift, Gewalt angetan. Um diesen Mängeln abzuhelfen, soll hier der Versuch gewagt werden, die Reaktion des Dorfes auf die von außen kommende Modernisierung der wirtschaftlichen und gesellschaftlichen Verhältnisse in den drei am leichtesten faßbaren Formen zu erschließen: in der des gewaltsamen Protests und der legalen Mitwirkungsversuche auf parlamentarischer und Interessengruppenebene. Da es in Deutschland an Vorarbeiten zum Mentalitätswandel auf dem Lande so gut wie völlig fehlt, muß diese Seite des bäuerlichen Verhaltens hier leider ausgeklammert bleiben.

Unruhen und Aufstände 1790–1848

Wenn wir heute von »Bauernbefreiung« reden, so vergessen wir zu leicht, daß dieser Prozeß von den Bauern weder ersonnen noch durchgesetzt worden ist. Von Justi und Thaer über Arndt und Stein bis zu Büchner, Marx und Engels räsonierten Nicht-Bauern über die Emanzipation des Landvolks: begrenzt oder total, reformistisch oder revolutionär – die selbsternannten Anwälte des Bauerntums wünschten die Beseitigung der feudalen Bindungen der Landwirtschaft. »Freiheit« war dabei das wichtigste Schlagwort, das je nach politischem Standort und Zielsetzung inhaltlich verschieden aufgefüllt wurde.

Was aber wollten die Bauern selbst? Wie stellten sie sich zu den staatlich verordneten Reformen? Wo liegen die Traditionsbrüche, in denen der Umschlag von der rückwärtsgewandten zur zukunftsoffenen Zielvorstellung erfolgt ist, als, mit anderen Worten, die Landbevölkerung ernstlich die Beseitigung des Feudalregimes zu fordern begann?

Niemand hat sich hierzulande bisher die Mühe gemacht, mit Hilfe eines theoretischen Fundaments, das die Erkenntnisse namentlich angelsächsischer Sozialanthropologen, Politologen und Agrarhistoriker verarbeitet, die Haltung der deutschen Bauern im fraglichen Zeitraum aufzuarbeiten. Bauern sind schwer zum Sprechen zu bringen, schriftliche Quellen hinterlassen sie selbst in aller Regel nicht. Dennoch ist es nicht unmöglich, ihren Hoffnungen, Zielen und Abneigungen auf die Spur zu kommen. Insbesondere eine genauere Untersuchung der Handlungsabläufe von damals und der sorgfältige Vergleich mit gut erforschten bäuerlichen Protestbewegungen des 20. Jhdts., die sich vornehmlich in der Dritten Welt abspielen, erlauben eine im ganzen wohl zuverlässige Aufhellung der bäuerlichen Positionen.[1]

Diese bisher gänzlich vernachlässigten Fragen können hier auf wenigen Seiten selbstverständlich keine befriedigende Antwort finden. Dennoch soll der Versuch unternommen werden, mit Hilfe eines vornehmlich den Sozialwissenschaften entlehnten Rüstzeugs die bäuerliche Unruhe – und Ruhe – zu deuten. Es wird sich dabei ein Bild ergeben, das mit dem von den einschlägigen Handbüchern gezeigten wenig gemein hat.

Bauern werden unruhig, wenn die sie umgebende Gesellschaft in Bewegung gerät, sei es, daß sie Einfluß auf die Wirtschaftsführung nimmt, daß die traditionelle Elite – der Adel – an Einfluß verliert oder daß das System infolge eines Krieges teilweise oder ganz zusammenbricht. Mit anderen Worten: wenn die Traditionen einer vornehmlich auf Subsistenzethik ruhenden Wirtschafts- und Sozialverfassung ins Wanken geraten, geschieht dies in der Regel gegen den Willen der Bauern (aber auch das städtische Kleinbürgertum zieht im allgemeinen statische Verhältnisse vor). Erst wenn die überkommene Ordnung ihre angestammte »Rechtmäßigkeit«, d.h. ihren das tägliche Leben bestimmenden Sinn verloren hat, wenden sich die herkömmlicherweise antimodernistisch eingestellten Gruppen neuen Werten zu. Von hier aus erklärt sich einerseits die relative Ruhe, die seit dem Ende des Dreißigjährigen Krieges auf dem Lande geherrscht hat. Sie wurde zusätzlich durch die deutsche Besonderheit stabilisiert, Konflikte auf juristischem Wege zu regeln: man wird wenig andere Staaten finden, wo Bauern in einem solchen Maße bei der Auseinandersetzung mit ihren Herren auf rechtliches Gehör hoffen durften, ja wo sie wie in den kleinen Territorien des deutschen Südwestens und in den geistlichen Staaten mit Hilfe der noch immer leidlich funktionierenden kaiserlichen Justiz selbst gegen ihren Landesherrn klagen konnten. Überdies hatte mancherorts der »gemeine Mann« in Gestalt der »Land-

schaften« ein Maß sozial- und wirtschaftspolitischer Mitbestimmung bewahrt, daß einer breiten bäuerlichen Protestbewegung von vorneherein die Spitze genommen war.
Andererseits erklären die soeben aufgestellten Prämissen aber auch, warum gegen Ende des 18. Jhdts. die Bauern stellenweise von einer Unruhe erfaßt wurden, wie sie seit Jahrhunderten nicht mehr vorgekommen war. Aufgeklärte Reformen minderten den Status des Adels, wirtschaftliche Entwicklungen engten den Rahmen dörflicher Autonomie ein, wachsender Abgabendruck des sich modernisierenden Staatswesens und eine immer rascher zunehmende Bevölkerung, die in die Unterschicht abgedrängt wurde – dies alles und noch vieles andere mehr verletzte in den Augen der Untertanen eine durch uraltes Herkommen sanktionierte Tradition. Petitionen, Prozesse und passiver Widerstand nahmen zu, bis sich die Spannungen in spontanen Massenaktionen entluden. Land und Stadt sind davon gleichermaßen betroffen. Ziel war jeweils die Wiederherstellung des *alten Rechts*, das von der Auflösung bedroht schien.
Bis 1789 sind nirgends solche kollektiven, gewalttätigen Protestbewegungen erfolgreich gewesen. In Deutschland mangelte es den Bauern nicht nur an Organisation, Einheitlichkeit der Beschwerden und politischem Zentrum. Für ihre rückwärtsgerichteten Ziele fanden sie auch nirgends einen geeigneten Bündnispartner. Ein noch vergleichsweise geringes städtisches Elendspotential und ein gänzlich auf aufgeklärte Emanzipation von oben angewiesenes Bürgertum, das allen revolutionären Experimenten abhold war, sah keinen Anlaß zur Solidarisierung. Unter diesen Umständen kam allenfalls eine gegenüber den adelsfeindlichen Forderungen der Bauern positiv eingestellte Regierung als Verbündeter in Frage. In der Tat haben Joseph II. und sein Bruder Leopold den ungarischen Magnaten mit einem Bauernaufstand gedroht und ähnliche Gedankenspielereien sind wenig später auch bei Montgelas feststellbar, aber in diesen Fällen dienten die Bauern lediglich als Instrument. An die Erfüllung ihrer eigenen, den monarchischen Reformabsichten ebenfalls zuwiderlaufenden Zielen war im Ernst niemals gedacht worden. Auch die preußische Regierung, die den »legalen« Widerstand der schlesischen Adelsbauern unterstützte, schlug Erhebungen regelmäßig nieder.[2] Es ist dieser Mechanismus, der paradoxerweise dazu geführt hat, daß alle *Jacquerien* – wie solche spontanen Aufstände im Anschluß an den nordfranzösischen Bauernkrieg von 1358 genannt werden – das vorkapitalistische Wirtschafts- und Herrschaftssystem letztlich gefestigt haben.
Mit der Französischen Revolution änderte sich dies grundsätzlich.

Sie ist der erste Fall, daß Bauern – von den gleichzeitigen revolutionären Aktionen des städtischen Kleinbürgertums und der aufgeklärten politischen Elite begünstigt – nach vier Jahren des Kampfes der Gesellschaft ihre eigenen Vorstellungen mit Erfolg aufgezwungen haben. Für die deutschen Verhältnisse blieb dies nicht ohne Wirkung. Gerade das Beispiel der vollständigen und entschädigungslosen Abschaffung des Feudalsystems sprach sich rasch bis nach Mittel- und Ostdeutschland herum und wirkte auf eine unruhig gewordene bäuerliche Mittelschicht geradezu elektrisierend. Dabei waren es die bruchstückhaften Kenntnisse, die zu der irrigen Hoffnung führten, das französische Vorbild ließe sich ohne weiteres nachahmen. Für die ländliche Lesergeschichte stellt darum 1789/90 den denkbar wichtigsten Einschnitt dar: das politische Interesse erwachte und mit ihm das Bedürfnis nach Information. Aus Sachsen wird berichtet, daß »man zuweilen einen Zirkel von neugierigen Landleuten um den Schulmeister herumsitzen sieht, welcher ihnen gemeiniglich die Zeitung oder den Boten vorliest«.[3] Andernorts verweigerten Bauern Dienste und Abgaben nicht wegen mißlicher wirtschaftlicher Lage, d. h. aus eigenem Erleben, wie das bisher regelmäßig der Fall war, sondern »weil sie in den Zeitungen gelesen hatten, daß in Frankreich die Edelleute abgeschafft und alle Bauern zu Freiherrn gemacht würden«.[4] 1789 wurde damit zum bäuerlichen Urerlebnis und fortan löste jede Revolution im Nachbarland auch in Deutschland Unruhen auf dem Lande aus.

Noch ein zweites veränderte den Charakter ländlichen Protestverhaltens ab 1790: die einsetzende Bauernbefreiung. Für Preußen, das damit den Anfang machte, sind namentlich im Falle Schlesiens zahlreiche Belege für die konfliktsteigernde Wirkung des ALR überliefert. Die Bauern übersahen den Vorbehalt des Gesetzes, wenn es von ihnen als »freie Bürger des Staates« (Teil II, Titel 7, § 147) sprach und leiteten daraus das Ende aller Verpflichtungen ab. Ganze Dörfer erhoben sich in dem Glauben, die Gutsherren enthielten ihnen die entsprechenden königlichen Erlasse vor. Dies und das Beispiel der Aufhebung der Leibeigenschaft 1781 im benachbarten Böhmen und Mähren und 1791 in Polen verursachten mehrfach Fälle von Aufruhr aus dem Gefühl »steigender Erwartungen«, die die notleidenden Bauern gewissermaßen zur Antizipation ihrer Sehnsüchte veranlaßten. Die anhaltende Wirkung dieses Motivs zeigt sich daran, daß sich in der Folgezeit Unruhen dort konzentrierten, wo der Abstand zwischen befreiten Königs- und noch in starker Abhängigkeit befindlichen Adelsbauern besonders groß war.

Der Wandel von Motivationen und Erfolgsaussichten bäuerlicher Protestbewegungen um 1790 kann nicht über die nach wie vor große Traditionsgebundenheit des Handlungsrepertoires und der Ziele in solchen Unruhen hinwegtäuschen. Auch wenn der Widerstand sich nicht mehr nur gegen das Neue richtete,[5] sondern selbst eine neue Gesellschaftsverfassung herbeiführen sollte, so wirkte doch vieles hemmend auf die volle Entfaltung eines qualitativen Umschlags. Dabei ist von dem Umstand auszugehen, daß Bauern grundsätzlich keine Revolution aus sich selbst heraus zu bewirken vermögen. Auch nach 1790 blieb der Widerstand spontan, reaktiv und personengebunden, im ganzen also diffus. In größeren politischen Einheiten vermochten sie ebensowenig zu denken wie in langfristigen gesamtgesellschaftlichen Zielvorstellungen. Die naturrechtlichen Schlagworte von allgemeiner Freiheit und Gleichheit fanden bestenfalls verbal Eingang in das politische Denken der Bauern und niemals ist es der Landbevölkerung aus eigenen Stükken gelungen, ihr Protestverhalten als Vollzug gedachter Veränderungen anzulegen und zu steuern.

Nach dieser allgemeinen Beschreibung ländlicher Unruhen im *Ancien Régime* und ihres Wandels im Gefolge der Französischen Revolution und erster ernsthafter Reformversuche sollen nun einzelne Fallbeispiele ein plastischeres Bild vermitteln. Vorauszuschikken ist freilich die Warnung vor einer verzerrten Perspektive, wie sie sich durch die im folgenden einseitig betonten Unruhen und Protestbewegungen ergeben könnte. Insgesamt kann man in Deutschland bis 1848, als sich hierzulande die Ereignisse von 1789 zu wiederholen schienen, auf dem Lande nicht von einer allgemeinen revolutionären Situation sprechen. Der hohe bäuerliche Landanteil, der geringere Bevölkerungsdruck und die insgesamt schwächere Gesamtbelastung bei weitgehend fixierten Abgaben- und Fronpflichten wie auch die stärkeren Bindungen zwischen landsässigem Adel und Untertanen haben hierzulande gerade das aktivste Element jeder Bauernbewegung, die mittelbäuerlichen Hofbesitzer, vor einer Situation bewahrt, in der sie nur noch die Revolution als möglichen Ausweg sahen.

Dennoch kam es noch im Herbst 1789, weit mehr dann 1790 zu zahlreichen, lokal begrenzten, spontanen Unruhen zunächst am Mittelrhein und in Südwestdeutschland. Die Bauern beschwerten sich über Fronverschärfungen, Zehnt, eingeschränkte Nutzung von Wäldern und Allmende, Leibeigenschaftsabgaben und herrschaftliches Jagdrecht. Nicht minder traditionell als dieser Katalog waren die Handlungsabläufe: Zusammenrottungen, kollektive Gewaltanwendungen gegen mißliebige Beamte, Beschwerden beim Landesherrn und beim Kaiser, Prozesse sowie – vermutlich den Elsässern abgeschaut – Versuche, die herrschaftlichen Archive zu stürmen. Trotz aller lobenden Hinweise auf das benachbarte Frankreich (im Sommer 1792 seufzten die Bauern aus der Gegend von Trier: »kämen doch nur die Patrioten bald, daß wir den Geistlichen den Zehnten nicht mehr brauchen zu geben«[6] und aus der Stuttgarter Umgebung berichtete 1794 ein Briefschreiber von den Bauern: »Von dem französischen Krieg haben sie sehr einfache, aber desto fester gewurzelte Begriffe. Der Hof und der Adel waren liederliche Burschen und plagten die Landleute; diese haben sich ihrer endlich mit Gewalt erwehrt und sie aus dem Land gejagt. Die großen Herrn in der Welt nehmen sich der verjagten Vornehmen an, aber den Franzosen steht der liebe Gott sichtbarlich bei«[7] ist der rückwärtsgerichtete Charakter des Globalziels unverkennbar. Auf die wirtschaftlichen Krisenerscheinungen, die sich hinter ihren Beschwerden verbargen, reagierten die Bauern mit dem Verlangen nach Wiederherstellung des *alten Rechts*.

Die Verbindung von revolutionärem Verhalten und reaktionären Zielsetzungen, so charakteristisch sie für vormoderne antikapitalistische Protestbewegungen an sich ist, verwirrte die Zeitgenossen nicht wenig. Dies gilt schon für die Mainzer Jakobiner, die 1792/93 die verbreitete Unzufriedenheit und Unruhe auf dem Lande mit politischem Radikalismus der Bauern verwechselten. Tatsächlich war anfangs die Landbevölkerung dem neuen Regime wohlgesonnen, von dem sie mit Recht die Minderung ihrer Nöte erhoffen durfte. »Es ist eine Schande, daß es die Dörfer der Stadt zuvorgetan, freilich gewinnen erstere bei der neuen Ordnung ungleich mehr als die Städter«, kommentierte der Klubist Falciola das *Ralliement* der Bauern.[8] Als jedoch die erhoffte Aufhebung des Feudalsystems ausblieb – trotz der Proklamation des Pariser Konvents vom 15. 12. 1792, die in Mainz am 28./29. veröffentlicht wurde[9] – und im Gegenteil die militärischen Requisitionen den wirtschaftlichen Spielraum noch weiter einengten, verfiel die Landbevölkerung sogleich wieder in ihre hergebrachte politische Abstinenz. Trotzdem hat man den Eindruck, daß im Februar 1793 auf dem Lande mehr Leute für die Republik votierten als in den Städten. Mit 70 Personen stellten die Bauern auch mehr als die Hälfte aller Abgeordneten[10] und wenngleich sie politisch der intellektuellen Führungsgruppe des Rheinischen Konvents unterlegen waren, so sollten doch die mentalen Folgen der Tatsache nicht übersehen werden, daß erstmals in dieser Region die Landbevölkerung eine eigene politische Repräsentanz besaß und dann auch gleich noch in der Mehrheit war.

Den größten Eindruck auf die Zeitgenossen machte der im August 1790 im fruchtbarsten Gebiet Sachsens ausgebrochene, sich rasch in die Lausitz und bis ins Erzgebirge ausdehnende Bauernaufstand. Ungünstige Witterungsumstände waren vorausgegangen, doch brachen die Unruhen bezeichnenderweise auf den Rittergütern aus, wo die Folgen des Siebenjährigen Krieges auf die Untertanen abgewälzt worden waren. Vage Nachrichten, die sich zu festen Hoffnungen verdichteten, wie etwa die angeblich vom Kurfürsten angeordnete Umwandlung aller Zeit- in Erbpachtgüter, bestärkten die Bauern in ihrem Widerstand gegen den Adel. So nahm der Aufstand einen ausgesprochen antiaristokratischen Zug an, für den sich die Bauern auf das französische Beispiel und die Bibel beriefen: »Es muß noch schlimmer werden, es muß werden wie in Frankreich, alle Edelleute muß man totschlagen; in der Bibel steht geschrieben, im Schweiße deines Angesichts sollst du dein Brot essen, sie aber sind Faulenzer«.[11] In der typischen Vermengung von biblischem Fundamentalismus und konkretem Vorbild wurden die traditionellen Forderungen vorgebracht: weil sie »mit so viel Abgaben, Zinsen und Frohndiensten gedrückt wurden, welche sie in voriger Zeit nicht gehabt«[12], hätten sie sich erhoben; man berief sich auf die »alte Freiheit . . ., welche unsere alten Vorfahren genossen haben«.[13] Der anfängliche Erfolg, besonders aber das Eingreifen nichtbäuerlicher Anführer, unter denen neben Rechtsgelehrten der Seilergeselle Geißler hervorragte, führten alsbald zur Radikalisierung der Ziele. Nachdem zunächst nur Jagd- und andere Fronen sowie die herrschaftliche Hutung aufgesagt wurden, verlangte man nun das Ende aller Dienste und Abgaben und die Vertreibung des Adels, damit der Kurfürst allein die Herrschaft ausüben könne. Wenngleich sich der Landesherr um Abstellung mancher Mißbräuche kümmerte, so war das Leitbild eines Bauernstaates ohne Ritter- und Bürgerstand – in den Städten erblickte die Landbevölkerung einen nicht minder gefährlichen Feind, der ebenso wie der Adel auf ihre Kosten lebte – schlechterdings illusorisch. Von den meisten Immediatuntertanen und ritterschaftlichen Ortsvorstehern im Stich gelassen und von den Häuslern, die vielerorts erst durch Drohungen zum Mitmachen veranlaßt werden mußten, nur schwach unterstützt, erlagen die vereinzelten Bauernhaufen sogleich dem Militär. Dieses Ende zementierte die bäuerlichen Verhältnisse für weitere vierzig Jahre.

Schlesien war damals die bei weitem unruhigste Provinz Deutschlands. Kriege, Bevölkerungsvermehrung und Umstellung der Güter auf modernere Wirtschaftsmethoden verschlechterten die Lage der Bauern so sehr, daß seit 1765 lokale Erhebungen kaum noch abrissen. Mit Zins- und Dienstverweigerungen, Bedrohung der Gutsbeamten und massenhaftem Forstfrevel setzte im Mai 1793 eine neuerliche Welle der Unruhe ein, die sich 1794 zum breiten Bauernaufstand ausweitete, als die Dörfer vom Inkrafttreten des ALR erfuhren. »Sie sprechen in ihren Zusammenkünften von Verteilung herrschaftlicher Grundstücke, von Gleichheit der Stände, von Heruntersetzung aller Abgaben in allen Ständen«, berichtete ein verzweifelter Gutsbesitzer an den Provinzialminister.[14] Dasselbe wiederholte sich 1799, als sich die Meinung verbreitete, der König habe Fronverminderungen befohlen, die den Bauern verheimlicht würden, und 1811, weil niemand glauben wollte, daß sich durch das Oktoberedikt mit Martini 1810 nichts Wesentliches geändert habe. Pfarrhäuser und Gutsbetriebe wurden zur Herausgabe eines »Freiheitsediktes« gezwungen, das gar nicht existierte. Wie in Sachsen war die Abneigung gegen die Herren groß. »Entweder müssen bessere Zeiten kommen oder alle Großen müssen sterben. Die Abgaben müssen weniger werden oder alle Beamten sollen sterben«, hieß es in einem handgeschriebenen Aufruf.[15] Die verunsicherten Behörden reagierten zwiespältig: einerseits hatten sie Verständnis für viele bäuerliche Beschwerden und suchten diesen in Grenzen abzuhelfen, andererseits duldeten sie niemals Unbotmäßigkeit und schützten auch den Adel bei seinen Rechten, der sich auf die liberalistische Doktrin der Hochschullehrer und Beamten berufen konnte. In der wiederholten harten Niederschlagung der Empörer, teilweise mit Hilfe fremder Truppen, ging allmählich der Mythos vom bauernfreundlichen König im fernen Berlin verloren. Schlesien mit seinem besonderen Maß an Elend und gescheiterten Aufstands- und Reformversuchen wurde darum allmählich zu jenem Gebiet, in dem schließlich 1848 die Bauernschaft nicht nur besonders oppositionell eingestellt war, sondern modernen politischen Mobilisierungskampagnen offenstand wie sonst nirgendwo in Deutschland.

In den hessischen Territorien wurde die Landbevölkerung erst nach dem Ende des *Ancien Régime* unruhig. Wie auch anderswo bildeten Konskription (Winter 1806/07) und neue Steuern (Sommer 1809) Anlässe zum bewaffneten Widerstand, an dem vor allem die besonders schwer betroffenen Kleinbauern teilhatten. Der Steuerdruck war auch nach der Restauration die wichtigste Ursache bäuerlichen Protestes, wie etwa eine Bittschrift kurhessischer Bauern an die Landstände von 1816 zeigt. In ihr wird »unser lieber Kurfürst« aufgefordert, dafür zu sorgen, »daß die alte Ordnung im Lande und die alte Liebe zum Fürsten wieder kommen möge«.[16] Die Herabsetzung als illegitim erachteter Auflagen suchten die

Odenwälder Bauern 1819 dann mit Gewalt durchzusetzen. An den bäuerlichen Protestversammlungen nahmen auch Angehörige der Gießener Burschenschaft teil. Sie appellierten in Karl Follens »Großem Lied« an die »Brüder im Bauernkleid«, die monarchische Ordnung zu beseitigen.[17] Es kündigte sich hier erstmals ein Aktionsmuster an, das in Deutschland bis 1848 viele bäuerliche Empörungen begleiten sollte: Angehörige der radikalen Opposition schalten sich in die Protestbewegung ein, suchen sie aber für ihre eigenen politischen Ziele einzusetzen, so daß das Bündnis alsbald wieder zerfällt. So verfaßte 1819 Wilhelm Schulz sein berühmtes »Frage- und Antwortbüchlein ... für den deutschen Bürgers- und Bauersmann«, doch war das in ihm enthaltene Programm eines konstitutionell verfaßten, geeinten Deutschland schwerlich geeignet, die auf ganz andere Ziele fixierte Landbevölkerung zum Widerstand zu motivieren.
Diese Ziele bildeten auch den Grund für den großen, in der ersten Septemberhälfte 1830 in Kur- und Oberhessen ausbrechenden Aufstand der Bauern, der sich mit den Angriffen der kleinbürgerlichen Stadtbevölkerung auf Zoll- und Mautstationen überlagerte. Auf die vagen Nachrichten von der geglückten Revolution in Frankreich und den Protestaktionen in zahlreichen Städten Deutschlands formierten sich spontan die Dörfer, um im traditionellen ländlichen Widerstandsrepertoire – Marsch zum Rentamt oder Schloß, Bedrohung der Beamten und Herrschaften, Plünderung der Archivbestände und anderer Symbole der Untertänigkeit sowie schließlich erzwungener Verzicht auf Abgaben und Dienste – ihre Forderungen durchzusetzen. Wieder stellte der Adel, insbesondere der standesherrliche, den Gegner, in dem die Mediatbauern mit Recht die Ursache für ihre finanzielle Doppelbelastung erblickten. Wie immer gelang es den Regierungen, die Aufständischen, etwa fünf- bis sechstausend Mann, militärisch rasch niederzuwerfen. Dies fiel um so leichter, als die der Grundherrschaft der Monarchen unterstehenden Bauern sich nicht beteiligt hatten, denn bei ihnen hatte die Bauernbefreiung bereits erste Wirkungen gezeitigt. Unbeteiligt, ja vielfach feindlich gesinnt blieb das liberale Bürgertum. Selbst ein späterer Revolutionär wie Pfarrer Weidig erblickte in den marodierenden Bauernhaufen, die unter Zwang ihre Amtspersonen, Pfarrer und Lehrer mitführten, nur Gesindel. Ernst Emil Hoffmann, der Oppositionsführer der Zweiten Kammer in Darmstadt, ermahnte die Aufständischen zur Ruhe. Nur in Kurhessen, wo die Liberalen eine Verfassungsrevision durchsetzten, organisierte der Advokat Martin auch eine Petitionsbewegung zugunsten der Bauern, in der »die Ablösbarkeit aller und jeder

Grund- und Feudallasten im weitesten Umfang« und eine Reform des Zehnten verlangt wurde.[18] Auch wenn die Landtage in Kassel und Darmstadt 1832, bzw. erst 1836 Gesetze zur Bauernbefreiung verabschiedeten, so darf dies nicht darüber hinwegtäuschen, daß die Bauern daran keinen direkten Anteil hatten. Sie saßen nicht nur nicht in den Parlamenten, sondern ihre besondere Sicht der politischen Verhältnisse schloß eine zielgerichtete Aktion auf höchster Ebene nachgerade aus. In eruptiven Ausbrüchen kollektiver Gewalt versuchten sie sich ihrer unmittelbaren »Peiniger« zu entledigen, waren aber für dauerhafte Erfolge auf die Parteinahme taktisch versierter Sachwalter in Landtag und Ministerium angewiesen.

Wie schon 1819 entstand auch jetzt erst nach den Unruhen unter einigen Intellektuellen, vornehmlich Studenten, eine Bewegung, die in nun schon traditioneller Verwechslung bäuerlicher Unzufriedenheit mit politischem Radikalismus glaubte, die Stunde der Durchsetzung ihrer eigenen Ziele sei nahegerückt. Noch gänzlich ohne revolutionäre Erfahrung, glaubten die Teilnehmer am sog. Frankfurter Wachensturm vom 3. 4. 1833 allen Ernstes, daß sich auf ihren bloßen Putschversuch hin ganz Deutschland erhebe. Den Gendarmen riefen sie daher zu, sie sollten sich ergeben, weil »zehntausend Bauern im Anmarsch seien«.[19] Die Lehren aus diesem totalen Mißerfolg zog namentlich der Gießener Student Georg Büchner, der sich mit seinem »Hessischen Landboten« im Juli 1834 besonders an die Bauern wandte, um sie für die »Sache der Revolution«[20] zu gewinnen. Aber auch er hatte damit kein Glück, obwohl sein Mitautor Weidig wie seinerzeit schon Schulz mit zahllosen Bibelzitaten den bäuerlichen Fundamentalismus anzusprechen versuchte. Die Bauern lieferten aber die Flugschrift nicht etwa deshalb freiwillig bei den Behörden ab, weil sie regierungstreu geworden wären. Vielmehr waren ihre Nöte und Wünsche nicht diejenigen Büchners und Weidigs, die das Regime stürzen und dem demokratischen Prinzip zum Sieg verhelfen wollten und die sich schon deshalb auf dem Lande kein Gehör verschaffen konnten, weil sie als Städter und Gebildete in den Dörfern auf eine in Jahrhunderten gewachsene Mauer der Ablehnung stießen.

In Sachsen kam es 1830 zu keiner so breiten Aufstandsbewegung wie 1790, aber die enttäuschten Hoffnungen auf eine längst von der Regierung in Aussicht gestellte Agrarreform und das Beispiel der kleinbürgerlichen Volksbewegung vor allem in Dresden und Leipzig verursachten ab September im mittleren Sachsen und in der südlichen Oberlausitz lokale Unruhen. Wieder waren vornehmlich Ritter-, in der Lausitz auch städtische Güter die Zentren bäuerlicher Empörung, bei denen es um Fronfixierung, Abgabenminderung und Aufhebung von Bannrechten und Gesindezwangsdienst, teils auch um vollständige Beseitigung von Fron und Zins nach dem »hochherzigen Beispiel Frankreichs«[21] ging. Auch der übliche antistädtische Affekt fehlte zumindest in der Oberlausitz nicht, wo in handgeschriebenen Anschlägen zum Marsch nach Bautzen aufgerufen wurde, was jedoch der Stadtrat durch rasch ausgehobene Bürgerwehren zu verhindern wußte. Die Unruhen entzündeten sich in der Folgezeit immer wieder aufs neue, namentlich im Zusammenhang mit dem Kinderdienstzwang, so besonders im April 1831. Längst war jedoch die neue Regierung zu einer grundlegenden Reform bereit, der die Privilegierten zunächst hartnäckigen Widerstand entgegensetzten. Auch in diesem Falle haben die ländlichen Unruhen nur indirekt zur Bauernbefreiung beigetragen. Diese war vielmehr seit 1829 ernsthaft innerhalb der Regierung beraten worden und für eine entsprechende Publizität der liberalen Ablösungsgrundsätze – nicht der originär bäuerlichen Wünsche – hatten vor allem die Gebrüder Richter beigetragen, der eine als Herausgeber der oppositionellen Zeitschrift »Die Biene«, der andere als Rechtsanwalt und Vortragsredner auf den Dörfern. Indem beide mit ihrer Agitation den unklaren und widersprüchlichen Forderungen der Bauern deutlicheren Ausdruck verliehen und zugleich die Spitze nahmen, schufen sie in mancher Hinsicht erst den Handlungsspielraum, den das neue Ministerium benötigte.

Im übrigen Deutschland blieb 1830 die bäuerliche Bevölkerung weithin ruhig, woraus sich ablesen läßt, daß der Wille zur Ablösung des Feudalregimes noch keineswegs Allgemeingut geworden war und sich die sonstigen Protestmotive in Grenzen hielten. Mit der liberalen Bewegung bestanden weder inhaltliche noch soziale Berührungspunkte und auch zu ihrer radikalen Variante, der eher Handwerk und Kleinhandel zuneigten, bestanden nur selten Kontakte. Es liegt daher nahe, daß – um ein neues Forschungsergebnis heranzuziehen – die Bauern in der breiten Anhängerschaft und erst recht in den Führungsgruppen des (rheinpfälzischen) Liberalismus im Jahre 1832 ganz erheblich unterrepräsentiert waren. Lediglich die viel agileren und politisch ganz anders eingestellten Winzer und natürlich die sog. Gutsbesitzer beteiligten sich in nennenswertem Umfang an der Protestbewegung.[22] Ähnlich dürften die Dinge in anderen Teilen Deutschlands gelegen haben, obwohl dort die Dienste und Abgaben noch nirgends vollständig beseitigt waren. Die gänzlich andere, nämlich weit aktivere Beteiligung der Landbevölkerung an den Unruhen im Frühjahr 1848 erlaubt daher den Schluß, daß sich, zumindest in den Augen der

Dorfbewohner, die Lage inzwischen dramatisch verändert, wenn auch vielerorts nur relativ verschlechtert hat.

Die agrarische Bewegung des Jahres 1848, im Zusammenhang bisher noch kaum erkannt und behandelt, unterscheidet sich von den vorausgegangenen Ereignissen vor allem durch ihren Umfang. Zu einer ähnlich massenhaften, spontanen Empörung war es in Deutschland bisher nur im Bauernkrieg gekommen, an den die Erinnerung namentlich bei den Gebildeten (nicht zuletzt dank der erst wenige Jahre zurückliegenden Bearbeitung durch Wilhelm Zimmermann) sogleich wieder auflebte. Auch in der räumlichen Verteilung der Unruhen weisen beide Vorgänge ein bemerkenswertes Maß an Übereinstimmung auf. Bevor jedoch auf 1848 als Ganzes eingegangen werden kann, seien zunächst die Handlungsabläufe in den einzelnen deutschen Landschaften knapp skizziert.

Den Anfang machte Baden, wo seit dem 4. März kollektive Gewaltanwendungen ganzer Dorfschaften belegt sind. Der bäuerliche Unmut richtete sich zunächst gegen die Juden, dann gegen den grundbesitzenden Adel. Daher waren die Unruhen auf jene Gebiete beschränkt, in denen standesherrlicher Besitz vorherrschte: Odenwald und Südschwarzwald. Die einzelnen Aktionen entsprachen ganz dem nun schon bekannten Muster bäuerlichen Protestverhaltens: Zusammenrottungen, Dienst- und Abgabenverweigerungen, begleitet von Jagd- und Forstfrevel, Bedrohung adliger Beamter und schließlich der Zug vors Schloß, wo die verängstigten Grundherren oder ihre Kanzleidirektoren die verlangten Forderungen unterschrieben. Die traditionelle Treue zum Herrscherhaus blieb unverrückt und machte sich in Vivatrufen Luft, während gleichzeitig die Renteiakten als verhaßte Symbole der Untertänigkeit in Flammen aufgingen. Das Bemerkenswerte an Baden ist der Umstand, daß im Süden die Demokraten unter Führung von Fickler, Hecker und Struve mit der Agitation unter der Landbevölkerung begannen. In großen Volksversammlungen warben sie für ihr politisches Programm, das sie den Bauern mit dem Verlangen nach entschädigungsloser Beseitigung aller Feudalrechte schmackhaft zu machen versuchten. Die gewünschte Mobilisierung des Landvolkes schlug jedoch weitgehend fehl, da die Bauern in ihrer traditionellen Fixierung auf örtliche Belange an allgemeinen politischen Fragen uninteressiert blieben. Erst recht kam es zu keiner Verständigung mit den Liberalen, die sich zwar vehement für eine vollständige Grundentlastung einsetzten, die bäuerlichen Aktionen, von denen oft die liberalsten unter den Standesherren besonders hart betroffen wurden, indessen als »schlechten Lohn«[23] für ihre parlamentarischen Bemühungen scharf verurteilten. So blieben

die Unruhen, was sie seit jeher waren: ein spontaner Ausbruch angestauten Unmutes, der alsbald wieder abebbte. Am 10. März war es im Odenwald, am Monatsende auch im Seekreis wieder ruhig, denn die Bauern hatten ihre unmittelbaren Ziele durchgesetzt. Das Nachspiel in den Kammern, das mit einer gesetzlichen Grundsatzerklärung schon am 14. April einen ersten Abschluß fand, stieß im eigenen Lande nur noch auf geringes Interesse.
Nicht so im benachbarten Württemberg, wo das badische Beispiel in vielen Petitionen erwähnt wurde. Auch hier beschränkten sich die ländlichen Tumulte und Unruhen auf Gebiete, in denen die Kombination von Realteilung und adliger Grundherrschaft eine überwiegend mittel- und kleinbäuerliche Bevölkerung drohender Verarmung aussetzte: die Hohenlohe und das Oberamt Weinsberg. Insofern dominiert in Nordostwürttemberg der Charakter »einer religiös gefärbten proletarischen Armutsbewegung«[24], der es häufig gar nicht in erster Linie um die totale Beseitigung der Feudalabgaben zu tun war, sondern die die herrschaftlichen Pflichten (Wildabschuß, Weidgang, Holzrechte, Laubstreu, Baulast usw.) wiederhergestellt sehen wollte. Wie wenig diese Bauern an totale Freisetzung der Landwirtschaft dachten, zeigt die Tatsache, daß nur wenige Gemeinden den besonders fortschritthemmenden Zehnt abschaffen wollten. Wichtiger war den meisten die Gemeindeautonomie und das Ende der hohen Laudemien sowie der teuren patrimonialen Gerichtsbarkeit. Den Weinsberger Aufrührern fehlte es zwar an Unrechts-, nicht jedoch an proletarischem Selbstbewußtsein, wenn sie sich in einem Lied als »wahrlich ein rechtschaffner Pöbel«[25] bezeichneten. Die Parallelen zu den gleichzeitigen Vorfällen im Odenwald sind mehr als deutlich und in der Tat gab es neben persönlichen Beziehungen einzelner über die Grenzen hinweg eine beschränkte Zusammenarbeit von Gemeinden, die unter derselben Grundherrschaft standen. Auch hier kamen die Demokraten nicht so sehr zu spät, vielmehr überforderten sie den politischen Horizont der Protestierenden wenn sie diese in ihre umfassende Oppositionsbewegung einbeziehen wollten und dafür entschädigungslose Abschaffung aller Dienste und Abgaben versprachen. Unbegreiflich mußte den Bauern auch die ausdrückliche Garantie adligen Eigenbesitzes durch die Volksvereine erscheinen, wo sie selbst nicht selten an Schlösser und Rentämter Feuer legten. Trotzdem sind die mehrfachen Wahlerfolge der demokratischen Volkspartei 1849/50 ohne massive Unterstützung durch die Bauern kaum zu erklären, auch wenn sie – in diesem Falle mit nur 1% – wie stets in der politischen Führung unterrepräsentiert waren.[26] Inwieweit diese Anhängerschaft vornehmlich in den klein- und unterbäuerlichen

Dorfbewohnern zu suchen ist, ist derzeit noch nicht zu beantworten. Immerhin deutet manches auf soziale Spannungen innerhalb der Bauernschaft Württembergs hin, die sich gerade im Zusammenhang mit der Ablösungsfrage akzentuierten: während die Wohlhabenden die künftigen finanziellen Belastungen gegenüber den zu erwartenden Vorteilen eher gering schätzten, zeigten »die weniger Vermöglichen wenig Sympathie für die Ablösung«[27] und verlangten vereinzelt sogar die Rückzahlung bereits abgeführter Gelder. Das rasche Ende der agrarischen Bewegung ebnete zumindest nach außen diese Differenzen wieder ein. Nach individuellen Verzichtserklärungen folgte schon am 11. März eine offizielle Verlautbarung des württembergischen Adels gegenüber der Regierung, daß er einer »Recht und Billigkeit berücksichtigenden Ablösung« zustimmen werde. Eine erste entsprechende Regelung kam am 14. April zustande, doch lag damals der letzte Aufruhr vier Wochen zurück.

Auch in Franken fehlten gelegentlich Ausfälle gegen reiche Bauern nicht, doch kommen sie vorwiegend aus dem Munde der verarmten Weber und Flößer Oberfrankens und sind damit eher im Zusammenhang mit den Hungerrevolten des Jahres 1847 zu sehen. Die Zentren der Unruhe waren die wirtschaftlich zurückgebliebenen bewaldeten Randzonen des Maintales, in denen der Adel noch über ausgedehnte Grundherrschaften verfügte. In Odenwald, Spessart und Rhön erhoben sich die Bauern am 7. März, am 12. folgten die Dörfer am oberen Main. Der Ablauf der Handlungen war derselbe wie in allen bäuerlichen Bewegungen der Zeit. Auch die Forderungen wichen nicht vom gewohnten Bild ab: Beseitigung der großen Wildschäden, Absetzung adliger Beamter, Befreiung von grundherrlichen Abgaben und Diensten, Wiederherstellung der alten Waldgerechtsamen und – wie im Odenwald – Vertreibung der jüdischen Kreditgeber. Auch eine sonst im Süden unbekannte Abneigung gegen den Herrscher wegen dessen privater Eskapaden deutet sich bisweilen an: »Der König ist abgesetzt, man braucht keine Steuern mehr zu zahlen, alle Schulden sind erlassen, die Hypothekenbücher werden verbrannt, die Juden werden aus dem Lande gejagt« – so stellte sich im März ein Bauer aus der Umgebung Nürnbergs die »Preßfreiheit« vor.[28] Vielfach ist von bäuerlichem Widerstand gegen das Ablösungsprinzip die Rede, der wie im benachbarten Nordostwürttemberg vor allem von den Randexistenzen getragen worden sein dürfte. Nachdem zunächst gegen Ende März die Unruhe abgeebbt war, da die Standesherrschaften die wichtigsten Zugeständnisse unterzeichnet hatten, löste die zögernde Behandlung der Ablösungsfrage im Landtag eine zweite

Welle des bäuerlichen Protests gegen Ende Mai aus. Die demokratischen Volksvereine sahen nunmehr auch hier ihre Stunde gekommen und versuchten, die Landbevölkerung in zahllosen Ortsvereinen zu erfassen. Auf zwei großen Versammlungen in Nördlingen (Juli) und Mittelfranken (10. September) sollte ein 12-Punkte-Programm unter anderem auch die agrarischen Interessen zufriedenstellen. Aber eine dauerhafte politische Mobilisierung der Bauern mißlang hier ebenso wie andernorts und mochten auch anhaltende Forst- und Wildfrevel die Spannungen im Winter 1848/49 immer wieder anheizen, so blieb doch nach den gesetzlichen Regelungen vom 4. Juni die Lage im wesentlichen ruhig.
In den hessischen Territorien waren es diesmal nicht so sehr die um den Vogelsberg und in der Wetterau gelegenen darmstädtischen Standesherrschaften, die an der Spitze der agrarischen Bewegungen standen. Vielmehr konzentrierte sich der bäuerliche Protest auf die kurhessischen Adelsgrundherrschaften, in denen die steckengebliebene Bauernbefreiung zu verbreiteter Unruhe führte. Das Jagdrecht, die Laudemien und die zum Teil erheblichen Reste grundherrlicher Lasten bildeten neben Klagen über Beamtenwillkür den Hauptgegenstand der Beschwerden. Für die ärmlichen Zustände ist überdies der verbreitete Wunsch kennzeichnend, die Domänen zu parzellieren und anschließend zu verpachten oder zu verkaufen. Der rührigen Tätigkeit des Sontraer Advokaten Heisen war es zu danken, daß trotz langwieriger Verhandlungen im Landtag die Tumulte in eine breite Petitionsbewegung umgelenkt werden konnten. Seine Musterpetition vom Juni 1848[29] enthielt bemerkenswert wenig allgemeinpolitische Formulierungen, wie sie sonst bei bürgerlich-liberalen Adressen begegneten, so daß die Landbevölkerung ihre Interessen als weitgehend berücksichtigt empfand und massenhaft unterzeichnete. Das Grundlastengesetz vom 26. August war dann auch hier nicht nur der legislatorische Schlußstein, sondern es beendete zugleich die agrarische Bewegung.
Im Herzogtum Nassau setzte die bürgerliche Opposition ungewollt den bäuerlichen Protest in Gang. Zur Durchsetzung ihrer am 2. März überreichten »Neun Forderungen«, die das übliche liberale Programm enthielten, lud sie für den 4. zu einer Volksversammlung in Wiesbaden ein. Tatsächlich erschienen ca. 40000, zum Teil abenteuerlich bewaffnete Personen – 20% der Gesamtbevölkerung! Die bäuerliche Merhheit hatte den Sinn des Treffens anders aufgefaßt und stellte sogleich ihre eigenen Ansprüche: Wildschadenersatz, ein neues Forstgesetz, Abschaffung aller Fronen und Zehnten, Enteignung und Aufteilung des Domanialvermögens. Als Herzog Adolf nur das Programm der Liberalen akzeptierte, began-

nen die Bauern im ganzen Land die Steuer-, Pacht-und Zehntgelder zu verweigern, begingen Forst- und Jagdfrevel und setzten die obrigkeitlich gesinnten Schultheißen ab. Erst auf diese Vorfälle hin hob die neue Regierung die Reste der Fronpflicht auf, änderte die Gemeindeverfassung und verkündete eine Amnestie aller Forst-, Jagd- und Feldpolizeivergehen. Dies genügte schon zur Beruhigung des gereizten Klimas und nur im Herbst kam es vereinzelt im Zuammenhang mit der erst am 24. Dezember geregelten Zehntablösung noch einmal zu kleineren Zusammenstößen.

Auch im gewerblich besonders weit fortgeschrittenen Sachsen wurden zuerst die Städte und Industriedörfer unruhig, bevor Anfang April die ersten Nachrichten einer ländlichen Protestbewegung eintrafen. Wieder bildeten dabei die guts- und grundherrlichen Gerichtsbezirke die Schwerpunkte, und es ist kaum ein Zufall, daß sich die heftigsten Zusammenstöße in der einzigen Standesherrschaft Sachsens, in den Schönburgischen Rezeßherrschaften ereigneten. Hier, einem Gebiet mit über 80000 Menschen in 10 Städten und 125 Dörfern, kam es in Waldenburg am 5. April im Verlauf einer Versammlung von 10000 bis 18000 Teilnehmern zum Sturm auf das Schloß, das in Flammen aufging, nachdem sich das Militär zurückgezogen hatte. Aber obwohl es wegen der Besonderheiten der Feudalverhältnisse in diesem Falle zu der Einmaligkeit gemeinsamen Vorgehens von Stadt und Land kam, verpuffte mangels anerkannter Führung und programmatischer Entschiedenheit der angestaute Druck in einer spontanen Aktion; zu Zugeständnissen seitens der Herrschaft kam es nicht. In der Umgebung Leipzigs, im Vogtland und im Erzgebirge beschränkten sich Bauern und Häusler auf Demonstrationen und Petitionen und einer drohenden Verschärfung wurde jeweils schon durch geringes Entgegenkommen der Boden entzogen.[30] Die Forderungen waren sehr diffus, eine vollständige Beseitigung aller feudalen Überreste wurde nicht verlangt. Zu den wichtigsten Anliegen zählte die Abschaffung der Patrimonialgerichtsbarkeit und des adligen Jagdprivilegs; die meisten übrigen Wünsche betrafen die Ablösbarkeit solcher Geldabgaben, die auf einer dem Agrarsektor längst entwachsenen Bevölkerungsgruppe lasteten: dem Heimgewerbe.

Dies gilt im ganzen auch für die seit 1815 geteilte Lausitz, wo es nirgends zu bewaffneten Zusammenstößen gekommen ist. Die Proteste, die sich hier nicht nur gegen die Gutsbesitzer, sondern wie schon 1830 auch gegen die über eine nennenswerte Grundherrschaft verfügende Stadt Bautzen sowie gegen das Kloster Marienstern richteten, beschränkten sich auf verbale Drohungen, denen oftmals »untertänigst« verfaßte Suppliken folgten. So drohten Anfang April die Gaußiger ihrer Majoratsherrschaft mit Tätlichkeiten, verwahrten sich dann aber in ihrer Bittschrift gegen den Verdacht, »sie teilten die Meinungen der sogenannten Befreiungsschreier und wollten gegen hochdieselben und hochdero Beamten tumultarische Auftritte bezwecken«.[31] Während die zu Preußen gehörenden Dörfer jetzt oft eine Überprüfung der Separation und Gemeinheitsteilung verlangten, bei der sie seinerzeit übervorteilt worden seien, und damit genuin bäuerliche Anliegen vertraten, zeigt die an den sächsischen Landtag gerichtete sogenannte »Sorbische Bauernpetition« vom Juli 1848 den inzwischen erfolgten Versuch einer Einflußnahme der Demokraten auf die Landbevölkerung: an der Spitze des Programms stehen verfassungsrechtliche Fragen und erst nach weiteren Forderungen kommt die Ablösung zur Sprache, die hier wie in den Stammlanden auch die textile Hausindustrie interessierte. Nach dem Ende der ländlichen Aktionen Ausgang April lebten die Spannungen in der Niederlausitz kurz vor dem Berliner Staatsstreich erneut auf. Für den *preußischen Weg* der Bauernbefreiung ist es dabei bezeichnend, daß nunmehr Häusler und Tagelöhner in den Vordergrund treten. Im Landkreis Guben versuchten sie in mehreren Dörfern, ihren Landhunger durch die Besetzung »von herrschaftlichen, nicht einmal zur Verpachtung disponiblen«[32] Kartoffeläckern zu stillen. Im sächsischen Teil tauchten im Winter 1848/49 vereinzelt Forderungen nach entschädigungsloser Entfeudalisierung auf, die aber augenscheinlich nicht von Bauern verfaßt worden waren.[33] Die demokratische Agitation verfehlte auch hier letztlich ihr Ziel.

Die Vorgänge in den preußischen Provinzen Sachsen, Brandenburg und Pommern unterschieden sich kaum von den soeben geschilderten.[34] Die bevorstehende Einberufung des Zweiten Vereinigten Landtags löste im März eine mächtige Petitionsbewegung aus, die außer der vereinzelten Forderung nach einer angemessenen Vertretung der Bauernschaft im Parlament durchweg lokale Probleme im Auge hatte. Unter diesen ragten die Zehnt- und Zinsablösung, die Korrektur der Separation und die Abschaffung der Dienste hervor. Interessanterweise setzten ärmere Gemeinden, bzw. Kleinbauern und Tagelöhner andere Schwerpunkte, zu denen namentlich die Parzellierung von Domänenland und die Wiederherstellung alter kollektiver Nutzungsrechte zählten.[35]

Chronologisch und geographisch besonders deutlich faßbar wird dieser Differenzierungsprozeß im Verlauf der 48er-Revolution in Schlesien. Infolge der ungünstigen Rechtslage hatten hier nur die wohlhabenden Bauern abgelöst, während unter den abhängig Gebliebenen sich im Vormärz wachsende Unzufriedenheit durch

Petitionen, Prozesse, Fronverweigerungen usw. zeigte. Das Gesetz vom 31. 10. 1845, das ihnen endlich die Ablösbarkeit der Dienste sichern sollte, brachte keine Besserung und zeigte lediglich die Wechselwirkung von Bauernbefreiung und ländlicher Unruhe. Denn die zahlreichen Einschränkungen des Textes erregten bei der analphabetischen Bevölkerung den Verdacht, »daß jeder, der lesen kann, mit dem Herrn unter einer Decke steckt und ihnen die Wahrheit des Gesetzes vorenthält«.[36] Während 1844 die Empörung der Peterswaldauer Weber keine Nachahmung auf dem Lande gefunden hatte, verstärkten jetzt – 1846 – die Nachrichten vom galizischen Bauernaufstand, wo sich angeblich die Untertanen »durch Kopfabschlagen von der Robot befreit haben«,[37] die Neigung zum Widerstand. Nachdem dieser keinen Erfolg gehabt hatte, waren es in der zweiten Märzhälfte die reicheren Bauern und Schulzen, die vor die herrschaftlichen Amtssitze zogen und die vollständige Beseitigung des Feudalsystems durch »Freiheits-Urkunden« verlangten. Die Solidarität der Gärtner und Häusler war vielfach erzwungen und das verelendete Polnisch-Schlesien blieb damals gänzlich ruhig. Als die Regierung sich nur zur Sistierung aller schwebenden Ablösungsverfahren für Robotgärtner und zur Aufhebung des die Armen belastenden Schutzgeldes auf den königlichen Domänen durchringen konnte, schwoll die Erregung unter der bäuerlichen Führungsschicht an und zog die Person des Königs in die Auseinandersetzungen in einem für Deutschland ungewöhnlichen Ausmaß hinein. Die weitere parlamentarische Verschleppung des in Schlesien besonders dringlichen Befreiungswerkes und der bevorstehende Beginn der Jagdsaison führten dann schließlich am 27. August zur Gründung des »Schlesischen Rustikalvereins«, der zur wichtigen Interessenvertretung der begüterten Bauern werden sollte. Ohne die Mithilfe der Demokraten, die schon bei den Wahlen im Frühjahr die ersten Kontakte hergestellt hatten, wäre jedoch auch diese Vereinsgründung vermutlich ausgeblieben. Ebenfalls ihrem Einfluß ist das Programm einer unentgeltlichen Aufhebung aller Feudallasten zuzuschreiben. Das damit erreichte, für die Zeit ganz ungewöhnliche Maß politischer Mobilisierung blieb erwartungsgemäß auch nach dem Staatsstreich des Königs infolge der Eigentümlichkeiten bäuerlichen Protestverhaltens labil. Als die neue Regierung Manteuffel mit einer beruhigenden Erklärung an die Landbevölkerung herantrat und im schlesischen Interimistikum vom 20. Dezember endlich die sofortige Ablösung unter Ausschluß der verhaßten Generalkommissionen zugestand, bröckelte die Anhängerschaft des »Rustikalvereins« rapide ab. Das Bündnis zwischen der demokratischen Bewegung der Städte und den Bauern war wie stets von kurzer Dauer. In diesem Augenblick der Beruhigung bei den Wohlhabenden setzte die Gärung der klein- und unterbäuerlichen Schichten ein. Für Polnisch-Schlesien mußte gar der Belagerungszustand verkündet werden. Land, Lohnerhöhung und die Wiedergewährung ehemaliger Nutzungsrechte (Hutung, Leseholz usw.) bildeten den Kern der Forderungen, die sich auch gegen die Bauern im eigenen Dorf richteten und in auffallendem Kontrast zu den vergleichsweise progressiven Zielen der Begüterten standen. Auch wenn diese Unruhen ohne Wirkung blieben, so sind sie doch ein zusätzlicher Hinweis auf die veränderte Situation im Osten allgemein und besonders in Schlesien. Der von den Agrarreformen in Gang gesetzte Modernisierungsprozeß trieb die Auseinanderentwicklung der dörflichen Klassen beschleunigt voran. Zwar blieb auch in Schlesien der Agrarprotest sozial motiviert, aber er verlief hier deutlicher als anderswo auf zwei Ebenen, die sich in Ziel und Methode klar unterschieden. Die eigenständige Bewegung besitzloser Landarbeiter kündigte sich hier 1848 ebenso an wie die künftige Interessenparallelität von Großgrundbesitz und Bauernschaft.

Resümiert man die vorstehenden Einzelbeschreibungen, so fallen als erstes die vielfältigen Gemeinsamkeiten dieser breitesten aller agrarischen Protestbewegungen mit denen der vergangenen Jahrzehnte auf. Seit 1789 haben alle französischen Revolutionen die Unzufriedenen in Deutschland unruhig werden lassen und zur Lesebereitschaft gegenüber politischen Nachrichten veranlaßt. So auch jetzt. Am 1. März schrieb bereits der Stuttgarter »Beobachter«: »eine selten erhebende Wirkung hat sich aller Gemüter bemächtigt. Der Bürger sammelt sich zum Bürger. Vorleser sieht man an den öffentlichen Orten von aufmerksam zuhörenden Gruppen umgeben«.[38] Nur blieb die Berufung auf die französischen Bauern 1848 aus, da diese ihre Freiheit längst erkämpft hatten. Um so wichtiger wurden zwei andere Anstöße. Da ist zum einen wiederum das Phänomen der steigenden Erwartung. Exemplarisch dazu der Bericht eines Lausitzer Landrats über die Stimmung auf dem Lande: »Bei der ländlichen Bevölkerung ist es mehr das materielle Interesse, welches teils durch die Erwartung neuer Gesetze, die ihnen neue Rechte in bezug auf das Eigentum gewähren sollen, teils durch einzelne Aufwiegler angeregt worden ist, wodurch die Achtung vor dem Gesetze und den vorgesetzten Behörden geschwächt worden ist.«[39] In den Augen vieler Bauern sollten die als sicher erachteten zukünftigen Segnungen im Wege der Revolution vorgezogen werden. Nicht minder wichtig ist der von den Adelsbauern subjektiv als Verschlechterung der Lage empfundene raschere Fortschritt des Befreiungswerkes bei den königlichen Immediatgrundholden. Das Ende der doppelten Untertanenschaft wurde zum zentralen Programmpunkt namentlich in Süddeutschland und darum mit der Bibel (vgl. Matth. 6,24, bzw. Luk. 16,13) begründet: »Ganz württembergisch wollen wir sein. Zwei Herren können und wollen wir nicht dienen.«[40] Von hier aus erklärt sich die schon so manchen Zeitgenossen irritierende Verbindung von Königstreue und Adelshaß.

Auch beim bäuerlichen Handlungsrepertoire hat sich nicht viel geändert. Demonstrationen und Drohungen sowie Anwendung von Gewalt blieben auf gewisse Gebiete beschränkt. Hingegen hat die – vielfach gelenkte und sogar behördlich unterstützte – Petitionsbewegung das gesamte flache Land erreicht. Bei entsprechender Aufbereitung könnte hier das erste repräsentative Stimmungsbild der deutschen Bauern erarbeitet werden. Wo es zu gewaltsamen Protestformen gekommen ist, blieben diese spontan in der Entstehung, massenhaft und kollektiv in der Zusammensetzung, diffus in den Zielen und lokal im Organisationsgefüge. Dementsprechend wurde Gewalt nicht planmäßig und instrumentell eingesetzt sondern diente jeweils nur der Einschüchterung des örtlichen Gegners, bzw. der Zerstörung seiner Herrschaftssymbole. Von einer *grande peur* kann trotz aller Schreckensrufe von Grundherren und Gutsbesitzern in Deutschland keine Rede sein. Auch läßt sich für die Bauern anders als im Falle des städtischen Handwerks und der Arbeiterbewegung nicht zwischen einzelnen Handlungsebenen unterscheiden: sowohl die parlamentarische Vertretung (außer im Falle Schlesiens) als auch die Teilnahme an Kongressen überließen sie einer adelig-bürgerlichen Agrarelite und berufsmäßigen Sachverständigen und waren allenfalls zur Teilnahme an Volksversammlungen mit Demonstrationscharakter beteiligt, wo sie aber nicht als Redner auftraten.

Die wichtigste Neuerung ergab sich im Bereich der bäuerlichen Programmatik. Auf der einen Seite ist nach wie vor die Wiederherstellung des gestörten wirtschaftlichen Gleichgewichts zwischen Bauern und Herren ein Ziel, das in allen deutschen Landschaften verlangt wurde. In der Forderung nach einer Aufteilung der Domänen, nach Rückgabe aller Ablösungsgelder manifestierte sich ein letztes Mal in Deutschland die Existenz jener altertümlichen *moral economy*, der es nicht um Produktionszuwachs, sondern um Sicherung eines stabilen, überschaubaren, harmonischen und daher »gerechten« Existenzminimums ging. Dieses am Ideal einer nun schon fernen Vergangenheit orientierte Verhaltensmuster machte sich bisweilen in einer archaisch anmutenden Drohgestik Luft:

»... wenn es nicht bald anders wird und die Abgaben gelinder so stecken wir ein Landrathsbezirk nach dem andern in Brand dan muss Armer wie reicher zu Bettelmann werden.«[41] Auf der anderen Seite wurde die Absicht laut, den landesherrlichen Immediatbauern gleichgestellt, d. h. aller Reste des Feudalsystems ledig zu werden. Nicht daß dieser Forderung eine zukunftsoffene Wirtschaftsgesinnung zugrunde gelegen hätte, etwa der Wunsch nach kapitalistischer Entfaltung des Agrarsektors im modernen Staat. Vielmehr stand dahinter die nicht minder altertümliche Zielsetzung eines vom feudalen *pouvoir intermédiaire* freien Bauernstaates unter königlicher Oberhoheit bei weitestgehender Gemeindeautonomie. Die Anhänger dieser reaktionären Utopie waren vornehmlich in der bäuerlichen Mittelschicht zu finden, während die kleinbäuerlichen oder durch Bauernbefreiung und Gemeinheitsteilung sogar landlos gewordenen Dorfbewohner ihr Heil nach wie vor in einem System gegenseitiger Verpflichtungen erblickten. Die Spaltung der Landbevölkerung als Folge demographischen, wirtschaftlichen und rechtlichen Wandels war nie zuvor so offenbar geworden, auch wenn sich die dörfliche Elite um geschlossenes Auftreten bemühte (in der Gegend von Weinsberg ließen die Gemeinderäte durch Polizeidiener zum Mitmachen auffordern – bei Strafe der Brandschatzung –, in anderen Gebieten warf man den Daheimgebliebenen mindestens die Scheiben ein) und eigenständige Manifestationen von Häuslern und Landarbeitern oft mit Gewalt verhinderte.
Nicht neu, aber erstmals in diesem Umfang zu beobachten war 1848 das Auftreten zahlloser selbsternannter Sachwalter des Bauerntums. Entstammten diese früher meist der Handwerkerschaft, so traten seit dem Vormärz zunehmend Juristen auf, die sich zu Kennern der extrem komplizierten Rechtsmaterie (zur Ablösung im Hohenlohischen bedurfte es beispielsweise eines eingehenden Studiums der Lagerbücher von 1577, 1589, 1685 und 1719 sowie der neueren gesetzlichen Regelungen) emporgearbeitet hatten. Diese Anwälte versuchten ganz im Stile der politischen Advokatur des 19. Jahrhunderts den zeitgemäßen Umbau der Wirtschafts- und Sozialverfassung auf dem Lande und bremsten daher den bäuerlichen Radikalismus, indem sie ihm den Weg »gesetzlicher Freiheit« zu weisen bemüht waren.
Weitergehende Absichten verfolgten die Demokraten mit ihren mannigfachen Versuchen, durch Übernahme, Systematisierung und Radikalisierung der bäuerlichen Klagen die Landbevölkerung für eine Koalition zu gewinnen. Nach vielversprechenden Anfängen besonders in Baden – der von der Regierung entsandte Abgeordnete Mathy berichtete voller Sorge, die Radikalen verstünden

es, »ihren Antrag auf Proklamation der Republik mit Motiven zu verteidigen, die vom Gesichtspunkt der Wohlfeilheit und der Lastenerleichterung aus ihren Eindruck nicht verfehlen konnten«[42] – zerfiel dieses Augenblicksbündnis überall, sobald dem Adel die dringendsten Zugeständnisse abgezwungen waren. Nicht einmal dem »Schlesischen Rustikalverein«, der am längsten als Nahtstelle zwischen Bauern und Demokraten fungierte, blieb diese Enttäuschung erspart. Sie lag aber nicht, wie meist angenommen, an einem angeblich natürlichen Konservatismus der Bauern, auch wenn Ungeschicklichkeiten in der Kirchenfrage die Radikalen in den Augen ihres kleinstädtischen und dörflichen Anhangs sofort verdächtig machten. Die Ursache für das Abschwenken der Landbevölkerung ist vielmehr in der traditionellen Ausrichtung des bäuerlichen Horizonts auf die Dorfgemeinschaft zu suchen. »Nachdem der Bauer Abrechnung gehalten über den materiellen Gewinn, hörte für ihn die Zeit der Bewegung auf«, wie es in Riehls glänzender agrarsoziologischen Analyse der Unruhen von 1848 heißt.[43]
Noch weniger war der weitgehend auf den Schlesier Wilhelm Wolff zurückgehende agrarpolitische Katalog in den »Forderungen der Kommunistischen Partei in Deutschland«, der die Öffentlichkeit Anfang April 1848 erreichte, für die von Marx und Engels gewünschte dauerhafte Allianz zwischen Proletariat und Bauernschaft geeignet.[44] Denn hier sollten die Bauern nicht nur wie auch im Falle der Demokraten allgemeinpolitischen Aussagen schon durch ihre Masse den gehörigen Nachdruck verleihen, sondern mit der Forderung nach entschädigungsloser Beseitigung aller Feudallasten, Nationalisierung allen adligen Landbesitzes und Enteignung von Pacht und Hypotheken[45] wurde von ihnen überdies verlangt, daß sie sich als von der Bourgeoisie ausgebeutete Klasse fühlten. Dem widersprach aber nicht nur das subjektive bäuerliche Empfinden. Wichtiger war noch, daß diese Einschätzung auch objektiv der deutschen Wirklichkeit erheblich widersprach, an die Marx und Engels die Elle der englischen Entwicklung angelegt hatten, wo in der Tat die Landwirtschaft mit einer gewissen Phasenverschiebung den ökonomischen Gesetzen der Industrie gehorchte. Die kommunistische Agrarpolitik scheiterte darum vollkommen und war auch bei ihren späteren Versuchen hierin nicht glücklicher, da im »18. Brunaire« Marx nicht seine Ausgangspositionen kritisch überdachte, sondern die »Parzellenbauern« wegen ihres mangelhaften Klassenbewußtseins nur mit bitterem Hohn überhäufte.
Auch wenn die Märzregierungen in vielen Bundesstaaten den formellen Abschluß der Bauernbefreiung gebracht haben, so wäre es doch eine arge Täuschung, daraus auf Zusammenarbeit und

gegenseitiges Verständnis von Liberalen und Bauern zu schließen. Es war eine eher dogmatisch begründete und 1848 seit Jahrzehnten theoretisch bewältigte Überzeugung, daß der Boden und die ihn bearbeitenden Personen befreit werden müssen. »Freiheit des Bodens und persönliche Freiheit der Colonen wurde die Losung aller verständigen Staatswirte, wie aller vom Zeitgeist angewehten Patrioten und Menschenfreunde«[46] – so stand schon 1835 im Rotteck-Welckerschen »Staatslexikon« zu lesen. Daß und wie die Bauern ihre Emanzipation selbst in die Wege leiteten, schockierte jedoch das in seiner Mehrheit ganz und gar nicht revolutionär gesonnene Bürgertum zutiefst. Überall warnte man vor dem Irrtum, man dürfe »den Morgen der Freiheit durch die abscheulichsten Greuelszenen, durch Morden, Plündern, Sengen und Brennen . . . verherrlichen«, und distanzierte sich von den Gewalttaten der Landleute. »Der freien Männer sind sie unwürdig und sie werden nicht mit Verbrechen beginnen, um eine vernünftige Staatsordnung zu beginnen.«[47] Wo immer es nötig schien, entstanden in aller Eile Bürgergarden und Studentenwehren, um die Städte gegen die anrückenden Bauernhaufen zu verteidigen. Dies als »gesellschaftliche Anomalie«[48] zu bezeichnen und die Bourgeoisie des Verrats zu bezichtigen, an dem die Revolution gescheitert sei, wie es die marxistische Geschichtsschreibung so oft wiederholt, ist reines Wunschdenken und verkennt völlig die liberale Strategie, deren Vereinbarungspolitik sich im Vormärz ja vielfach bewährt hatte.

Nach dieser Zusammenfassung sei abschließend die These gewagt, daß die 48er-Revolution in Deutschland im Hinblick auf die sie tragenden Schichten vielfach ähnlich abgelaufen ist, wie dies in jüngster Zeit für die Französische Revolution dargestellt wurde:[49] als weithin voneinander unabhängige Aktionen der liberalen politischen Elite, des alten städtisch-gewerblichen Mittelstandes und der Bauern. Die Revolution war alles andere als ein geschlossener Block, dafür klafften Ziele und Methoden ihrer Träger viel zu weit auseinander. Das liberale Bürgertum strebte die nationale Einheit unter konstitutionell verfaßter monarchischer Spitze an und hoffte, die revolutionäre Bewegung, an der es keinen Anteil hatte, in diesem Sinne lenken zu können. Die kleinen Kaufleute und Handwerker, dazu nicht wenige als Arbeiter beschäftigte Gesellen wehrten sich gegen den wirtschaftlichen und sozialen Wandel, den der heraufziehende Kapitalismus mit sich gebracht hatte; die politische Motivation war daher von sekundärer Bedeutung, obgleich die Führer des Radikalismus dies zu verbergen trachteten.[50] Die Bauern schließlich strebten nach vollständiger Beseitigung des seiner Legitimation verlustig gegangenen Feudalwesens, bzw. – sofern sie zur klein- und unterbäuerlichen Schicht zählten – nach Wiederherstellung der im Vorkapitalismus gewährleisteten Sicherstellung einer wenn auch bescheidenen Existenz. »1848« ist daher zunächst die Revolution zweier sozialkonservativer Bevölkerungsgruppen, der Zahl nach in der Mehrheit, über deren Nöte und Hoffnungen wir ähnlich wie 1789 durch die *cahiers des doléances* jetzt durch Tausende von Petitionen und Umfragen unterrichtet sind. Aber anders als seinerzeit in Frankreich scheiterte die Revolution an der Tatsache, daß städtische und ländliche Protestbewegung allzu rasch voneinander getrennt worden sind. Nachdem die sog. Märzerrungenschaften den Adelsbauern das gaben, was ihre den Landesfürsten direkt unterstehenden Standesgenossen schon lange besaßen, schied die Landbevölkerung als erste aus dem revolutionären Geschehen aus. Und da die Liberalen ohnedies auf die gewaltsame Durchsetzung ihrer Ziele verzichtet hatten, blieb somit das städtische Kleinbürgertum als nahezu ausschließlicher Träger des Protests übrig und unterlag infolge dieser Isolation 1849 in der Reichsverfassungskampagne. An ihr haben sich mittlere und größere Bauern überhaupt nicht, Kleinbauern und ländliche Tagelöhner nur in geringer Zahl beteiligt.[51] Wie in allen Agrargesellschaften scheiterte auch hier die Revolution, sobald sich ihr die Bauern abwandten.

Eine historisch gesättigte Theorie bäuerlichen Protestverhaltens, die die Erkenntnisse der Sozialwissenschaften verarbeitet, kann mangels geeigneter Vorstudien hier nur grob skizziert werden. Sie hat auszugehen von dem schon eingangs vorgestellten Modell zweier nebeneinander existierenden Gesellschaften, die ein Wesensmerkmal des Feudalismus sind und in denen die Wandlungsprozesse unterschiedlich rasch ablaufen. Aus bäuerlicher Perspektive durfte den von außen eindringenden und den Lebensstil verändernden Einflüssen, die in Gestalt der fürstlichen, kirchlichen oder städtischen, meist jedoch der grund-, gerichts-, leib- und zehntherrlichen Repräsentanten auftreten, Widerstand entgegengesetzt werden, weil die als geheiligt empfundene Tradition erhalten bleiben sollte. Nur unter diesem Aspekt kommt die Vielfalt des Widerstandes agrarischer Gesellschaften in den Blick, die von marxistischen Wissenschaftlern in einer Typologie des bäuerlichen Klassenkampfes zusammengefaßt wird und deren Hauptunterscheidungsmerkmale »niedere« und »höhere« Formen des Widerstandes sind. Trotz dieser eher unglücklichen Terminologie existiert bisher keine überzeugende begriffliche Alternative, in der so unterschiedliche Formen wie Dienst- und Abgabenverweigerung, Widersetzlichkeit, Bedrohung oder gar Aufruhr, aber auch Entweichen, Prozessieren, Passivität oder Sozialbanditismus in ein einziges System gebracht worden sind. Akzeptiert man dieses breit angelegte Modell bäuerlichen Reagierens auf die Außenwelt, so wird deutlich, daß Bauernaufstände nur die Ausnahme darstellen, gleichsam nur den Gipfel jenes Eisberges defensiven Verhaltens gegenüber allem, was von außerhalb in die dörfliche Gemeinschaft einzudringen versucht.

Um so wichtiger ist dann natürlich die Frage nach den Gründen für den Wechsel der Widerstandsform. Nach allem Gesagten dürfte klargeworden sein, daß diese Ursachen nur im gesellschaftlichen Gesamtzusammenhang zu sehen sind. Wenn sich die Veränderungen im Außensystem besonders beschleunigen und dabei »innen« auf einen bereits vorgegebenen Spannungszustand treffen – etwa eine sich rapide vermehrende, den Sättigungsgrad erreichende Bevölkerung, wie dies in Deutschland jeweils ca. 150 Jahre nach der großen Pest und dem Ende des Dreißigjährigen Krieges der Fall war – oder andere günstige Voraussetzungen – beispielsweise eine besondere Dichte ländlicher Marktorte, in denen durch vielfältige Faktoren der enge Dorfhorizont überwunden werden kann –, so ist eine gewaltsame Machtprobe der Kontrahenten wahrscheinlich. Die zahlreichen Untersuchungen zum englischen Bauernaufstand von 1381, zum deutschen Bauernkrieg, zu den Erhebungen der *Croquants* und *Nu-Pieds* im französischen Südwesten des 17. Jahrhunderts, zur *grande peur* zwischen 1789 und 1793 und nicht zuletzt die oben angeführten Beispiele in Deutschland im Zeitalter der europäischen Revolution haben dieses Wechselverhältnis von »äußerem« Anstoß und »innerer« Gunst der Umstände deutlich gemacht.

Wenn dieser Auslösemechanismus sich über ein halbes Jahrtausend hinweg erhalten hat, so ist es wenig wahrscheinlich, daß sich hierin zwischen 1790 und 1848 Wesentliches änderte, da ja das statusgebundene Weltbild der bäuerlichen Gesellschaft erst mit dieser selbst untergegangen ist. In der Tat blieb das Handlungsrepertoire der Aufständischen im fraglichen Zeitraum dasselbe. Nach wie vor reichte die Skala von Arbeits- und Zinsverweigerung über Petitionen und Einschüchterungsversuche bis zu Zerstörungszügen, in denen jedesmal nur der unmittelbare Gegenstand bäuerlicher Empörung, niemals aber das politische System als solches bedroht worden ist. Dem entspricht die »Revolutionstheorie« der Beteiligten. Wenn 1790 ein Pinnewitzer Häusler erklärte, »es müßte in Sachsen so werden wie in Frankreich«,[52] so deutet sich hier schon die ganze Selbstbeschränkung der deutschen Bauern an, die eine Revolution nicht zielbewußt herbeiführten, sondern eher abwarteten, bis sie kam. Dies war kein vereinzeltes Zeugnis, wie aus der in drohendem Ton gehaltenen Kreideaufschrift in Sorau von 1796 hervorgeht: »Der Canzley woln wirs immer an Sagen, das balde wird Rebellion werden, wie in Frankreich . . .«.[53] Auf der anderen Seite wird die modernisierende Rolle von Kriegen faßbar, wenn in Schlesien, wo nach 1806 jahrelang ausländische, auch französische Truppen stationiert waren, ein schriftlicher Aufruf zirkulierte, in dem es hieß, »daß weil die jezzige Zeit bedrengt und nicht mehr erträglich ist, so so zeigen wir hier- hiermit an daß wir einen Entschluß fassen und uns selbst bequemen und um unser Wohl streiten, auch zu Rebellioniren . . .«.[54] Dieser Ansatz zur Selbstbefreiung blieb aber die Ausnahme, denn noch 1847 schloß ein anonymer Drohbrief aus Oberschwaben die geplante Erhebung geradezu aus: »Heil dem Könige und dem Kronprinzen! Wir brauchen keinen Bürgeraufstand; Meuchelmord ist das Beste, wo alle adlige Familien im ganzen Lande ausgerottet werden müssen, Rache geschworen, ewige Rache, Mord Mord heißt es und ist es . . .«.[55]

Als drittes Argument für die Beharrlichkeit bäuerlichen Protestverhaltens ist die zunächst unveränderte Zielsetzung der Aufstände zu werten. Dieses Ziel war das durch Eingriffe von »außen« bedrohte *alte Recht*, in dem allerdings die ebenfalls jahrhundertealte Leibeigenschaft keinen Platz haben sollte. Die sächsischen Adelsbauern erhoben sich 1790, »weil sie von ihren Gerichtsobrigkeiten und Gerichtshaltern mit so viel Abgaben, Zinsen, Frondiensten gedrückt würden, welche sie in voriger Zeit nicht gehabt«.[56] Es war daher nur folgerichtig, daß »wer die alte Freiheit liebt und wünscht, welche unsere alten Vorfahren genossen haben«,[57] zum Zusammenschluß aufgefordert wurde. Auf den ersten Blick erstaunlicher als diese frühen Belege scheint die Tatsache, daß auch Jahrzehnte später, als sich die einstmals vergleichsweise statischen Verhältnisse in einem Zustand fortgeschrittener Auflösung befanden, das alte System gegenseitiger Rechte und Pflichten, in die Dorf und Herrschaft eingebunden waren, wiederhergestellt werden sollte. Aber es war eben gerade der Modernisierungsprozeß, der vormoderne Wertorientierungen verstärkt hat. 1830 verlangten die isenburgischen Untertanen, sie wollten »wieder unsere früheren Rechte, unsere Gemeinde- und Gerichtswaldungen«[58] und 1848 erzwangen die Neckarbischofsheimer Bauern »die Waldberechtigungen, wie solche von Kurmainz garantiert sind; das Forstgesetz soll keine Anwendung finden«.[59] Ähnliches läßt sich unschwer für den Hunsrück, die Hohenlohe, den Nürnberger Reichswald, Schlesien und andere Gebiete belegen.

Von äußerster Wichtigkeit ist darum, daß diese defensive Grundhaltung der Gemeinden in dem hier behandelten Zeitraum allmählich zurückging und Neues an ihre Stelle trat. Auch hierzu wurden die Ursachen von außen an die Bauernschaft herangetragen: durch die Französische Revolution und den Beginn staatlich verordneter Agrarreformen in Deutschland erhielt der bäuerliche Protest nicht nur eine politische Motivierung, so daß die reinen Agrarbewegungen zunehmend verschwanden, sondern das Ziel der Aktionen änderte sich allmählich. Die Außensteuerung der Revolten läßt sich schon am Datum der Empörungen ablesen, das sich gegenüber früher verschoben hat. Armer Konrad, Bundschuh, Bauernkrieg, der Aufstand in der *Vendée*, aber auch die Züge der *Croquants* setzten jeweils im Frühjahr ein und endeten bei Erntebeginn. Die Unruhen fielen also in eine Zeit, in der Arbeitsbelastung und Witterung in ihrem günstigsten Verhältnis zueinander standen. In Sachsen erhoben sich aber die Bauern 1790 gerade mitten in der Ernte wegen der herrschaftlichen Fronen, auf die die adligen Betriebe mehr denn je angewiesen waren; gleiches gilt für die Unruhen in Hessen in den Jahren 1819 und 1830, wo zuletzt auch die Julirevolution und die städtischen Tumulte ansteckend gewirkt hatten. 1794 kam es in Schlesien im Juni zum Aufstand, weil am 1. Juni das ALR in Kraft getreten war, von dem man sich Erleichterung versprochen hatte. Lediglich 1811 setzten dort die Unruhen in alter Tradition im Februar ein, während die agrarische Bewegung des Jahres 1848 nur in scheinbarer Kontinuität im März begann, denn in Wirklichkeit bildete auch hier die Pariser Februarrevolution und das Beispiel der Städte den unmittelbaren Anstoß.

Wichtiger als dieser jahreszeitliche Indikator ist jedoch die veränderte Zielrichtung der bäuerlichen Aktionen, die in zunehmendem Umfang offensiven Charakter annahm. 1790/94 sind Forderungen nach vollständiger Beseitigung des Feudalsystems eine Seltenheit, wenn sie überhaupt jemals von Bauern selbst erdacht worden sind.[60] Dagegen lassen sich 1830 für Oberhessen derartige Wünsche, die zunächst auch gewaltsam durchgesetzt wurden, mehrfach belegen und 1848 bestimmen sie weithin den Ton sowohl genuin bäuerlicher Äußerungen als auch von Dritten verfaßter Petitionen. Der Widerspruch zu der damals ebenfalls vorgebrachten Forderung nach Wiederherstellung der alten kollektiven Nutzungsrechte löst sich auf, wenn man die Tatsache berücksichtigt, daß die Programme oft schichtenspezifische Aussagen enthielten: nur die mittel- und großbäuerlichen Betriebe konnten 1848 von der vollständigen Grundentlastung profitieren, bei den Kleineren dominierte dagegen das Sicherheitsbedürfnis eines nicht am Markt, sondern an der Subsistenz orientierten Wirtschaftsdenkens. Das Verlangen nach vollständiger Abschaffung des Feudalsystems dokumentiert einen grundlegenden Mentalitätswandel der Bauern, der sich nur mit den geänderten Verhältnissen im Agrarsektor erklären läßt. Während bisher die Übergriffe der Grundherren lediglich als solche begriffen worden waren, so daß es ausreichend erschien, sich gegen die ungerechtfertigten Ansprüche zu wehren,[61] wurden nun offenbar diese Übergriffe als untrennbarer Bestandteil des Feudalwesens als solchem gedeutet. Dafür war sicherlich die in Deutschland erst nach der Jahrhundertwende, ja eigentlich erst nach 1806 zu beobachtende *réaction seigneuriale*, d. h. die Intensivierung der grundherrlichen Dienste und Abgaben zuungunsten der Pflichtigen die Ursache. So wird der unglaubliche Haß auf den Adel erklärlich – »die Adligen . . ., das sind die Landesblagen, das ist der Ekel der Menschen . . . Weg mit solcher Plage«[62] –, aber auch der anhaltende Mythos des guten, jedoch von seinen Beratern und vom Adel getäuschten Königs, den die Bauern befreien müssen: »Fremde Herrschen und verwirren das Staats Ruder in Sachsen und peinigen Sachsenland wider Willen unseres Landes Fürsten, indem Ihm des Landes Noth nicht vor Ohren kommt. Sie halten ihm gleichsam die Ohren zu«, versicherte im Juli 1790 der Seilergeselle Christian Geißler den ritterschaftlichen Bauern im Meißnischen[63] und beabsichtigte darum in offensichtlicher Nachahmung der Vorgänge in Versailles, den Kurfürsten durch eine Bauernarmee in die Residenzstadt Dresden einzuholen. Auch die schlesischen Bauern waren trotz der Enttäuschungen zunächst noch immer des Glaubens, »daß dem Könige die Untertanen lieber sein müßten als die Edelleute«.[64] »Es lebe der König, wir brauchen keine Fürsten«, erscholl es 1848 im Hohenlohischen.[65] Dieses bäuerliche Urvertrauen hatte natürlich durch den rascheren Fortgang des Befreiungswerkes in der staatlichen Grundherrschaft zusätzlichen Auftrieb erhalten, wie denn nicht genug betont werden kann, daß in Deutschland die Ungleichmäßigkeit des Ablösungsgeschäfts den Widerstand der Mediatuntertanen überhaupt erst zum Äußersten herausgefordert hat. Nur im Bereich der privaten Grundherrschaften wurde 1848 der Ruf nach entschädigungsloser Abschaffung aller Dienste und Abgaben, ja nach Rückerstattung bereits geleisteter Zahlungen laut, während überall sonst zwar nicht die Übernahme bürgerlicher Eigentumslehren, wohl aber die fortdauernde Auffassung von der grundsätzlichen Rechtmäßigkeit des Feudalwesens diese radikale Wendung verhindert hat.

Im Zeitraum von zwei Generationen, währenddessen sich die wirtschaftliche und politische Ordnung fundamental wandelte, hat die in Deutschland westlich der Elbe und in Schlesien tonangebende mittelbäuerliche Schicht das tausendjährige Ideal von der ewigen Geltung des *alten Rechts* aufgegeben. Entsprachen aber darum die von den Agrarreformen geschaffenen neuen Verhältnisse den geänderten Vorstellungen der Bauern? Obwohl der Beweis mangels eindeutiger Aussagen in den Quellen schwerfallen dürfte, sei hier eine negative Antwort gewagt. Alle in vergleichbaren Situationen gesammelten Hinweise, die es namentlich für die englischen Bauern des 16. und für die französischen und italienischen des 18. Jhdts. gibt (wo allerdings die Besitzverteilung eine meist wesentlich andere war), sprechen dafür, daß die Mittelbauern in einer sich auflösenden Feudalverfassung weder diese retten wollen, noch den Kapitalismus anstreben, obwohl er doch in allen Fällen die historische Folgeerscheinung war. Dem neuen bäuerlichen Ideal entsprach vielmehr eine adelsfreie Agrardemokratie mit königlichem Obereigentumsrecht und weitgehender Gemeindeautonomie unter Aufgabe der alten kollektiven Praktiken, ähnlich wie sie Rousseau, allerdings nicht ohne sentimentale Verklärung, 1765 in seinem Verfassungsentwurf für Korsika konzipiert hatte. Warum die Bauern diese Utopie nicht zu verwirklichen gesucht und sich nicht gegen den die überlieferte dörfliche Gesellschaft zerstörenden Kapitalismus gewehrt haben, ist eine Frage, die wohl kaum zu klären ist. Das sehr allmähliche Eindringen kapitalistischer Wirtschaftsmethoden in die deutsche Landwirtschaft insgesamt und in die Bauerngüter im besonderen hat den Wandlungsprozeß zunächst kaum sichtbar gemacht und dadurch mögliche Widerstände vielleicht gar nicht erst aufkommen lassen.

Zweifellos wäre auch ohne Unruhen auf dem Lande die Bauernbefreiung zustande gekommen. Die Beispiele jener deutschen Länder, in denen es keine agrarische Protestbewegung gegeben hat – und dies war die Mehrheit – beweisen das. Die Aufstände haben auch den Inhalt der Reformen nicht verändert. Sicherlich aber wirkten die gewaltsamen Protestaktionen beschleunigend auf geplante oder schon begonnene Reformprojekte – sei es aus Angst vor dem »schlafenden Koloß«, als der die Mehrheit der Landbevölkerung in Zeiten gesteigerter Unruhe gelten konnte, oder aus Einsicht in die Reformbedürftigkeit der Zustände. Fast regelmäßig haben die Regierungen nach der Niederschlagung der Tumulte Untersuchungskommissionen eingesetzt, deren Recherchen von der Forschung einmütig als verständnisvoll bezeichnet worden sind. Insofern erscheint es angebracht, von einer Wechselwirkung zwischen Reformen und Agrarunruhen zu sprechen: die Reformen lösten Unruhen aus, die ihrerseits weitere gesetzliche Maßnahmen zur Folge hatten. Das war zwar im Endergebnis weniger als was die französischen Bauern im Laufe von nur vier Jahren erreichten, aber immerhin mehr als in Deutschland jemals unter den Bedingungen eines voll funktionierenden Feudalsystems durchgesetzt worden ist. So wird zum letzten Mal unterstrichen, wie sehr bäuerliche Empörungen auf anderweitige Bundesgenossen angewiesen sind, ohne die sie regelmäßig unterlagen und mit ihrem Mißerfolg auch noch die herrschenden Verhältnisse stets aufs neue verfestigt haben.

Politische Repräsentanz der Bauern

Nach allem, was im vorangehenden Abschnitt über das Selbstverständnis der Bauern hinsichtlich ihrer Rolle im politischen und gesellschaftlichen System am Ende des Feudalregimes gesagt worden ist, kann nicht erwartet werden, daß bäuerliche Repräsentanten eine wichtige Funktion auf einer so hohen politischen Ebene eingenommen haben, wie sie Ständeversammlungen und Landtage darstellten. Das genossenschaftlich begründete Mitwirkungsrecht einer bäuerlichen Führungsschicht innerhalb der sog. *Landschaften*, die in einigen oberdeutschen Territorien bis zum Ende des Reiches existierten, betraf nur unmittelbare Anliegen der Gemeinden. Von hier aus führte kein Weg zu Konstitution und parlamentarischem Leben, auch wenn eine Einübung in Leitungspositionen stattgefunden hatte.
Schon das kurze Vorspiel der Mainzer Republik weist auf das typische Verhalten bäuerlicher Abgeordneter im 19. Jhdt. voraus: obwohl hier sogar nominell in der Mehrheit, überließen sie Initiative und Herrschaft anderen Kräften und hatten nur ihre eigenen, unmittelbar dörflichen Belange im Auge.[66]
Die Verfassungen der deutschen Bundesstaaten sahen in vielen Fällen eine eigene Kurie des Bauernstandes vor. Zensuswahlrecht und andere gesetzliche Bestimmungen sorgten für eine starke Siebung der möglichen Kandidaten. Aber auch bei günstigeren Voraussetzungen wäre eine größere politische Mobilisierung der Landbevölkerung am bäuerlichen Weltbild gescheitert, das allen diesen Institutionen, die einer anderen Gesellschaft entstammten, mit tiefem Mißtrauen begegnete. So nimmt es nicht wunder, wenn 1830 in Kurhessen die 8 Deputierten der Bauernherrschaft sich aus 5 Ortsvorstehern, 2 Gutsbesitzern und einem Apotheker zusammensetzten.[67] Die bäuerlichen Wähler Bayerns mußten im Vormärz mindestens 13,3 ha Land besitzen, als Kandidaten sogar 50 ha. In der Klasse der »Grundeigentümer ohne Gerichtsbarkeit«, der die

Hälfte aller Sitze in der Zweiten Kammer zufiel, waren daher 1818 nur 8 echte Bauern, 1839 immerhin 16 und 1845 17, was einem Anteil von 7 bis 12% entspricht.[68] Im benachbarten Württemberg mit seinem überproportionalen Bestand an Klein- und Zwergbetrieben gab es eine außerordentliche soziale Diskrepanz von Urwählern, Wahlmännern und Gewählten: 1833 und 1838 wurde das gesamte Handwerk und der landwirtschaftliche Mittel- und Kleinbesitz von ganzen 3 Gastwirten »repräsentiert«, während der Großgrundbesitz in der Ersten Kammer ein wirkungsvolles Sprachrohr besaß. Es gehört zu den in der Geschichte dieses Landes besonders zahlreichen Paradoxien, daß vor der Verfassung von 1819 die politischen Mitwirkungsmöglichkeiten der Bevölkerung größer waren als im Vormärz; bis dahin waren stets Bauern im Landtag.[69] In Sachsens Zweiter Kammer saßen sich nach 1833 20 Abgeordnete der Rittergutsbesitzer und 25 des Bauernstandes (neben 30 weiteren) gegenüber. Auch hier bewirkte der Zensus, daß durchweg nur Großbauern gewählt wurden.[70]

Daß unter diesen Umständen nennenswerte Fortschritte in der Agrarfrage überhaupt zustande kamen, erklärt sich aus dem hohen politischen Stellenwert dieses Problems. Die Abschaffung der bäuerlichen Lasten bildete gleichsam den archimedischen Punkt, von dem aus die verschiedensten Kräfte die Vormacht des Adels aus den Angeln zu heben hoffte. So war jede Initiative in dieser Richtung, solange das Bürgertum nicht die Folgekosten zu tragen hatte, außerordentlich populär und stieß auch bei den Ministerien stets auf offene Ohren. Daher fanden sich in der liberalen Opposition immer eine Reihe von Persönlichkeiten, die als selbsternannte politische Sachwalter der Bauernschaft auftraten und entsprechende Anträge stellten. Vielfach waren dies auf die grundherrlich-bäuerlichen Verhältnisse spezialisierte Anwälte, die nicht nur im Parlament, sondern – wie im vorigen Abschnitt bereits mehrfach erwähnt – auch außerhalb durch Flugschriften und Petitionsbewegungen für eine Grundentlastung gegen Entschädigung Stimmung machten.

Sollte dabei die taktische Überlegung im Spiel gewesen sein, daß die Bauern als Gegenleistung die politischen Ziele der Opposition unterstützen würden, so war dies eine arge Täuschung. Wo noch Büchner in Unkenntnis der bäuerlichen Mentalität das neue agitatorische Mittel der Statistik ins Feld führte, weil die traditionellen Argumente der Liberalen auf dem Lande ohne Resonanz geblieben waren – die Bauern haben »aus sehr naheliegenden Ursachen durchaus keinen Sinn für die Ehre und die Freiheit ihrer Nation, keinen Begriff von den Rechten des Menschen usw., sie sind gegen all das gleichgültig und in dieser Gleichgültigkeit beruht ihre angebliche Treue gegen die Fürsten und ihre Teilnahmslosigkeit an dem liberalen Treiben der Zeit«[71] –, da war nach der 48er-Revolution diese Euphorie verschwunden. Rückblickend stellte Riehl nüchtern fest, »die Bauern bildeten fast auf allen Einzellandtagen . . . eine fest geschlossene Parteigruppe, die ganz fremdartig in unsere übrige Parteibildung hineinragte. Sie ließ sich nicht in die Unterordnung von rechts und links einteilen, denn sie ging gar nicht von politischen Lehren und Satzungen aus, sondern lediglich von rein praktischen Rücksichten . . . Der ganze Begriff des konstitutionellen Staatswesens ist ihm zur Zeit noch ein verschlossenes Buch mit sieben Siegeln«.[72] Damit hat Riehl in der Tat das Wesen bäuerlicher parlamentarischer Mitarbeit erfaßt. Anders als im Falle der Liberalen oder später der Arbeiterbewegung, aber auch im Unterschied zu einem sozial engagierten Konservativismus verfolgten die Bauern niemals gesamtgesellschaftliche Ziele in der Politik. Jegliche umfassende emanzipatorische Absicht lag ihnen fern. Die Perspektive, die ihnen seit jeher in der dörflichen Gesellschaft vorgegeben war, erlaubte ihnen keinen anderen Standpunkt als den ihrer unmittelbaren materiellen Interessen. Aus ihrer Sicht handelten sie daher folgerichtig, wenn sie sich jeweils derjenigen Richtung anschlossen, von der sie am ehesten eine Berücksichtigung ihrer Belange erhoffen konnten. Das hat ihnen damals die Linke wie die Rechte zum Vorwurf gemacht und sie als angeblich prinzipienlose »Wackelmänner« bloßzustellen versucht.

Von einem quasi-natürlichen Konservativismus der Bauern kann daher keine Rede sein, vor allem nicht, solange die rechtlichen Ansprüche am Boden ungeklärt sind oder die Besitzverteilung ihnen große Stücke des Landes vorenthält. Im Extremfall, d. h. wo sie auf keinen Anwalt ihrer Interessen hoffen können, sind daher die Bauern nicht nur bereit, ihr politisches Glück selbst zu suchen und in großer Zahl in die Landtage einzuziehen, sondern man findet ihre Abgeordneten dann so lange auf seiten der Opposition, wo auch die Linken saßen, bis ihre Ansprüche zufriedengestellt sind. 1848 war dies auf deutschem Boden bezeichnenderweise nur in Preußen der Fall. Mit 68 Deputierten (17% der Sitze) stellte das Bauerntum in Berlin die größte berufs- und sozialständische Einzelgruppe. Von diesen kam bezeichnenderweise die Mehrheit aus Schlesien, das sogar Häusler und Tagelöhner entsandt hatte und von denen nicht einmal alle Deutsch verstanden.[73] Schon hieran läßt sich die ungleich größere Radikalität der Berliner Nationalversammlung im Vergleich zum Frankfurter »Professorenparlament« ablesen.[74] Am Beispiel des Österreichischen Reichstags wird der

Zusammenhang von bäuerlicher Unzufriedenheit und Bereitschaft zu entschiedenem politischem Engagement noch besser sichtbar: mit 97, wegen des Wahlrechts durchweg großbäuerlichen Abgeordneten hatte dort die Landbevölkerung immerhin 25% aller Mandate errungen,[75] doch hätte der Anteil mühelos das Doppelte erreicht, wenn nicht die massive Wahlmanipulation namentlich des galizischen Adels einesteils und der Robotverzicht in Innerösterreich, Böhmen und Mähren unmittelbar vor dem Wahltermin andernteils das zu erwartende Ergebnis verfälscht hätte. Niemand vermag zu sagen, ob in diesem Falle nicht doch die »jakobinische« Lösung der Bauernfrage zumindest im Parlament durchgesetzt worden wäre, wie sie seit dem galizischen Bauernaufstand von 1846 als Ziel der ländlichen Bevölkerung offenbar geworden war.
Für das auch im politischen Leben der Gegenwart keineswegs unbekannte, streng interessengebundene Engagement der Bauern spricht nicht zuletzt auch ihr Verhalten nach 1848. Im 1849 gewählten bayerischen Landtag saßen, obwohl der Zensus gesenkt worden war, weniger bäuerliche Abgeordnete als zuvor.[76] Nachdem die Bauernbefreiung gesetzlich geregelt war, erübrigte sich offenbar aus ihrer Sicht die weitere Aktivität auf dieser hohen Ebene und alte oder neue Vermittlergruppen monopolisierten wieder die Kontakte zwischen Dorf und Gesamtgesellschaft.

Interessengruppen und ländliche Vereine

Wie hier nun schon mehrfach ausgeführt, ist die Bauernbefreiung in Deutschland eine von Gelehrten und Sachverständigen geforderte und von den Regierungen durchgeführte Reform, die bäuerliche Wünsche nicht oder nur selten berücksichtigte und teilweise sogar auf den entschlossenen Widerstand bäuerlicher Gruppen traf. Man kann daher kaum erwarten, daß die Bauern an der seit den 60er Jahren des 18. Jahrhunderts aufbrechenden agrarischen Reformbewegung Anteil hatten, die sich in einer rasch anschwellenden Flut landwirtschaftlicher Spezialliteratur und in der Gründung einer Vielzahl »Ökonomischer Gesellschaften« niederschlug.
In der Tat zeigt eine unter gruppen- und organisationssoziologischen Vorzeichen geführte Untersuchung, wie wenig das Bauerntum von diesem Zweig der Volksaufklärung erfaßt wurde. Es ist dabei nicht einmal sicher, ob der Bauer als Inbegriff der tradierten und darum auch in Traditionen scheinbar unlöslich verhafteten ländlichen Sozialordnung überhaupt angesprochen werden sollte. Bei genauerem Hinsehen erscheint vielmehr der fortschrittsoffene

bürgerlich-adlige »Landwirt«, ein völlig neuer Typus im Agrarsektor, als der eigentliche Adressat fördernder Bemühungen. Die wenigen Exemplare sog. »philosophischer Bauern«, unter denen der im Züricher Oberland lebende »Kleinjogg« das berühmteste Beispiel ist, sind mit erheblichem Propagandaaufwand einem staunenden Publikum bürgerlicher Intellektueller vorgeführt worden und sollten möglicherweise die Apathie des Landvolks vergessen lassen.

Das nach 1760 aufblühende moderne Vereinswesen ist Symptom, ja eigentlich Faktor der entstehenden bürgerlichen Gesellschaft, die sich mit Hilfe freier Assoziationen persönlich zu entfalten suchte. Auf dem Lande aber, wo ständische Ordnung und korporativer Geist allen Reformversuchen zunächst widerstanden und wo die Stellung des einzelnen von seiner Funktion innerhalb der Ökonomie des »ganzen Hauses« bestimmt blieb, fehlte jegliche Voraussetzung für einen Zusammenschluß Gleichberechtigter als emanzipatorischem Instrument.

Die »Landwirtschaftlichen Gesellschaften«, als deren älteste die 1762 gegründete »Thüringische Landwirtschaftsgesellschaft zu Weißensee« gelten darf und der rasch ein gutes Dutzend ähnlicher Institutionen folgte, blieben daher in der Regel ohne Resonanz von bäuerlicher Seite. Als Gründer traten entweder Vertreter der soeben erst aufkommenden Agrarwissenschaft, wie etwa Thaer und Schubart von Kleefeld, Amateurlandwirte oder die Obrigkeiten selbst auf. Die staatliche Initiative überlagerte im 19. Jahrhundert dann allenthalben die noch aus der Frühzeit des Vereinswesens stammenden Ökonomischen, Physikalischen oder Patriotischen Gesellschaften. Das berühmteste Beispiel für ein solches regierungsseitiges Engagement ist Preußen. Im § 39 des Landeskulturedikts von 1811, von Thaer verfaßt, wurde für »erfahrene und praktische Landwirte« ein örtlicher Zusammenschluß angeregt und die Gründung eines Zentralbüros in Berlin angekündigt. Es ist nur logisch, wenn diese Art Verein 1895 in der Umwandlung zu Landwirtschaftskammern des öffentlichen Rechts endete. 1852 zählten die 316 landwirtschaftlichen Vereine des Königreiches über 30000 Mitglieder.[77] Wie viele von ihnen bäuerlicher Herkunft waren, ist unbekannt. Wenn aber selbst in einem so bäuerlich strukturierten Staat wie Bayern noch 1860 von 21352 Mitgliedern des »Landwirtschaftlichen Vereins« erst 9556 Bauern waren,[78] so werden die Verhältnisse in Preußen keinesfalls von einer stärkeren bäuerlichen Betätigung geprägt gewesen sein. Überall in den zwischen 1815 und 1848 gegründeten halboffiziellen Vereinen dominierten Nicht-Bauern: je nach Landschaft Adlige, Gutsbesitzer,

Domänenpächter oder auch Verwaltungsbeamte, Pfarrer und Lehrer. Auch die Minderheit teilnehmender Bauern repräsentierte nicht den gesamten Stand, sondern gehörte vorwiegend der Oberschicht an: Posthalter, Gastwirte, Bierbrauer mit landwirtschaftlichen Betrieben. Schleswig-Holstein war nicht der einzige Fall, wo diese Vereine, an deren Spitze »von eigenen Rechten lebende Ökonomieräte«[79] standen, keinerlei kleinbäuerliche Entwicklungsperspektiven erkennen ließen und erst recht für Kätner und Tagelöhner außer humanisierenden Empfehlungen keine Programme vorlegten.

Schwerpunkt der Vereinstätigkeit war und blieb die Fortbildung. Von der Stallfütterung über die Allmendaufteilung bis zur Buchführung und dem Einsatz chemischer Düngemittel reichte das Tätigkeitsfeld, in dem auch Wettbewerbe, Ausstellungen und Preisverleihungen nicht fehlten. Über das Ausmaß der Übernahme solcher Anregungen sind die Ansichten geteilt. Allgemein wird ihre Anwendung eher überschätzt, denn weder Thaers Fruchtwechselwirtschaft noch Thünens Standortlehre wurden ernsthaft beherzigt und selbst Liebigs agrochemische Erkenntnisse setzten sich erst in diesem Jahrhundert durch. Die langsamen Produktivitätsfortschritte der deutschen Landwirtschaft, von denen oben die Rede war, finden nicht zuletzt in der Zurückhaltung der »praktischen Landwirte« gegenüber wissenschaftlichen Einsichten eine Erklärung. Dies gilt natürlich erst recht für die Bauern. Schon im Jahre 1800 klagte der Leipziger Privatdozent Friedrich Benedict Weber über die geringe Verbreitung ökonomischer Literatur unter ihnen und empfahl, Kalendergeschichten und Katechismen mit entsprechender Thematik zu verfassen.[80] Gefruchtet hat dies alles nichts, die pädagogische Dorfutopie der Spätaufklärung erreichte trotz intensiver Anstrengungen ihre Zielgruppe nicht: aus erhaltenen Bücherverzeichnissen Braunschweiger Bauern, denen es niemals am nötigen Geld zur Literaturbeschaffung gefehlt hat, geht hervor, daß die bäuerliche Oberschicht keine bauernspezifische, sondern (veraltete) christliche Erbauungsliteratur konsumierte.[81]

Über die Resonanz der von oben initiierten und geförderten Landwirtschaftlichen Vereine bei den Bauern ist nichts bekannt. Wiederum kann jedoch aus ihren Handlungen die Unzufriedenheit mit einer Organisation erschlossen werden, die nicht nur von einer nichtbäuerlichen Elite geleitet wurde – dies akzeptierte man stets, ja man war auf solche Vermittler geradezu angewiesen –, sondern auch den hautnahen Problemen der Bauernschaft, vor allem der Mediatbauern, in keiner Weise Rechnung trug. Mit Ausnahme von Württemberg, dessen Adel sich der Bauernbefreiung besonders heftig widersetzte, hat nicht ein einziger dieser Vereine sich je mit der Ablösung der Feudallasten befaßt. In Württemberg ermutigte die durch das Ministerium Schlayer mit Hilfe der Ortsausschüsse des offiziösen »Landwirtschaftlichen Vereins« betriebene Mobilisierung die bäuerliche Bevölkerung in der Zehntfrage zu weiterem Engagement. So verwandelte sich etwa der 1839 von dem hohenlohischen Hofrat Mangoldt ins Leben gerufene »Verein zur Verbesserung der Landwirtschaft« in Öhringen unter der Führung rühriger Advokaten im Vormärz zu einem ausgesprochenen »Prozeßverein« gegen die Grundlasten. 1844 gründeten in Künzelsau 26 bäuerliche Grundeigentümer auf Initiative des Landtagsdeputierten und Rechtskonsulenten Müller den »Hohenloher Landwirtschaftlichen Verein«, der ebenfalls durch Mitgliedsbeiträge Petitionen versenden und Grundsatzprozesse führen sollte; bereits im Sommer folgenden Jahres zählte er knapp tausend Mitglieder.[82] Der vom Ulmer Oberjustizprokurator und Abgeordneten Wiest 1840 konstituierte »Oberschwäbische Landwirtschaftliche Verein« diente ebenfalls »offensichtlich als Deckorganisation, um die Bauern des Oberlandes auf nicht genehmigungspflichtigen öffentlichen Versammlungen für die Grundentlastung zu mobilisieren.«[83] Da auf den Zusammenkünften landwirtschaftliche und allgemeinpolitische Fragen naturgemäß kaum zu trennen waren, verbot die besorgte Regierung 1846 die geplante Jahrestagung.

In dieser Gestalt war der Verein als Ausdruck bäuerlichen Protests und Widerstands im Vormärz vereinzelt also bereits Realität und nicht anders als bei der Arbeiterbewegung – nur ein gutes Jahrzehnt später und von geringerer Dauerhaftigkeit – bedeutete die freie Assoziation in dieser Endphase der Bauernbefreiung den Eintritt in den politischen Prozeß mit dem Ziel der Emanzipation. 1848 erreichte diese neue Form des Selbstverständnisses und der Interessenartikulation ihren Höhepunkt. Lokale Bauernvereine tauchten in vielen Teilen Deutschlands auf. In den Unruhezentren vom Frühjahr hatten sie den größten Zulauf. Erforscht ist bisher lediglich die bäuerliche Vereinsbewegung in der Lausitz und in Schlesien. Nach dem Vorbild der Vaterlandsvereine organisiert, schlossen sich alle Schichten der unzufriedenen Lausitzer Landbevölkerung – Bauern aller Größenklassen, aber auch Landarbeiter, Handwerker, Dorfkrämer, Lehrer und Pfarrer – zusammen mit dem Ziel der, wie es das Statut des »Radiborer Sorbischen Bauernvereins« formulierte, »Vermehrung der Aufklärung und Bildung der sorbischen Bauern- und Einwohnerschaft; Beachtung alles dessen, was ihr nützen und Abwehr alles dessen, was ihr schaden könnte.«[84] Die 26 bekanntgewordenen Vereine unterschieden sich damit nach ihrer Mitgliederschaft und Zwecksetzung radikal von den älteren landwirtschaftlichen Organisationen. Noch deutlicher wird der Abstand zum Alten in Schlesien. Aus enttäuschter Hoffnung über die zögernde Berliner Politik und als Antwort auf das sog. »Junkerparlament«, das am 18./19. August getagt hatte,[85] versammelten sich am 27. August nach einem entsprechenden »Aufruf mehrerer Mitglieder des Rustikalstandes« in Mörschelwitz eine Reihe Bauern und demokratischer Politiker. Zweck des endgültig am 22./23. September konstituierten, demokratisch aufgebauten »Rustikalvereins« war die »Beförderung des Wohles, Schutz der Interessen und der Rechte des Landvolkes«.[86] Trotz dieser die dörfliche Schichtenintegration ansprechenden Formulierung dominierten die Interessen der mittleren und Großbauern, die auch das Präsidium stellten. Rasch entwickelte sich der Verein durch die Gründung zahlreicher Ortsgruppen zu einer der größten Massenorganisationen der 48er-Revolution und zählte im Oktober bereits angeblich 200000 Mitglieder.[87] Schon im Dezember kam es jedoch als Folge der unvermutet entgegenkommenden Politik der neuen Regierung zu internen Auseinandersetzungen. Auch bröckelte die Anhängerschaft nun nach Erreichen des wichtigsten Etappenziels rasch ab, so daß 1849 der Rustikalverein zunehmend ins Fahrwasser der radikalen Linken geriet. Die von ihm begründete »Schlesische Dorfzeitung« druckte etliche Artikel aus Marx' »Neuer Rheinischer Zeitung« ab, darunter Wilhelm Wolffs »Schlesische Milliarde«.

Kurzlebigkeit war das Kennzeichen aller dieser Assoziationen, aber dies mindert ihre bis heute weitgehend unbekannt gebliebene Rolle keineswegs. Die sorbischen Bauernvereine stellten zumeist 1850 ihre Tätigkeit ein, der »Rustikalverein« hielt am 2. 6. 1849 seinen letzten Provinzialkongreß ab. Die bäuerlichen Vereinsaktivitäten belegen aber, daß eine Ablösung der traditionellen Korporationszwänge und institutionellen Normen stattgefunden hatte. Dadurch erst wurden Sachzwänge rational erkannt und Neuerungen möglich. Andererseits förderte das unverzichtbare Besitzstandsdenken den Trend zu oligarchischen Führungsstrukturen und schränkte dadurch die Innovationschancen wieder ein. So blieb die ländliche Gesellschaft auch im Bereich des Assoziationswesens im Stadium partieller Modernität, nämlich zwischen hergebrachter vereinspolitischer Abstinenz und dem Durchbruch zur politischen Vereinsbildung. Zu einer echten Bauernpartei ist es in Deutschland auch später nie gekommen.

V. Die deutsche Bauernbefreiung im europäischen Rahmen

Die Bauernbefreiung bedeutete mehr als nur ein Stück Rechts- oder Wirtschaftsreform. Sie erfaßte die Gesamtheit der ländlichen Lebensordnung, denn mit dem Feudalregime endete nicht nur ein tausendjähriges Dienst- und Abgabensystem, sondern auch eine ebenso alte Gerichts- und Verwaltungskompetenz. An ihre Stelle trat der Staat. Auch die alte Einheit von Herrschaft und Wirtschaft endete und wurde durch einen sich seit langem ankündigenden Individualismus ersetzt, dem die Freizügigkeits-, Heirats- und Berufsschranken sowie die hemmenden kollektiven Praktiken und Lasten zum Opfer fielen. Mit den Hindernissen ging freilich auch mancher vorteilhafte Schutz verloren. Aber insgesamt war die bäuerliche Entlastung so erheblich, daß selbst die enormen Entschädigungsleistungen meist schon nach zwei Generationen beglichen waren. So wurden Staat, Gesellschaft und Wirtschaft vom Wandel erfaßt.

Der deutsche Agrardualismus hat bewirkt, daß der hier pauschal beschriebene Prozeß der Modernisierung regional und sektoral unterschiedlich vorangekommen ist. Ein Vergleich der eingangs aufgestellten Indikatoren (vgl. S. 190, Anm. 93) vermag dies zu verdeutlichen. Am meisten profitierte das politische System von der Entfeudalisierung, da es alle den alten Ständen abgerungenen Herrschaftsbefugnisse auf sich selbst übertrug. Rasch und vollständig ist dies zunächst jedoch nur gegenüber der Kirche gelungen, während der Staat bei der Emanzipation der adligen Hintersassen gegenüber seinen eigenen Grunduntertanen in Rückstand geraten ist. Die steckengebliebenen Reformen lösten, wo die Dorfgemeinden intakt geblieben waren, immer wieder schwere bäuerliche Unruhen aus. Den Regierungen ist es entgegen ihren Hoffnungen auch nicht gelungen, Gutsbetriebe und Bauernhöfe in gleicher Weise wirtschaftlich zu entwickeln, da die bloße Liberalisierung der Wirtschafts- und Gesellschaftsverfassung nicht schon genügte, die rückständige Betriebsstruktur namentlich in den Realteilungsgebieten zu modernisieren; Produktion und Produktivität nahmen fast ausschließlich im Bereich der Güter zu. Dies ist um so bemerkenswerter, als die Bürokratien bei der Förderung des Agrarsektors wesentlich mehr materielle und immaterielle Güter investiert haben als im Falle der Industrie; und dennoch wuchs diese im 19. Jahrhundert unvergleichlich rascher als Ackerbau und Viehzucht. Je beschleunigter sich jedoch die wirtschaftliche und gesellschaftliche Modernisierung vollzog, desto eher zögerten die Administrationen, den neuen »bürgerlichen« Freiheiten ihre »politische«, d. h. konstitutionelle Entsprechung zu gewähren. Umgekehrt entstanden Verfassungsstaaten moderner Prägung bis 1848 fast nur dort, wo die wirtschaftliche Modernisierung mehr oder weniger ausgeblieben, der Adel aber weitgehend entmachtet war.

Wenn sich also Kapitalismus und Demokratie in Deutschland zunächst gegenseitig ausschlossen, so zählt es andererseits zu den kaum zu unterschätzenden Leistungen jener, die an der »Revolution von oben« beteiligt waren, daß sich trotz der im ganzen unveränderten Eigentumsordnung mit ihrem Nebeneinander von bäuerlichem Klein- und Mittelbesitz im Westen und Süden und Gutswirtschaften im Norden und Osten den Agrarreformen der Übergang zur Industrialisierung fast nahtlos angeschlossen hat. Diese Kombination ist in Europa beim Übergang vom Feudalismus zum Kapitalismus einmalig.

Zwar bestanden in Großbritannien[1] wesentlich engere Beziehungen zwischen agrarischem und industriellem Aufschwung, aber der englischen Dynamik fiel nahezu die gesamte Bauernschaft zum Opfer. Ihren Platz nimmt seither eine Dreiheit aus Landeigentümern, Pächtern und Arbeitern ein. Die hier zu beobachtende Wirkungslosigkeit sozialprotektionistischer Gegenmaßnahmen ist dem Umstand zu verdanken, daß die Modernisierungsanstöße nicht von der Exekutive gekommen sind, sondern es war eine auf wirtschaftliche Expansion und parlamentarische Kontrollmöglichkeiten hinarbeitende neue Oberschicht, die diesen umfassenden Wandlungsprozeß eingeleitet und gesteuert hat. Dieser Umbau ging zwar ebensowenig wie anderswo ohne Konflikte vonstatten, aber diese Konflikte verzögerten nicht den weiteren Fortgang der Modernisierung, besonders jedoch nicht ihre weitreichende Wirkung. Im 18. und 19. Jahrhundert war England darum nicht zufällig das bewunderte Vorbild all jener auf dem Kontinent, die die Landwirtschaft, den gewerblichen Bereich oder die politische Verfassung reformieren und vorantreiben wollten.

Weit weniger universal vollzog sich die Modernisierung in Frankreich.[2] Zwar kam auch hier der entscheidende Anstoß zur Beseitigung des *Ancien Régime* von oppositionellen Kräften, weshalb der Demokratisierungsprozeß nach 1789 zunächst sehr rasch in Gang kam. Aber die ländliche Feudalordnung brach nicht unter den Attacken einer fortschrittswilligen Grundbesitzerschicht zusammen (obwohl diese in Paris beim Sturz des absoluten Königtums beteiligt gewesen war), sondern wurde im Gegenteil von antimodernistischen Bauern beseitigt, die sich dem Rentenkapitalismus ihrer adligen und bürgerlichen »Ausbeuter« widersetzten. Damit blieb die politische Verfassung zwar weiterhin modernisierungsfähig, die gesellschaftlichen und wirtschaftlichen Entwicklungsperspektiven verloren jedoch schlagartig so sehr an Dynamik, daß trotz erfolgversprechender Ansätze vor 1789 Landwirtschaft und Industrie gegenüber anderen Nachzüglern in Rückstand gerieten. Frankreich wurde daher, um mit Hobsbawm zu sprechen, »ein gigantisches Paradoxon«,[3] weil trotz erfolgreicher Revolution der Modernisierungsprozeß gespalten wurde und somit auf wirtschaftlicher Ebene Ergebnisse zeitigte, die denjenigen anderer, von »oben« modernisierter Staaten durchaus vergleichbar sind.

Die italienische Halbinsel stellte schon seit Beginn der Neuzeit ein Musterbeispiel ungleichgewichtiger Entwicklung dar.[4] Ihre dreifach gegliederte Agrarverfassung war im Süden und auf den Inseln vom Nebeneinander feudaler Latifundien und ärmlicher Parzellen in bäuerlicher Hand, in Mittelitalien und im Hügelland des Nordens von der Vorherrschaft harter, den Bauern oft kaum das Nötigste lassender Pachtverhältnisse, in der wasserreichen Poebene dagegen von einem System gekennzeichnet, das dank seiner Aufsplitterung in Grundbesitzer, Zwischenpächter und Lohnarbeiter und vermöge intensiver Bewirtschaftung und günstiger Steuerverfassung sich mit den fortgeschrittensten Agrarlandschaften Nordwesteuropas messen konnte. Die im Wege der »Revolution von oben« durchgesetzte Beseitigung des Feudalregimes im Süden leitete lediglich die Mobilisierung des Grundbesitzes ein und auch die adelig-großbürgerliche Oligarchie Oberitaliens verspürte zunächst wenig Anlaß zu wirtschaftlicher Fortentwicklung, nachdem sie in der piemontesischen Monarchie zur herrschenden Klasse geworden war. Die weitere wirtschaftliche Modernisierung in Gestalt der Industriellen Revolution setzte erst gegen Ende des 19. Jahrhunderts im Norden ein und mußte zum Teil vom unterentwickelten *mezzogiorno* über Steuern zwangsweise finanziert werden. Gerade dieser Umstand schloß verfassungspolitische Zugeständnisse aus. Schließlich zeigte sich, daß die wenig leistungsfähige Bürokratie den Wandel nicht nur sehr unausgeglichen, sondern vor allem äußerst schleppend vorantreiben konnte, so daß der Abstand gegenüber anderen Nationen rasch zunahm. Entsprechend stärker bildeten sich die Spannungen und innergesellschaftlichen Gegensätze aus, bis dann diese Variante der Überwindung von Rückständigkeit – hierin Deutschland vorangehend – einer Allianz von Antikapitalismus und Antisozialismus zum Opfer fiel.

Die hier schon deutlich werdenden Folgen einer so begrenzten Modernisierung, bei der der Beseitigung des Feudalregimes nicht im kurzem Abstand die Industrialisierung gefolgt ist, werden vollends im östlichen Europa sichtbar. Denn es war nicht die »ursprüngliche Akkumulation des Kapitals«, die 1861 den russischen Bauern die Befreiung aus der Leibeigenschaft gebracht hat, sondern der Wille einer vom Adel getragenen Bürokratie, die zur Behauptung der gefährdeten Großmachtposition unumgängliche Reformen einleiten wollte.[5] Um die exportorientierten Gutsbetriebe nicht zu gefährden, wurde das Bauerntum zu Bedingungen reguliert, die es faktisch dem Verfall preisgaben: enorme Ablösungsverpflichtungen und bis zu deren endgültiger Begleichung Fortdauer der Fronpflicht sowie zu geringe Landausstattung (die auch noch periodisch umverteilt wurde) – bei dieser Kombination aller Negativmerkmale hatte die Masse der russischen Bauern keine Veranlassung, sich die vom Zaren verordneten »Segnungen« zu eigen zu machen. Als weiteres kommt hinzu, daß angesichts des chronischen Geldmangels der Staatskasse sich die gleichzeitige Sicherung der bäuerlichen Ökonomie und der Aufbau einer Industriewirtschaft als unmöglich erwies. Die Entscheidung der Autokratie fiel zugunsten der Industrialisierung aus, die von niemand anderem als den Bauern zu finanzieren war. So verschärfte sich zunehmend die Agrarfrage und mündete in die politische Dauerkrise des russischen Reiches, die sich in den Revolutionen von 1905 und 1917 entlud.

Dieser sehr summarische Überblick mag wenigstens andeutungsweise klarmachen, daß von einer einheitlichen Wirkung kapitalistischer Modernisierung im Bereich des Agrarsektors in keiner Weise die Rede sein kann. Entscheidend für die Wirkungsweise dieses Wandlungsprozesses waren vielmehr die Ausgangsbedingungen. Nur wo die Gesellschafts- und Besitzverfassung bereits vor den Reformen so beschaffen war, daß die Klärung der Rechtsansprüche am Boden auf eine von hoher Bevölkerungsdichte und hohen Grundstückswerten gekennzeichnete Lage traf und wo Besitz und Eigentum bislang überwiegend getrennt waren, endete das Befreiungswerk nicht in bäuerlichem Elend und autoritärem Agrarkapitalismus. Hier wurden mit den Reformen vielmehr zugleich die Weichen für eine alsbald folgende Industrialisierung gestellt, die durch gesamtwirtschaftliches Wachstum bei individueller Einkommenssteigerung erst eine langfristige Gleichgewichtslage herbeigeführt hat.

Somit bildete nach Abschluß der Bauernbefreiung die deutsche Landwirtschaft wegen der ihr eigenen Arbeitsweisen und Produktionsrisiken und der sie prägenden bäuerlichen Mentalitäten innerhalb der Gesamtgesellschaft nach wie vor einen gewissen Fremdkörper. Trotzdem wurde sie zunehmend in die Mechanismen moderner privatkapitalistischen Wirtschaftens eingebunden. Diese janusköpfige Gestalt, in der sich Tradition und Modernität vereinen, kennzeichnet den deutschen Landwirt bis zur Gegenwart. Als Produkt einer »Revolution von oben« steht er in der Mitte zwischen dem angelsächsischen Farmer und den Heeren parzellenbesitzender Tagelöhner Süd-(und einstmals auch Ost-)Europas und markiert damit Möglichkeiten und Grenzen einer Bauernbefreiung auf dem Wege der Reform.

VI. Anhang

Abkürzungsverzeichnis

ALR	Allgemeines Landrecht für die Preußischen Staaten (1794)
FBPG	Forschungen zur Brandenburgischen und Preußischen Geschichte
HZ	Historische Zeitschrift
JbWG	Jahrbuch für Wirtschaftsgeschichte
LW	Lenin, Werke
MEW	Marx/Engels, Werke
MOhGV	Mitteilungen des Oberhessischen Geschichtsvereins
RhVj	Rheinische Vierteljahrsblätter
VSWG	Vierteljahrschrift für Sozial- und Wirtschaftsgeschichte
WZ	Wissenschaftliche Zeitschrift der ...-Universität, Gesellschafts- und Sprachwissenschaftliche Reihe
ZAA	Zeitschrift für Agrargeschichte und Agrarsoziologie
ZfG	Zeitschrift für Geschichtswissenschaft

Anmerkungen

Zur Einführung

1 Zit. J.-R. Tournoux, Pétain et de Gaulle (= Secrèts d'Etat, Bd. II), Paris 1964, S. 221.

1[a] Treitschke zitiert zustimmend Schöns Urteil über das Oktoberedikt als einer »Habeas Corpus-Akte Preußens« und lobte die »segensreiche Reform« von 1811, weil sie im Gegensatz zu Frankreich »die Berechtigten ehrlich entschädigt« habe; Deutsche Geschichte im 19. Jhdt., Bd. I (1879), Ndr. Leipzig 1927, S. 280, 376. Über die Deklaration von 1816 verliert er dagegen kein Wort.

2 So noch in der 8. Aufl. des »Gebhardt« im § 69 (Bd. III, Stuttgart 1960). In der 9. Auflage herrscht demgegenüber endlich ein anderer, weitaus kritischerer Ton mit recht differenzierten Aussagen. Auch kommen jetzt neben Preußen die anderen deutschen Territorien ausführlicher zu Wort (Bd. III, Stuttgart 1970).

3 W. Hubatsch, Die Stein-Hardenbergschen Reformen, Darmstadt 1977, S. 232.

4 A. Judeich, Die Grundentlastung in Deutschland, Leipzig 1863, S. 2.

5 Ebd., S. 230.

6 G. F. Knapp, Die Bauernbefreiung und der Ursprung der Landarbeiter in den älteren Theilen Preußens (1887), Bd. I, München, Leipzig [2]1927, S. XIV.

7 Ders., Bauernbefreiung in den östl. Provinzen des preußischen Staates, Handwörterbuch der Staatswissenschaften, Bd. II, Jena [3]1909, S. 549.

8 Wie Anm. 6, S. XIII.

9 Ebd., S. 326.

10 Th. Frh. v. d. Goltz, Die ländliche Arbeiterklasse und der preußische Staat (1893), Ndr. Frankfurt 1968, S. III, 298, III.

11 Ebd., S. 187.

12 M. Weber, Die Verhältnisse der Landarbeiter im ostelbischen Deutschland, Leipzig 1892 (= Schriften des Vereins f. Socialpol., Bd. 55; vgl. auch die Bde. 53 u. 54).

13 G. F. Knapp, Die Landarbeiter in Knechtschaft und Freiheit, Leipzig 1897.

14 J. Ziekursch, Hundert Jahre schlesischer Agrargeschichte. Vom Hubertusburger Frieden bis zum Abschluß der Bauernbefreiung (1915), Breslau [2]1927, S. 320.

15 Ebd., S. 40, Anm. 1.

16 H. Schleier, Johannes Ziekursch, Jahrb. f. Geschichte 3 (1969), S. 163.

17 G. Heitz, Varianten des preußischen Weges, JbWG 1969/III, S. 99–109.

18 Es handelt sich um das im Sommer 1931 fertiggestellte Manuskript »Wirtschaft und Politik in der preußischen Reformzeit«.

19 Wie Anm. 14, S. 370.

20 E. Kehr, Die Diktatur der Bürokratie, in: ders., Der Primat der Innenpolitik. Gesammelte Aufsätze zur preußisch-deutschen Sozialgeschichte im 19. und 20. Jhdt., hg. u. eingel. v. H.-U. Wehler, Berlin [2]1970, S. 248.

21 Ders., Zur Genesis der preußischen Bürokratie und des Rechtsstaats. Ein Beitrag zum Diktaturproblem, ebd., S. 40.
22 Ebd.
23 So der eigene Eindruck Rosenbergs. H. Rosenberg, Rückblick auf ein Historikerleben zwischen zwei Kulturen; ders., Machteliten und Wirtschaftskonjunkturen. Studien zur neueren deutschen Sozial- und Wirtschaftsgeschichte, Göttingen 1978, S. 20.
24 Möglicherweise schenkt Rosenberg hier den Äußerungen Friedrichs des Großen allzu gutgläubig Vertrauen; vgl. H. Rosenberg, Bureaucracy, Aristocracy and Autocracy. The Prussian Experience 1660–1815 (1958), Harvard [3]1968, S. 196, 199.
25 Ebd., S. 204.
26 Ebd., S. 199.
27 Ebd., S. 222.
28 Ders., Die Pseudodemokratisierung der Rittergutsbesitzerklasse, Moderne deutsche Sozialgeschichte, hg. v. H.-U. Wehler, Köln [3]1970, S. 288.
29 H. Schissler, Preußische Agrargesellschaft im Wandel. Wirtschaftliche, gesellschaftliche und politische Transformationsprozesse von 1763 bis 1847, Göttingen 1978, S. 55.
30 Ebd., S. 119f.
31 Ebd., S. 119.
32 Ebd., S. 108, 105.
33 Dies., ›Bauernbefreiung‹ oder Entwicklung zur agrarkapitalistischen Gesellschaft?, Sozialwiss. Informationen für Unterricht und Studium 8 (1979), S. 136f.
34 Wie Anm. 29, S. 108.
35 W. Abel, Massenarmut und Hungerkrisen im vorindustriellen Deutschland, Göttingen 1972.
36 Diese Schlußfolgerung läßt sich ableiten aus B. Wunder, Privilegierung und Disziplinierung. Die Entstehung des Berufsbeamtentums in Bayern und Württemberg (1780–1825), München, Wien 1978. Wunder selbst führt allerdings keine Auseinandersetzung mit Rosenbergs thematischem Gegenstück.
37 B. Vogel, »Revolution von oben« – Der »deutsche Weg« in die bürgerliche Gesellschaft?, Sozialwiss. Informationen für Unterricht u. Studium 8 (1979), S. 72.
38 Dies., Die »allgemeine Gewerbefreiheit« als bürokratische Modernisierungsstrategie in Preußen. Eine Problemskizze zur Reformpolitik Hardenbergs, in: Industr. Gesellsch. u. polit. System, Fschr. für F. Fischer zum 70. Geburtstag, Bonn 1978, S. 68.
39 Exemplarisch formuliert in der Besprechung J. Kockas, VSWG 57 (1970), S. 121–125.
40 R. Koselleck, Preußen zwischen Reform und Revolution. Allgemeines Landrecht, Verwaltung und soziale Bewegung von 1791 bis 1848, Stuttgart [2]1976.
41 G. Ipsen, Die preußische Bauernbefreiung als Landesausbau, in: Bevölkerungsgeschichte, hg. v. W. Köllmann u. P. Marschalck, Köln 1972, S. 155, 157.
42 W. Conze, Die Wirkungen der liberalen Agrarreformen auf die Volksordnung in Mitteleuropa im 19. Jh., VSWG 38 (1950), S. 42, 43. Auch später spricht Conze noch vom »fragwürdigen Freiheitsbegriff« der Reformer; Quellen zur Geschichte der deutschen Bauernbefreiung, hg. v. W. Conze, Göttingen 1957, S. 34.
43 Siehe seine scharfe Kritik an den Reformen in seinem Buch: Die Ent-

wicklung der Landwirtschaft in Preußen und Deutschland 1800–1930, Würzburg 1960, S. 132ff.

44 F. Lütge, Deutsche Sozial- und Wirtschaftsgeschichte. Ein Überblick, Berlin [3]1966, S. 432.

45 Ebd., S. 445.

46 Ders., Geschichte der deutschen Agrarverfassung vom frühen Mittelalter bis zum 19. Jh., Stuttgart [2]1967, S. 236.

47 Wie Anm. 44, S. 439.

48 Vgl. hierzu bes. seine Agrarverfassungsgeschichte, S. 287f.

49 Ders., Friedrich August Ludwig von der Marwitz, der große Gegner Stein-Hardenbergs. Ein Wort des Erinnerns, Jahrb. für Nationalökon. u. Statistik 139 (1933), S. 481–499.

50 Wie Anm. 46, S. 269.

51 G. Heitz, Landwirtschaft – Agrarverfassung – Bauernstand. Überlegungen zu fünf Bänden Deutsche Agrargeschichte, JbWG 1977/I, S. 193. Im Urteil ähnlich H. Rosenberg, Deutsche Agrargeschichte in alter und neuer Sicht, wie Anm. 23, bes. S. 128ff.

52 E. Fehrenbach, Traditionale Gesellschaft und revolutionäres Recht. Die Einführung des Code Napoléon in den Rheinbundstaaten, Göttingen [1]1974, S. 150.

53 Ebd., S. 103f.

54 Dies., Verfassungs- und sozialpolitische Reformen und Reformprojekte in Deutschland unter dem Einfluß des napoleonischen Frankreich, HZ 228 (1979), bes. S. 314ff.

55 W. v. Hippel, Die Bauernbefreiung im Königreich Württemberg, Bd. I, Boppard 1977, S. 54.

56 Ebd., S. 586.

57 Diese zuletzt von W. Schmidt auf dem 6. Historikerkongreß der DDR vorgetragene These lautet in der Wiedergabe von G. Moll, »daß die im Verlauf des Übergangsprozesses sich entwickelnde Konstellation der Klassenkräfte darüber entscheide, welcher Weg zum kapitalistischen Fortschritt beschritten wird«; G. Moll, Bürgerliche Umwälzung und kapitalistische Agrarentwicklung. Zur Diskussion um die Wege der bürgerlichen Umwälzung, ZfG 27 (1979), S. 141. Ebd. in Anm. 4 bis 6 die entsprechenden Arbeiten W. Schmidts.

58 F. Engels, Der Status quo in Deutschland (Frühjahr 1847), MEW, Bd. IV, Berlin (-Ost) [6]1972, S. 55.

59 Ebd., S. 48.

60 W. Wolff, Der Bauernstand und die politische Bewegung, abgedr. in: W. Schmidt, Zur Mitarbeit von Wilhelm Wolff an der »Deutschen Brüsseler Zeitung«, Beiträge zur Gesch. d. Arbeiterbewegung 3 (1961), S. 345.

61 Wie Anm. 58.

62 F. Engels, Grundsätze des Kommunismus (Spätherbst 1847), ebd., S. 373–375.

63 K. Marx/F. Engels, Manifest der Kommunistischen Partei (Winter 1848), ebd., S. 469, 472.

64 (März 1848), ebd., Bd. V, Berlin (-Ost) [4]1969, S. 3f.

65 Patows Ablösungsdenkschrift (25. 6. 1848), ebd., S. 107.

66 »Die deutsche Bourgeoisie von 1848 verrät ohne allen Anstand diese Bauern, die ihre *natürlichsten Bundesgenossen,* die Fleisch von ihrem Fleisch sind, und ohne die ist sie machtlos gegenüber dem Adel«; K. Marx, Der Gesetzentwurf über die Aufhebung der Feudallasten (30. 7. 1848), ebd., S. 283.

67 F. Engels, Die deutsche Reichsverfassungskampagne (1849/50), MEW, Bd. VII, Berlin (-Ost) [5]1973, S. 112f.

68 Ders., Von Paris nach Bern (Herbst 1848), wie Anm. 64, S. 473.

69 K. Marx, Die Klassenkämpfe in Frankreich 1848 bis 1850 (1850), wie Anm. 67, S. 86.

70 Ders., Der 18. Brumaire des Louis Napoleon (1852), MEW, Bd. VIII, Berlin (-Ost) [4]1973, S. 204, Anm. 1.

71 Vgl. ebd., S. 203f.

72 Ders., Das Kapital, Bd. I, Kap. 24 (1867); MEW, Bd. XXIII, Berlin (-Ost) [5]1970, S. 743, 776.

73 »Die Expropriation des ländlichen Produzenten, des Bauern, von Grund und Boden bildet die Grundlage des ganzen Prozesses. Ihre Geschichte nimmt in verschiedenen Ländern verschiedene Färbung an und durchläuft die verschiedenen Phasen in verschiedener Reihenfolge und in verschiedenen Geschichtsepochen. Nur in England, das wir daher als Beispiel nehmen, besitzt sie die klassische Form«, ebd., S. 744.

74 Ebd., S. 773.

75 Marx zitierte sich aus diesem Anlaß selbst, und zwar aus der französischen Ausgabe des ›Kapitals‹, die hier – mit seiner eigenen Zustimmung – präziser formuliert: »'Au fond du système capitaliste, il y a donc séparation radicale du producteur d'avec les moyens de production ... La base de cette évolution c'est *l'expropriation des cultivateurs.* Elle ne s'est accomplie d'une manière radicale qu'en Angleterre ... Mais *tous les autres pays de l'Europe occidentale* parcourent le même mouvement'. (Le Capital, édit. franc., p. 315). La ›fatalité historique‹ de ce mouvement est donc *expressément* restreinte aux *pays de l'Europe occidentale*«; Brief vom 8. 3. 1881, Marx–Engels Archiv 1 (1926), S. 341 (die Auslassungen und Unterstreichungen stammen von Marx).

76 Dazu die ausgezeichnete Arbeit von H. G. Lehmann, Die Agrarfrage in der Theorie und Praxis der deutschen und internationalen Sozialdemokratie. Vom Marxismus zum Revisionismus und Bolschewismus, Tübingen 1970.

77 Dazu F. Engels' am 3. 12. 1894 in der »Neuen Zeit« erschienener Artikel »Die Bauernfrage in Frankreich und Deutschland«, MEW, Bd. XXII, Berlin (-Ost) [2]1970, S. 483–505. Engels fand mit seiner Empfehlung, den Kleinbauern durch einen revolutionären Übergang zum Sozialismus den »Absturz ins Proletariat« zu ersparen, in Deutschland kein Gehör.

78 W. I. Lenin, Das Agrarprogramm der Sozialdemokratie in der ersten russischen Revolution von 1905–1907 (1908), Werke, Bd. XIII, Berlin (-Ost) [3]1970, S. 236, 241.

79 W. Schmidt, Zur Entwicklung der Grundgedanken in der Bauernfrage bei Marx und Engels, Friedrich Engels' Kampf und Vermächtnis, Berlin (-Ost) 1961, S. 285.

80 Hier sind vor allem R. Berthold, H. Bleiber, H. Harnisch, G. Heitz, G. Moll und K. Vetter zu nennen.

81 Als frühes Beispiel H. Mottek, Wirtschaftsgeschichte Deutschlands, Berlin (-Ost) [1]1964, Kap. 2. Die 2. Aufl. erschien unverändert 1969.

82 Vgl. ebd., S. 2f.

83 K. Vetter, Der kurmärkische Adel und das Oktoberedikt, ZfG 27 (1979), S. 439–457. Dieser Artikel ist eine Kurzfassung von Vetters Ostberliner Habilitationsschrift aus dem Jahre 1977.

84 G. Heitz, Die Differenzierung der Agrarstruktur am Vorabend der bürgerlichen Agrarreformen, ZfG 25 (1977), S. 926.

85 G. Moll, Kapitalistische Bauernbefreiung und industrielle Revolution. Zur Rolle des ›Loskaufs‹, JbWG 1972/I, S. 269–275.

86 So schon H. Mottek (wie Anm. 81). Neuerdings R. Berthold, Bemerkungen zu den Wechselbeziehungen zwischen der industriellen Revolution und der kapitalistischen Intensivierung der Feldwirtschaft in Deutschland im 19. Jh., JbWG 1972/I, S. 261–267 und zuletzt H. Harnisch, Die Bedeutung der kapitalistischen Agrarreform für die Heranbildung des inneren Marktes und die industrielle Revolution in den östlichen Provinzen Preußens in der ersten Hälfte des 19. Jhs., ebd. 1977/IV, S. 63–82; Harnisch hat sich mit diesem Thema 1978 in Rostock habilitiert. Seine Ansicht, daß die Entwicklung zum Agrarkapitalismus bereits 1848 abgeschlossen gewesen sei – H. Schissler ist derselben Meinung; s.o., Anm. 29 –, wird allerdings von Berthold und Moll zurückgewiesen.

87 Siehe P. Bairochs Beitrag in: Die Industrielle Revolution (= Europ. Wirtschaftsgeschichte, hg. v. C. M. Cipolla u. K. Borchardt, Bd. III), Stuttgart 1976, S. 297–332; H.-U. Wehler, Das Deutsche Kaiserreich 1871–1918 (= Deutsche Geschichte, hg. v. J. Leuschner), Göttingen [3]1977, S. 20.

88 Dazu im einzelnen Ch. Dipper, Die Bauern in der Französischen Revolution. Zu einer aktuellen Kontroverse, Geschichte und Gesellschaft 7 (1981).

89 Eines der ganz wenigen Beispiele ist G. Franz, Die agrarische Bewegung im Jahre 1848, Hess. Jb. f. Landesgesch. 9 (1959), S. 151–178.

90 Hier sei nur an die Arbeiten von E. Hobsbawm, B. Moore und E. Wolf erinnert.

91 H. Schissler, »Bauernbefreiung« oder Entwicklung zur agrarkapitalistischen Gesellschaft?, Sozialwiss. Informationen f. Unterricht u. Studium 8 (1979), bes. S. 136f.

92 Vgl. dazu M. R. Lepsius, Soziologische Theoreme über die Sozialstruktur der »Moderne« und die »Modernisierung«, Studien zum Beginn der modernen Welt, hg. v. R. Koselleck, Stuttgart 1977, S. 10–29 und besonders D. Rüschemeyer, Partielle Modernisierung, in: Theorien des sozialen Wandels, hg. v. W. Zapf, Köln [2]1970, S. 382–397; ders., Modernisierung und die Gebildeten im kaiserlichen Deutschland. Überlegungen zu einer in Arbeit befindlichen Untersuchung, Kölner Zeitschrift, Sonderh. 16 (1972), S. 515–529; ders., Partial Modernization, Explorations in General Theory in Social Science. Essays in Honor of T. Parsons, ed. by J. L. Loubser et al., Bd. II, New York 1976, S. 756–772.

93 Als Indikatoren, die für die hier behandelte Thematik aussagekräftig sind, sollen insbesondere gelten: *wirtschaftliches System:* außerökonomische Verpflichtungen und Leistungen, Kommerzialisierung, Produktion, Produktivität, Bodenkonzentration, Erwerbsstruktur, intersektoraler Kapitalaustausch; *soziale Entwicklung:* Spezialisierung der Funktionen, Differenzierung der Sozialstruktur, Organisationsgrad und -form der Bauern, Bildung; *politisches System:* Zentralisation und Monopolisierung der Herrschaftsfunktionen, Demokratisierung, Partizipation.

94 So die These von R. Koselleck (wie Anm. 40), S. 318.

95 Siehe E. Fehrenbach (wie Anm. 52), S. 67f. und H. Brandt, Landständische Repräsentation im deutschen Vormärz, Neuwied 1968, S. 194, 264f., 268.

96 Vgl. dazu R. Dahrendorf, Zu einer Theorie des sozialen Konflikts, in: Theorien (wie Anm. 92), S. 108–123. Den bäuerlichen Protest berücksichtigen besonders H. Alavi, Theorie der Bauernrevolution, Offenbach o. J.; E. Hobsbawm, Peasants and Politics, Journal of Peasant Studies (1973), S. 3–22; H. A. Landsberger, Peasant Unrest: Themes and Variations, Rural Protest. Peasant Movements and Social Change, ed. H. A. Landsberger, London 1974, S. 1–64. Ferner W. Schulze, Theoretische Probleme bei der Untersuchung vorrevolutionärer Gesellschaften, Theorien in der Praxis des Historikers, hg. v. J. Kocka, Göttingen 1977, S. 72f. (= Geschichte u. Gesellschaft, Sonderh. 3). Als mißlungen muß jedoch der Versuch einer Interpretation der Ereignisse von 1830 durch H. Volkmann gelten, wo behauptet wird, daß »die Protestquote dort ihre Spitzenwerte erreicht, wo die feudale Agrarverfassung nahezu unverändert erhalten geblieben ist«; Soziale Innovation und Systemstabilisierung am Beispiel der Krise von 1830 bis 1832 in Deutschland, in: Soziale Innovation und sozialer Konflikt, hg. v. O. Neuloh, Göttingen 1977, S. 59. Volkmann übersah völlig, daß nicht schon die Rückständigkeit als solche konfliktträchtig war, sondern die nur partiell erfolgte Überleitung der Bauern in die Moderne. Daher ergibt die Tabelle auf S. 66 ein ziemlich ungenaues Bild der tatsächlichen Lage.

97 Vgl. dazu R. Redfield, Peasant Society and Culture, Chicago 1956; Peasants and Peasant Societies, ed. Th. Shanin, Harmondsworth [1]1971; H. Mendras, Sociétés paysannes – Eléments pour une théorie de la paysannerie, Paris 1976. Aus dem deutschen Sprachraum bisher nur H. Wunder, »Agrargesellschaft« als Grundbegriff der frühneuzeitlichen Sozialgeschichte, Studien zur Sozialgeschichte des Mittelalters und der frühen Neuzeit, hg. v. F. Kopitzsch u.a., Hamburg 1977, S. 5–13.

98 Alle maßgeblichen Arbeiten basieren mehr oder minder auf den Beiträgen von A. Tschayanoff, besonders: Die Lehre von der bäuerlichen Wirtschaft, Berlin 1923, und: Zur Frage der Theorie der nichtkapitalistischen Wirtschaftssysteme, Archiv f. Sozialwiss. u. Sozialpolitik 51 (1924), S. 577–613. Die Werke dieses neopopulistischen Theoretikers wurden in der Sowjetunion unterdrückt und im Westen vergessen, bis sie vor kurzem von den Angelsachsen wiederentdeckt worden sind. Hierzu zuletzt D. Hunt, Chayanov's Model of Peasant Household Resource Allocation, Journ. of Peasant Studies 6 (1979), S. 247–285. Vgl. auch D. Thorner, Peasant Economy as a Category in Economic History, Peasants (wie Anm. 97), S. 202–218 (Ausgabe 1979). Die nicht minder vormoderne Wirtschaftsweise der herrschaftlichen Gutsbetriebe untersuchte W. Kula, Théorie économique du système féodal, Paris, La Haye 1970.

I. Die Ausgangslage

1 W. Sombart, Die deutsche Volkswirtschaft im 19. Jhdt., Berlin [2]1909, S. 355.

2 E. Weis, Ergebnisse eines Vergleichs der grundherrschaftlichen Strukturen Deutschlands und Frankreichs vom 13. bis zum Ausgang des 18. Jhdts., VSWG 57 (1970), S. 9.

3 Handbuch der deutschen Wirtschafts- und Sozialgeschichte Bd. II, hg. v. W. Zorn, Stuttgart 1976, S. 308 (Tab.8). Hier auch weitere Angaben.

4 W. Wolff, Die Schlesische Milliarde (1849), Gesammelte Schriften, hg. v. F. Mehring, Berlin 1909, S. 111. Vgl. zum Gesamtproblem jetzt die vorzügliche Arbeit von H. W. Eckardt, Herrschaftliche Jagd, bäuerliche Not und bürgerliche Kritik, Göttingen 1976.

5 F.-W. Henning, Dienste und Abgaben der Bauern im 18. Jhdt., Stuttgart 1969, S. 156. Für Württemberg W. v. Hippel, Die Bauernbefreiung im Königreich Württemberg, 2 Bde., Boppard 1977, Bd. I, S. 290 und Bd. II, S. 698, 718, 747, 770, 781.

6 F.-W. Henning, ebd., S. 173. Ein überzeugender theoretischer Beweis dieser Sachlage, der auch Abels Konjunktureinschätzungen zurechtrückt, bei H. Freiburg, Agrarkonjunktur und Agrarstruktur in vorindustrieller Zeit, VSWG 64 (1977), S. 289–327.

7 1770 betrug in zwei Gemeinden des Breisgaus der Anteil von Betrieben, die mehr als 9,6 ha zur Verfügung hatten, knappe 17 bzw. 2% und selbst die mittleren Wirtschaften (4,8–9,6 ha) machten nur 30 bzw. 6% der Betriebe aus; A. Strobel, Agrarverfassung im Übergang, Freiburg 1972, S. 127. – In der Neckargemeinde Kiebingen zählten 1823 13% der Familien zur »Oberschicht«, sie besaßen im Durchschnitt 4,6 ha Ackerland; errechnet nach U. Jeggle, Kiebingen, Tübingen 1977, S. 184ff.

8 Zahlenangaben, zum Teil errechnet nach: K. Blaschke, Zur Bevölkerungsgeschichte Sachsens vor der industriellen Revolution, Beiträge zur deutschen Wirtschafts- und Sozialgeschichte des 18. und 19. Jhdts., Berlin 1962, S. 149; J. Ziekursch, Hundert Jahre schlesischer Agrargeschichte, Breslau [2]1927, S. 136; O. Klose/Ch. Degn, Die Herzogtümer im Gesamtstaat 1721–1830, Neumünster 1960, S. 103; S. Reekers, Quellen zur statistischen Erfassung der industriellen Gewerbe Westfalens im 18. und beginnenden 19. Jhdt.: Paderborn und Münster, Westfäl. Forschungen 17 (1964), S. 106 (Tab. 5[b]); F. W. Bratring, Statistisch-topographische Beschreibung der gesamten Mark Brandenburg (1804–09), Ndr. Berlin 1968, S. 69ff.

9 Errechnet nach S. Reekers, a.a.O. und P. Fried, Historisch-statistische Beiträge zur Geschichte des Kleinbauerntums (Söldnertums) im westlichen Oberbayern, Mitteilungen der Geogr. Gesellsch. in München 51 (1966), S. 19.

10 R. Endres, Das Armenproblem im Zeitalter des Absolutismus, Aufklärung, Absolutismus und Bürgertum in Deutschland, hg. v. F. Kopitzsch, München 1976, S. 223.

11 J. Meyer, Noblesses et pouvoirs dans l'Europe d'Ancien régime, Paris 1973, S. 27ff. Dies entspräche etwa 240000 Personen.

12 F. Martiny, Die Adelsfrage in Preußen vor 1806 als politisches und soziales Problem, Stuttgart, Berlin 1938, S. 111.

13 F. Lütge, Die bayerische Grundherrschaft, Stuttgart 1949, S. 28; R. Koselleck, Preußen zwischen Reform und Revolution, Stuttgart 1967, S. 674.

14 Alle Angaben nach F.-W. Henning (wie Anm. 5), S. 159f.

15 W. v. Hippel (wie Anm. 5), Bd. I, S. 300 (Tabelle).

16 Errechnet nach H. Mathy, Die Verluste der Metternichs auf dem linken Rheinufer und ihre Entschädigung nach dem Reichsdeputationshauptschluß, Jahrb. f. Gesch. u. Kunst des Mittelrheins 20/21 (1968/69), S. 89 und M. Erzberger, Die Säkularisation in Württemberg von 1802–1810 (1902), Ndr. Aalen 1974, S. 366.

17 Zit. I. Mittenzwei, Die preußischen Beamten und ihre Auseinandersetzungen um wirtschaftliche Probleme der Zeit (1763–1789), Jahrb. f. Gesch. des Feudalismus 1 (1977), S. 387.

18 W. v. Hippel (wie Anm. 5) Bd. I, S. 335.
19 W. H. Riehl, Der deutsche Bauer und der moderne Staat, Deutsche Vierteljahrsschrift 1850/III, S. 123. Zu den Folgen Riehls für das allgemeine Bewußtsein vgl. H. Muth, »Bauer« und »Bauernstand« im Lexikon des 19. und 20. Jhdts., ZAA 16 (1968), S. 72–98. Siehe auch W. Conze, Art. Bauer, Bauernstand, Bauerntum, in: Geschichtliche Grundbegriffe, hg. v. O. Brunner, W. Conze, R. Koselleck, Bd. I, Stuttgart 1972, S. 431 ff.

II. Die Durchführung der Bauernbefreiung

1 Errechnet nach Angaben bei M. Peters, Untersuchungen zur Agrarverfassung im 18. Jhdt. bis zum Ende der französischen Revolutionsherrschaft im Jahre 1815 in den heute deutschen Teilen des ehemaligen Herzogtums Luxemburg, phil. Diss. (masch.) Freiburg/Br. 1955, S. 87, 94.
2 Zit. bei J. Vogt, L'évolution du fermage au XVIIIe siècle. Alsace d'Outre-Forêt et plaine du Palatinat, Actes du 80e Congrès des Sociétés Savantes, Lille 1950. Section d'histoire moderne et contemporaine, Paris 1955, S. 121.
3 M. Peters (wie Anm. 1), S. 30. F. Steinbach, Die rheinischen Agrarverhältnisse, Collectanea F. Steinbach, hg. v. F. Petri u. G. Droege, Bonn 1967, S. 421; K. R. Weitz, Die preußische Rheinprovinz als Adelslandschaft. Eine statistische, sozialgeschichtliche und kulturräumliche Untersuchung zum frühen 19. Jhdt., RhVj. 38 (1974), S. 344.
4 Abgedruckt in: Die Mainzer Republik, Bd. I: Protokolle des Jakobinerklubs, hg. u. eingel. v. H. Scheel, Berlin (-Ost) 1975, S. 428f.
5 929 Dotationen mit über 7 Millionen F Jahreseinkünften.
6 H. Heitzer, Insurrectionen zwischen Weser und Elbe, Berlin (-Ost) 1959, S. 106.
7 F.-W. Henning, Die Wirtschaftsstruktur mitteleuropäischer Gebiete an der Wende zum 19. Jhdt. unter besonderer Berücksichtigung des gewerblichen Bereiches, Beiträge zu Wirtschaftswachstum und Wirtschaftsstruktur im 16. und 19. Jhdt., hg. v. W. Fischer, Berlin 1971, S. 115.
8 Errechnet nach F.-W. Henning, Dienste und Abgaben der Bauern im 18. Jhdt., Stuttgart 1969, S. 8.
9 Ebd., S. 40, Tab.12.
10 Ders., Die Betriebsgrößenstruktur der mitteleuropäischen Landwirtschaft im 18. Jhdt. und ihr Einfluß auf die ländlichen Einkommensverhältnisse, ZAA 17 (1969), S. 175.
11 H. Plehn, Zur Geschichte der Agrarverfassung von Ost- und Westpreußen, FBPG 18 (1905), S. 63.
12 Nach F.-W. Henning (wie Anm. 8), S. 43.
13 J. Ziekursch, Hundert Jahre schlesischer Agrargeschichte, Breslau [2]1927, S. 71.
14 F.-W. Henning (wie Anm. 10), S. 176.
15 R. Berthold, Zur Herausbildung der kapitalistischen Klassenschichtung des Dorfes in Preußen, ZfG 25 (1977), S. 567, Tab.5.
16 F.-W. Henning (wie Anm. 10), S. 175.
17 Errechnet nach O. Eggert, Die Maßnahmen der preußischen Regierung zur Bauernbefreiung in Pommern, Köln, Graz 1965, S. 17.

18 H. Harnisch, Die Herrschaft Boitzenburg, Weimar 1968, S. 157.
19 Errechnet nach H. Goldschmidt, Die Grundbesitzverteilung in der Mark Brandenburg und in Hinterpommern vom Beginn des dreißigjährigen Krieges bis zur Gegenwart, Berlin 1910, Tab. 31.
20 H. Harnisch (wie Anm. 20), S. 228.
21 F.-W. Henning (wie Anm. 10), S. 176.
22 L. Krug, Betrachtungen über den Nationalreichthum des preußischen Staates und über den Wohlstand seiner Bewohner, Berlin 1805 (Ndr. Aalen 1970), Bd. I, S. 324.
23 Errechnet nach S. Reekers, Quellen zur statistischen Erfassung der industriellen Gewerbe Westfalens im 18. und beginnenden 19. Jhdt.: Paderborn, Münster, Westfälische Forschungen 17 (1964), S. 93.
24 Alle Zahlen nach L. Krug (wie Anm. 22).
25 R. Koselleck, Preußen zwischen Reform und Revolution, Stuttgart 1967, S. 80.
26 Errechnet nach L. Krug (wie Anm. 22), Bd. I, S. 410ff.
27 Alle Zahlen zur Besitzverteilung nach H. Schissler, Preußische Agrargesellschaft im Wandel, Göttingen 1979, S. 74. Zahl der Pächter nach R. Koselleck (wie Anm. 25), S. 84, Einzelangaben bei H.-H. Müller, Domänen und Domänenpächter in Brandenburg – Preußen im 18. Jhdt., JbWG 1965/IV, S. 192.
28 G. Birtsch, Gesetzgebung und Repräsentation im späten Absolutismus. Die Mitwirkung der preußischen Provinzialstände bei der Entstehung des ALR, HZ 208 (1969), S. 287.
29 K. Spies, Gutsherr und Untertan in der Mittelmark Brandenburg zu Beginn der Bauernbefreiung, Berlin 1972, passim.
30 R. Koselleck (wie Anm. 25), S. 136.
31 ALR: Vom Bauernstande, § 147.
32 R. Koselleck (wie Anm. 25), S. 135.
33 H. Harnisch, Die agrarpolitischen Reformmaßnahmen der preußischen Staatsführung in dem Jahrzehnt vor 1806/07, JbWG 1977/III, S. 150.
34 K. A. v. Hardenberg, Denkschrift über die Reorganisation des Preußischen Staats (12. 9. 1807), Quellen zur Geschichte der deutschen Bauernbefreiung, hg. v. W. Conze, Göttingen 1957, S. 116.
35 H. Harnisch, Statistische Untersuchungen zum Verlauf der kapitalistischen Agrarreformen in den preußischen Ostprovinzen (1811–1865), JbWG 1974/IV, S. 157.
36 Ebd., S. 161, Tab. 3.
37 Vgl. ebd., S. 158, Tab.2. Gegenteiliger Ansicht ist R. Berthold (wie Anm. 15), S. 563f.
38 H. Harnisch, a.a.O., S. 176ff., Tab. II und S. 180, Tab. III.
39 Anschauliche Schilderungen dazu bei Wilhelm Wolff in seinen Berichten mit dem Obertitel »Die schlesische Milliarde« (1849), in: Gesammelte Schriften, hg. v. F. Mehring, Berlin 1909, S. 64–123.
40 Errechnet nach D. J. Mattheisen, Die Fraktionen der preußischen Nationalversammlung von 1848, Quantifizierung in der Geschichtswissenschaft, hg. v. K. H. Jarausch, Düsseldorf 1976, S. 156, Tab. 4.
41 Adresse vom 19. 8. 1848; abgedr. bei G. Becker, Die Beschlüsse des preußischen Junkerparlaments von 1848, ZfG 24 (1976), S. 914.
42 G. F. Knapp, Die Bauernbefreiung und der Ursprung der Landarbeiter in den älteren Teilen Preußens, Bd. I, München, Leipzig [2]1927, S. 270, 272.
43 D. Saalfeld, Zur Frage des bäuerlichen Landverlustes im Zusammenhang mit den preußischen Agrarreformen, ZAA 11 (1963), S. 170f.

44 H. Harnisch (wie Anm. 35), S. 163 f. Der Tendenz nach antizipierte bereits der nahezu unbekannt gebliebene H. Goldschmidt (wie Anm. 19) die jüngsten Forschungen der DDR.
45 R. Berthold (wie Anm. 15), S. 562, Tab.1.
46 Ders., Der sozialökonomische Differenzierungsprozeß der Bauernwirtschaft in der Provinz Brandenburg während der industriellen Revolution (1816–1878/82), JbWG 1974/II, S. 31, Tab. 6 und S. 22, Tab. 3.
47 Ders. (wie Anm. 15), S. 564.
48 Ebd., S. 565 ff.
49 R. Koselleck (wie Anm. 25), S. 498.
50 G. Becker (wie Anm. 41), S. 894, Anm. 26.
51 R. Koselleck (wie Anm. 25), S. 502.
52 K. R. Weitz (wie Anm. 3), S. 333.
53 R. Berthold (wie Anm. 15), S. 572.
54 R. Koselleck (wie Anm. 25), S. 502.
55 R. Berthold (wie Anm. 15), S. 565.
56 J. Ziekursch (wie Anm. 13), S. 385, 391 f.
57 Errechnet nach H. Goldschmidt (wie Anm. 19), Tab. 31.
58 R. Koselleck, Staat und Gesellschaft in Preußen 1815–1848, in: Staat und Gesellschaft im deutschen Vormärz 1815–1848, hg. v. W. Conze, Stuttgart [2]1970, S. 99.
59 Ders. (wie Anm. 25), S. 502.
60 G. Becker (wie Anm. 41), S. 894, Anm. 26.
61 M. Weber, Kapitalismus und Agrarverfassung (1904), Zeitschrift f. d. ges. Staatswissenschaft 108 (1952), S. 431–452; B. Moore, Soziale Ursprünge von Diktatur und Demokratie. Die Rolle der Grundbesitzer und Bauern bei der Entstehung der modernen Welt, Frankfurt 1969.
62 Zwischen 1628 und dem Ende des 19. Jhdts. ging die Zahl der Bauernstellen in ganz Mecklenburg um ca. 75% zurück (errechnet nach P. Steinmann, Bauer und Ritter in Mecklenburg, Schwerin 1960, S. 237), im ritterschaftlichen Teil gar um bis zu 97% (G. Moll, Zum Verlauf des »preußischen Weges« der Entwicklung des Kapitalismus in der Landwirtschaft Mecklenburgs, WZ Rostock, 13 [1964], S. 348).
63 In den Genuß freien Eigentums kamen die Mecklenburger Bauern erst 1938, nachdem in der Weimarer Zeit sich die SPD aus Gründen der beabsichtigten Bodenreform dazu nicht hatte durchringen können.
64 Eine Berechnung der Vorteile für die Gutsbesitzer in den Quellen zur Geschichte des deutschen Bauernstandes in der Neuzeit, hg. v. G. Franz, Darmstadt 1963, Dok. 151.
65 Dadurch war ein Modellcharakter dieser Lösung praktisch ausgeschlossen, so daß die schleswig-holsteinische Bauernbefreiung auch bei größerer Bekanntheit in anderen deutschen Territorien nicht hätte nachgeahmt werden können.
66 R. Gross, Die bürgerliche Agrarreform in Sachsen und die sächsische Oberlausitz, Lětopis, Reihe B, 14 (1967), S. 18.
67 K. Blaschke, Bevölkerungsgeschichte von Sachsen bis zur Industriellen Revolution, Weimar 1967, S. 190 ff.
68 Errechnet nach E. Sakai, Der kurhessische Bauer im 19. Jhdt. und die Grundlastenablösung, Melsungen 1967.
69 Ebd., S. 5.
70 Ebd., S. 47.
71 Allein zwischen 1834 und 1846 stieg in Oberhessen die Zahl der

landwirtschaftlichen Betriebe von 19695 auf 22690, d.h. um rund 15%; E. Katz, Landarbeiter und Landwirtschaft in Oberhessen, Stuttgart, Berlin 1904, S. 29.

72 Ab 1830 stiegen in Nassau die Zahlen der Auswanderer sprunghaft an, um 1843–45 auf Rekordhöhen zu schnellen, wie sie erst wieder 1851–55 erreicht wurden; das Gros der Auswanderer kam aus dem Westerwald; W.-H. Struck, Die Auswanderung aus dem Herzogtum Nassau (1806–1866), Wiesbaden 1966, passim. In Hessen-Darmstadt erreichte die Auswanderung 1841/42, 1845–47 und dann besonders 1852–54 ihr Maximum; der Schwerpunkt lag im Odenwald und Vogelsberg, aus Rheinhessen kam nur ungefähr jeder Zehnte. H. Richter, Hessen und die Auswanderung, MOhGV NF 32 (1934), S. 107, 136f.

73 Zitate bei E. Katz (wie Anm. 71), S. 32 und W. Abel, Massenarmut und Hungerkrisen im vorindustriellen Deutschland, Göttingen 1972, S. 7f.

74 Die badischen Leibeigenen hatten im Falle eines Wegzugs zwar max. 22% ihres Vermögens abzutreten, doch schätzte Schlettwein in einer Denkschrift von 1770 den jährlichen Einnahmeverlust des Markgrafen im Falle der Aufhebung auf ganze 3–4000 fl. Th. Ludwig, Der badische Bauer im 18. Jhdt., Straßburg 1896, S. 193.

75 Die standes- und grundherrlichen Mediatuntertanen stellten mit zus. 29% (18 bzw. 11%) aller Einwohner einen sehr erheblichen Anteil; A. Kohler, Die Bauernbefreiung und Grundentlastung in Baden, phil. Diss. (masch.) Freiburg/Br. 1958, S. 63f.

76 Kaiserliches Patent vom 1. 11. 1781; Quellen (wie Anm. 34), S. 8.

77 W. v. Hippel, Die Bauernbefreiung im Königreich Württemberg, ZAA 22 (1974), S. 86.

78 Ders., Die Bauernbefreiung im Königreich Württemberg, Boppard 1977, Bd. I, S. 512f.

79 F. Lütge, Geschichte der deutschen Agrarverfassung vom frühen Mittelalter bis zum 19. Jhdt., Stuttgart [2]1967, S. 195.

80 Nach der Wahlreform von 1832 vertraten 51% der Unterhausabgeordneten Grundbesitzerinteressen; H. Setzer, Wahlsystem und Parteienentwicklung in England, Frankfurt/M. 1973, Anhang A, S. 268. – In der Paulskirche bezeichneten sich 8,5% als »Gutsbesitzer«, es gab aber nur einen Kleinbauern; F. Eyck, Deutschlands große Hoffnung. Die Frankfurter Nationalversammlung 1848/49, München 1973, S. 199 und R. Stadelmann, Soziale und politische Geschichte der Revolution von 1848, München 1948, S. 117.

81 Antrag vom 31. 3. 1848; Dokumente zur deutschen Verfassungsgeschichte, hg. v. E. R. Huber, Bd. I, Stuttgart [2]1961, Nr. 77.

82 Die Verhandlungen des Verfassungs-Ausschusses der deutschen Nationalversammlung, hg. v. J. G. Droysen, Tl. I, Leipzig 1849, S. 42f.

83 Stenographischer Bericht über die Verhandlungen der deutschen constituirenden Nationalversammlung zu Frankfurt am Main, hg. v. F. Wigard, Bd. IV, Leipzig, Frankfurt/M. 1848, S. 2403, 2420 (3. 10. 1848) und Bd. VI, 1849, S. 2563 (12. 10. 1848).

1 Eingabe der Stände des Lebusischen Kreises an König Friedrich Wilhelm III. (9. 5. 1811); Quellen zur Geschichte der deutschen Bauernbefreiung, hg. v. W. Conze, Göttingen 1957, S. 130.
2 Was ist der dritte Stand? (1789), in: E. J. Sieyes, Politische Schriften 1788–1790, übers. u. hg. v. E. Schmitt u. R. Reichardt, Darmstadt 1975, S. 126.
3 Kurzer Begriff des Teutschen Staatsrechts, Göttingen [2]1768, S. 177.
4 ALR, Einleitung, § 54.
5 Reskript vom 5. 3. 1809; zit. R. Koselleck, Preußen zwischen Reform und Revolution, Stuttgart 1967, S. 489.
6 Zit. W. Conze, Die preußische Reform unter Stein und Hardenberg. Bauernbefreiung und Städteordnung, Stuttgart [3]1973, S. 41.
7 Elemente der Staatskunst (1809), Meersburg, Leipzig 1936, S. 102, 105, 113.
8 Grundbesitz und Reichtum, in: J. M. v. Radowitz, Ausgewählte Schriften, hg. v. W. Corvinus, Bd. II, Regensburg o.J., S. 276.
9 Zit. W. Gembruch, Gedanken von Stein und Marwitz zur Agrar-, Gewerbe- und Steuerpolitik. Eine vergleichende Betrachtung, Nassauische Annalen 82 (1971), S. 199.
10 Die Verwaltungslehre, Bd. VII, Stuttgart 1868, S. 292; zit. D. Schwab, Art. Eigentum, in: Geschichtliche Grundbegriffe, hg. v. O. Brunner u. a., Bd. II, Stuttgart 1975, S. 102.
11 K. Mathy, Art. Ablösung, in: Staats-Lexikon, Bd. I, Altona 1835, S. 131 f.
12 s.o., S. 61 f.
13 Ch. Garve, Versuche über verschiedene Gegenstände aus der Moral, der Literatur und dem gesellschaftlichen Leben, Bd. I (1792), zit. W. Conze, Art. Adel, Aristokratie, in: Geschichtliche Grundbegriffe (wie Anm. 10), Bd. I, Stuttgart 1972, S. 31.
14 Denkschrift Steins vom Sommer 1810; zit. G. Birtsch, Zur sozialen und politischen Rolle des deutschen, vornehmlich preußischen Adels am Ende des 18. Jhdts., in: Der Adel vor der Revolution, hg. v. R. Vierhaus, Göttingen 1971, S. 88.
15 Kabinettsordre vom 28. 8. 1848; abgedr. bei G. Becker, Die Beschlüsse des preußischen Junkerparlaments von 1848, ZfG 24 (1976), S. 918.
16 Angaben bei W. v. Hippel, Die Bauernbefreiung im Königreich Württemberg, Bd. I, Boppard 1977, S. 511, Anm. 647 und S. 510.
17 s.o., S. 121.
18 Errechnet nach H. Winkel, Die Ablösungskapitalien aus der Bauernbefreiung in West- und Süddeutschland, Stuttgart 1968, S. 42 und 44.
19 Die folgenden Angaben sind den Darstellungen von Winkel und v. Hippel entnommen; ob ersterer ebenso wie v. Hippel die Zinsen außer Betracht gelassen hat, ist unbekannt, aber wahrscheinlich.
20 Der Regierungspräsident von Schwaben und Neuburg vom 21. 5. 1842; zit. H. Gollwitzer, Die Standesherren, Göttingen [2]1964, S. 366.
21 Errechnet nach A. F. W. Crome, Geographisch-statistische Darstellung der Staatskräfte von den sämmtlichen, zum deutschen Staatenbunde gehörigen Ländern, Bd. I, Leipzig 1820, S. 446.
22 Errechnet nach H. Winkel (wie Anm. 18), S. 51, Tab. VI.
23 Errechnet nach W. v. Hippel (wie Anm. 16), Bd. II, Boppard 1977, Nr. 187, S. 589 ff.

24 s. o., S. 118, 125.
25 H. Harnisch, Die Herrschaft Boitzenburg, Weimar 1968, S. 243.
26 Belege bei G. Spies, Gutsherr und Untertan in der Mittelmark Brandenburg zu Beginn der Bauernbefreiung, Berlin 1972.
27 A. Wald, Die Bauernbefreiung und die Ablösung des Obereigentums – eine Befreiung der Herren?, Histor. Vierteljahrsschrift 28 (1934), S. 811.
28 W. v. Hippel (wie Anm. 16), S. 224f., 510.
29 Ebd., S. 484, Anm. 549.
30 H. Winkel, Zur Preisentwicklung landwirtschaftlicher Grundstücke in Niederbayern 1830–1870, in: Festschrift W. Abel zum 70. Geburtstag, Hannover 1974, S. 573.
31 K. Mathy, Art. Ablösungscapital, in: Staats-Lexikon, Bd. I, Altona [2]1845, S. 133.
32 Stenographischer Bericht über die Verhandlungen der deutschen constituirenden Nationalversammlung zu Frankfurt am Main, hg. v. F. Wigard, Bd. IV, Leipzig, Frankfurt/M. 1848, S. 2541f. (10. 10. 1848).
33 H. Harnisch, Statistische Untersuchungen zum Verlauf der kapitalistischen Agrarreformen in den preußischen Ostprovinzen (1811 bis 1865), JbWG 1974/IV, S. 168. Nichtmarxistische Autoren vertraten schon früher diese Ansicht.
34 H. Rosenberg, Die Pseudodemokratisierung der Rittergutsbesitzerklasse, in: Moderne deutsche Sozialgeschichte, hg. v. H.-U. Wehler, Köln, Berlin [3]1970, S. 293.
35 Andererseits konnten sich selbst die deutschen Standesherren nicht mit dem Riesenbesitz des österreichischen Hochadels messen. Der Allodialbesitz der Schwartzenbergs umfaßte nach der Bauernbefreiung ca. 193000 ha, die Liechtensteins kamen auf ca. 181000 ha; H. Stekl, Österreichs Aristokratie im Vormärz, Wien 1973, S. 12f.
36 Vgl. W. Abel, Die landwirtschaftlichen Großbetriebe Deutschlands, Première Conférence Internationale d'histoire économique. Contributions, Paris, La Haye 1960, S. 313, Tabelle.
37 E. Katz, Landarbeiter und Landwirtschaft in Oberhessen, Stuttgart, Berlin 1904, S. 42.
38 W. v. Hippel (wie Anm. 16), S. 531, Anm. 54.
39 K. R. Weitz, Die preußische Rheinprovinz als Adelslandschaft, RhVj 38 (1974), S. 335.
40 F. Engels, Der Status quo in Deutschland, MEW, Bd. IV, S. 47.
41 W. v. Hippel (wie Anm. 23), Nr. 108, S. 341.
42 H. Gollwitzer (wie Anm. 20), S. 95.
43 B. Wunder, Privilegierung und Disziplinierung. Die Entstehung des Berufsbeamtentums in Bayern und Württemberg (1780–1825), München, Wien 1978, S. 30.
44 Rede Scharnwebers am 23. 2. 1811 vor der preußischen Notabelnversammlung; zit. G. F. Knapp, Die Bauernbefreiung und der Ursprung der Landarbeiter in den älteren Theilen Preußens, Bd. II, München, Leipzig [2]1927, S. 256. Die weiter unten angeführten Belege finden sich ebd., S. 250 und 255.
45 Instruktion vom 9. 7. 1812; zit. R. Koselleck (wie Anm. 5), S. 195.
46 Zit. O. Hintze, Preußische Reformbestrebungen vor 1806, in: ders., Regierung und Verwaltung. Gesammelte Abhandlungen, Bd. III, hg. v. G. Oestreich, Göttingen [2]1967, S. 506.
47 »Il s'agit de concilier l'intérêt du contribuable, la faveur qu'on ne peut refuser aux progrès de l'agriculture, avec ce qu'on doit au droit sacré de

la propriété«; Mémoire vom 30. 9. 1796; abgedr. bei E. Weis, Montgelas' innenpolitisches Reformprogramm, Zeitschr. f. bayer. Landesgesch. 33 (1970), S. 249.

48 Errechnet nach F. Lütge, Die bayerische Grundherrschaft, Stuttgart 1949, S. 29.

49 V. Gropp, Der Einfluß der Agrarreformen des beginnenden 19. Jhdts. auf Höhe und Zusammensetzung der preußischen Staatseinkünfte, Berlin 1967, S. 123, 162.

50 Errechnet nach W. v. Hippel (wie Anm. 16), S. 427 und (wie Anm. 23), S. 303.

51 Brief an Maria Theresia vom 28. 6. 1778; abgedr. bei D. Silagi, Ungarn und der geheime Mitarbeiterkreis Kaiser Leopolds II., München 1961, S. 119.

52 C. U. D. Frh. v. Eggers, Preußens Regeneration. An einen Staatsminister, zit. G. F. Knapp (wie Anm. 44), Bd. I, S. 159.

53 Deutsche Übersetzung: A. Young, Politische Arithmetik, Königsberg 1777, S. 29. Eine hessische Petition von 1830 meinte ebenfalls, für die Zehntablösung sei es »vielleicht oft zweckmäßiger, [die Leistungspflicht] in eine dem Berechtigten abzugebende Quote an Land« umzuwandeln; S. P. Martin, Desiderien, Wünsche und Bedürfnisse des Bauernstandes, Kassel 1831, zit. E. Sakai, Der kurhessische Bauer im 19. Jhdt. und die Grundlastenablösung, Melsungen 1967, S. 143.

54 Dissertation féodale, in: ders., De l'administration provinciale, 2 Bde., Basle 1788, zit. G. Frey, Die Stellung der Physiokraten zur Bauernbefreiung, phil. Diss. (masch.) Freiburg 1944, S. 82.

55 Art. Ablösungsarten (wie Anm. 31), S. 131f.

56 (Wie Anm. 44), Bd. I, S. 147ff. und Bd. II, S. 225ff.

57 Den Fälschungsverdacht erhob erstmals H. Harnisch, der die Tabellen Meitzens sehr penibel nachgeprüft und eine bislang unbekannte Statistik von 1838 entdeckt hat: Statistische Untersuchungen (wie Anm. 33), S. 163f., 180f. Die – neuen – Angaben Harnischs decken sich in vielem mit den älteren Berechnungsversuchen von H. Goldschmidt, Die Grundbesitzverfassung der Mark Brandenburg und in Hinterpommern, Berlin 1910. Ergänzend herangezogen wurde D. Saalfeld, Zur Frage des bäuerlichen Landverlustes im Zusammenhang mit den preußischen Agrarreformen, ZAA 11 (1963), S. 163–171. Saalfeld stützt sich jedoch noch auf Meitzen.

58 Die Bodenmobilität war jedoch in den Realteilungsgebieten seit langem erheblich höher und hat beispielsweise im Breisgau jährlich 1% der Nutzfläche erfaßt; A. Strobel, Agrarverfassung im Übergang, Freiburg 1972, S. 118f.

59 H. Harnisch (wie Anm. 25), S. 241f.

60 G. Moll, Zum Verlauf des »preußischen Weges« der Entwicklung des Kapitalismus in der Landwirtschaft Mecklenburgs, WZ Rostock 13 (1964), S. 355.

61 R. Berthold, Zur Herausbildung der kapitalistischen Klassenschichtung des Dorfes in Preußen, ZfG 25 (1977), S. 570.

62 M. Bosch, Die wirtschaftlichen Bedingungen des Bauernstandes im Hgm. Kleve und in der Gfsch. Mark im Rahmen der Agrargeschichte Westdeutschlands, Stuttgart 1920, S. 169.

63 A. Kohler, Die Bauernbefreiung und Grundentlastung in Baden, phil. Diss. (masch.) Freiburg 1958, S. 138, Anm. 2.

64 V. Gropp (wie Anm. 49), S. 157.

65 Siehe dazu den Vergleich bei K. Brase, Der Einfluß der Bauernbefreiung auf die Belastung der Scharwerksbauern in Ostpreußen, rer. pol. Diss. Göttingen 1967, S. 130f.

66 Quellen: *Preußen:* A. Meitzen, Der Boden und die landwirthschaftlichen Verhältnisse des Preußischen Staates, Bd. I, Berlin 1866, S. 432ff. – *Mecklenburg:* G. Moll, Kapitalistische Bauernbefreiung und Industrielle Revolution. Zur Rolle des »Loskaufs«, JbWG 1972/I, S. 271. – *Sachsen:* R. Gross, Die bürgerliche Agrarreform in Sachsen in der ersten Hälfte des 19. Jhdts., Weimar 1968, S. 141. – *Kurhessen:* E. Sakai (wie Anm. 53), S. 145f. – *Nassau:* H. Winkel, Die Ablösung der Grundlasten im Hgm. Nassau im 19. Jhdt., VSWG 52 (1965), S. 42ff. – *Württemberg:* W. v. Hippel (wie Anm. 16), S. 521. – *Baden:* H. Winkel, Die Ablösungskapitalien aus der Bauernbefreiung in West- und Süddeutschland, Stuttgart 1968, S. 49ff. – *Bayern:* F. Segner, Die bayerische Staatsschuld . . ., II/D: Die Grundrentenablösungsschuld, Finanz-Archiv 21 (1904), S. 359.

67 F.-W. Henning, Die Industrialisierung in Deutschland 1800–1914, Paderborn 1973, S. 359.

68 W. G. Hoffmann, Das Wachstum der deutschen Wirtschaft seit der Mitte des 19. Jhdts., Berlin 1965, S. 255, Tab. 40.

69 W. v. Hippel (wie Anm. 16), S. 537, Anm. 81.

70 Errechnet nach V. Gropp (wie Anm. 49), S. 120.

71 K. Brase (wie Anm. 65), S. 119ff. Freilich bewertet Brase die Dienstaufhebung nicht als bäuerliche Entlastung, weil die Arbeitskräfte sowieso vorhanden gewesen seien.

72 Zit. ebd., S. 122.

73 V. Gropp (wie Anm. 49), S. 164.

74 E. Schremmer, Die Bauernbefreiung in Hohenlohe, Stuttgart 1963, S. 174. Die Gemeindeabgaben waren aber sehr hoch.

75 Ders., Agrareinkommen und Kapitalbildung im 19. Jhdt. in Südwestdeutschland, Jahrbücher f. Nationalökonomie u. Statistik 176 (1964), S. 224f.

76 W. v. Hippel (wie Anm. 23), S. 786.

77 E. Sakai (wie Anm. 53), S. 46f.

78 E. Schremmer (wie Anm. 74), S. 139.

79 F.-W. Henning, Die Verschuldung der Bodeneigentümer in Norddeutschland im ausgehenden 18. und in den ersten zwei Dritteln des 19. Jhdts., Wissenschaft und Kodifikation des Privatrechts im 19. Jhdt., Bd. III: Die rechtliche und wirtschaftliche Entwicklung des Grundeigentums und Grundkredits, Frankfurt 1976, S. 280, Tab. 1 und S. 292f.

80 P. Bairoch, Die Landwirtschaft und die Industrielle Revolution 1700–1914, Europäische Wirtschaftsgeschichte, hg. v. C. M. Cipolla u. K. Borchardt, Bd. III, Stuttgart 1976, S. 328.

81 Hierzu bes. P. Bairoch, ebd., S. 297ff., und W. W. Rostow, Stadien wirtschaftlichen Wachstums, Göttingen [2]1967.

82 Siehe als nach wie vor aktuellen Überblick K. Borchardt, Probleme der ersten Phase der Industriellen Revolution in England, VSWG 55 (1968), S. 1–62.

83 Siehe dazu G. Heitz, Varianten des preußischen Weges, JbWG 1969/III, S. 99–109, und H. Harnisch, Statistische Untersuchungen (wie Anm. 33), bes. S. 167ff.

84 W. Abel, Die Lage der deutschen Land- und Ernährungswirtschaft um 1800, Jahrbücher f. Nationalökonomie u. Statistik 175 (1963), S. 333.

85 F.-W. Henning, Die Industrialisierung (wie Anm. 67), S. 133.

86 D. Grieswelle/W. Michel, Soziale Innovation als Prozeßfaktoren der Industrialisierung, dargestellt an einem Landkreis, in: Soziale Innovation und sozialer Konflikt, hg. v. O. Neuloh, Göttingen 1977, S. 198–243.

87 Dies war erst später der Fall. Um 1900 kamen 62% der Industriearbeiter aus der Landwirtschaft; F.-W. Henning, Die Industrialisierung (wie Anm. 67), S. 126.

88 Vgl. K. Borchardt, Wirtschaftliches Wachstum und Wechsellagen 1800–1914, in: Handbuch der deutschen Wirtschafts- und Sozialgeschichte, Bd. II, Stuttgart 1976, S. 232, Tab. 3. Ferner E. Schremmer, Industrielle Rückständigkeit und strukturstabilisierender Fortschritt. Über den Einsatz von Produktionsfaktoren in der deutschen (Land-)Wirtschaft zwischen 1850 und 1913, in: Wirtschaftswachstum, Energie und Verkehr vom Mittelalter bis ins 19. Jhdt., hg. v. H. Kellenbenz, Stuttgart 1978, S. 213 ff.

89 R. Spree/J. Bergmann, Die konjunkturelle Entwicklung der deutschen Wirtschaft 1840–1864, in: Sozialgeschichte heute, Fschr. f. H. Rosenberg, Göttingen 1974, S. 289.

90 Siehe dazu die Auszüge bei W. Conze (wie Anm. 1), S. 43 ff.

91 K. Borchardt (wie Anm. 88), S. 241.

92 In der Folge sind alle Zahlen G. Ipsen, Die preußische Bauernbefreiung als Landesausbau, in: Bevölkerungsgeschichte, hg. v. W. Köllmann u. P. Marschalck, Köln 1972, S. 154–189, entnommen. In den frühindustriellen Regionen Sachsen und Rheinland nahm die Bevölkerung allerdings ebenso rasch zu; W. Köllmann, Bevölkerung und Arbeitskräftepotential in Deutschland 1815–1865, in: ders., Bevölkerung in der industriellen Revolution, Göttingen 1974, bes. S. 63.

93 G. Ipsen, a.a.O., S. 160.

94 Nach 1850 änderte sich beispielsweise in Württemberg »weder die landwirtschaftliche Nutzfläche in größerem Umfang, noch verschob sich das Verhältnis zwischen den Nutzungsarten des Landes spürbar«; W. v. Hippel (wie Anm. 16), S. 582 f.

95 F.-W. Henning, Stadien und Typen in der Entwicklung der Landwirtschaft in den heutigen Industrieländern, in: Die Landwirtschaft in der volks- und weltwirtschaftlichen Entwicklung, hg. v. H.-G. Schlotter, München 1968, S. 58.

96 Zusammengestellt und indexiert aufgrund der Angaben bei G. Ipsen (wie Anm. 92), S. 172, Tab. II, und F.-W. Henning (wie Anm. 95), S. 55, sowie bei W. Köllmann (wie Anm. 92), S. 62, Tab. 1, und F.-W. Henning (wie Anm. 67), S. 17.

97 Handbuch (wie Anm. 88), S. 313, Tab. 17.

98 H. W. Graf Finck v. Finckenstein, Die Entwicklung der Landwirtschaft in Preußen und Deutschland 1800–1930, Würzburg 1960, S. 98 f.

99 W. Steitz, Feudalwesen und Staatssteuersystem, Bd. I: Die Realbesteuerung der Landwirtschaft in den süddeutschen Staaten im 19. Jhdt., Göttingen 1976, S. 71, 61 ff.

100 H. Harnisch (wie Anm. 25), S. 252.

101 *Wertschöpfung:* R. Spree, Die Wachstumszyklen der deutschen Wirtschaft von 1840 bis 1880, Berlin 1977, S. 403, Tab. A 67. *Kapitalstock:* W. G. Hoffmann (wie Anm. 68), S. 44, Tab. 10.

102 W. G. Hoffmann, ebd., S. 100 ff., bes. Tab. 34.

103 G. Franz (wie Anm. 57), S. 313. Zu einer anderen Bewertung gelangt aufgrund anderer Ausgangsdefinitionen E. Schremmer, Wie groß war der »technische Fortschritt« während der Industriellen Revolution in Deutschland 1850–1913, VSWG 60 (1973), bes. S. 456.
104 Viel zu global urteilt hier P. Bairoch (wie Anm. 80), S. 299, während H.-U. Wehlers pointierte Darstellung die Vorgänge in der Landwirtschaft zu undifferenziert sieht und überdies beharrlich Preußen mit ganz Deutschland gleichsetzt: Das Deutsche Kaiserreich 1871–1918, Göttingen [3]1977, S. 20ff.
105 R. Endres, Das Armenproblem im Zeitalter des Absolutismus, in: Aufklärung, Absolutismus und Bürgertum in Deutschland, hg. v. F. Kopitzsch, München 1976, S. 223.
106 F.-W. Henning, Die Betriebsgrößenstruktur der mitteleuropäischen Landwirtschaft im 18. Jhdt. und ihr Einfluß auf die ländlichen Verhältnisse, ZAA 17 (1969), S. 175f.; H. Harnisch (wie Anm. 25), S. 228. Vgl. auch oben S. 43.
107 Votum vom 27. 2. 1815; zit. G. F. Knapp (wie Anm. 44), S. 368f.
108 Es ist das Verdienst von W. Abel, die ältere, von Marx und Engels beeinflußte und am englischen Beispiel urteilende Forschung wohl endgültig widerlegt zu haben; vgl. zuletzt: Massenarmut und Hungerkrisen im vorindustriellen Europa, Hamburg 1974.
109 K. Bosl/E. Weis, Die Gesellschaft in Deutschland, Bd. I, München 1976, S. 251. Als Einzelbeispiel wiederum H. Harnisch (wie Anm. 25), S. 263.
110 Zit. G. F. Knapp (wie Anm. 44), Bd. I, S. 310.
111 H. Thümmler, Zur regionalen Bevölkerungsentwicklung in Deutschland 1816 bis 1871, JbWG 1977/I, S. 58, Tab. 3.
112 Zit. G. F. Knapp (wie Anm. 44), S. 112.
113 Von 1836 bis 1846 von ca. 12800 auf ca. 17000 Personen; E. Katz (wie Anm. 37), S. 44, Tab. 8.
114 Im Hgm. Kleve zahlte im 17. Jhdt. ein reicher Bauer ebensoviel Steuern wie eine Kleinstadt mit 1200 Einwohnern; M. Bosch (wie Anm. 62), S. 76.
115 Errechnet nach R. Koselleck (wie Anm. 5), S. 531, Anm. 169.
116 Genauere Zahlen bei E. Schremmer (wie Anm. 75), S. 224; vgl. Abb. 4.
117 W. Steitz (wie Anm. 99), S. 219.
118 E. Schremmer (wie Anm. 75), S. 231.
119 W. v. Hippel (wie Anm. 16), S. 540.

IV. Bauernbefreiung und bäuerliche Reaktion

1 An dieser Stelle muß vor den Irrtümern einer gegenwärtigen, von agrarromantischen Verklärungen nicht freien Welle bauernspezifischer Sympathiegeschichtsschreibung gewarnt werden, die den bäuerlichen Sozialprotest des feudalen Europas im Lichte moderner Befreiungsbewegungen der Dritten Welt sehen will, deren Massenbasis ebenfalls das Land ist und die ihre Ziele mit Hilfe der Guerilla zu erreichen sucht.

2 Dies schloß Hoffnungen der Bauernschaft auf den König natürlich nicht aus. Als es 1765/66 zu Abgaben- und Robotverweigerungen in 40 Dörfern Polnisch Schlesiens kam, erklärte der Anführer, ein Schneidergeselle, »er wüßte alle königlichen Befehle, ganz speziell die dahin gingen, daß die Untertanen gegen ihre Grundherrschaften rebellieren und alle schuldigen Roboten und Praestationes untersagen sollen, wozu er abgesandt wäre, es ihnen bekannt zu machen«; zit. J. Ziekursch, Hundert Jahre schlesischer Agrargeschichte, Breslau ²1927, S. 193f.

3 F. E. von Liebenroth, Fragmente aus meinem Tagebuche, besonders die Sächsischen Bauernunruhen betreffend, Dresden 1791, S. 146; zit. P. Stulz/A. Opitz, Volksbewegungen in Kursachsen zur Zeit der Französischen Revolution, Berlin (-Ost) 1956, S. 44.

4 [R. Z. Becker], Noth- und Hülfsbüchlein oder lehrreiche Freuden- und Trauergeschichte der Einwohner zu Mildheim (1788), Gotha 1798, Tl. 2, S. 106 (Zusatz der Neuauflage).

5 Die bäuerlichen Erhebungen der damaligen Zeit gegen andere Phänomene der Modernisierung wie Konskription (der Luxemburger »Klöppelkrieg« von 1798), Steuerreform (die Unruhen im Kgr. Westphalen 1806–13) oder Zentralisierung (der Tiroler Aufstand 1809) gehören zwar in dieselbe Kategorie, müssen hier aber aus thematischer Beschränkung ausgeklammert bleiben.

6 Zit. K. Julku, Die revolutionäre Bewegung im Rheinland am Ende des 18. Jhdts., Bd. II, Helsinki 1969, S. 107.

7 Briefe eines Emigranten (24. 4. 1794), Genius der Zeit 11 (1797), S. 517.

8 Brief vom 27. 11. 1792; zit. F. Dumont, Briefe aus der Mainzer Republik, Jahrb. f. Westdt. Landesgeschichte 3 (1977), S. 323.

9 Zu den Bemühungen Forsters, die neue Lage der Landbevölkerung unmittelbar vor den anstehenden Wahlen bekannt zu machen, siehe H. Scheel, Unbekannte Zeugnisse aus der revolutionären Tätigkeit Georg Forsters in und um Mainz 1792/93, ZfG 21 (1973), S. 68f., Dok. VII.

10 F. Dumont (wie Anm. 8), S. 312.

11 Zit. P. Stulz/A. Opitz, (wie Anm. 3), S. 46.

12 Zit. H. Schmidt, Die sächsischen Bauernunruhen des Jahres 1790, Meißen 1907, S. 99.

13 Bäuerliches Rundschreiben vom 17. 7. 1790; Quellen zur Geschichte des deutschen Bauernstandes in der Neuzeit, hg. v. G. Franz, Darmstadt 1963, Dok. 153c.

14 Gutsbesitzer Graf Schweinitz an Minister von Hoym, 2. 6. 1794, zit. J. Ziekursch (wie Anm. 2), S. 239.

15 Zit. G. Franz, Geschichte des deutschen Bauernstandes vom frühen Mittelalter bis zum 19. Jhdt., Stuttgart 1970, S. 249.

16 Abgedr. bei E. Sakai, Der kurhessische Bauer im 19. Jhdt. und die Grundlastenablösung, Melsungen 1967, S. 133f.

17 Abgedr. in: Um Einheit und Freiheit 1815–1848, bearb. v. E. Volkmann, Ndr. Darmstadt 1973, S. 51ff., hier S. 54.

18 Abgedr. bei E. Sakai (wie Anm. 16), S. 142ff., hier Ziff. 33.

19 Zit. Einheit und Freiheit, hg. v. K. Obermann, Berlin (-Ost) 1950, S. 134. In Gießen planten revolutionsbereite Studenten und Bürger nach dem erhofften Erfolg in Frankfurt, »im Vogelsberg einen Aufstand der Bauern« auszulösen. Mit ihrer Hilfe sollte man »die widerspenstigen Mitglieder der Bürgergarde entwaffnen und mit den Bau-

ern gemeinschaftliche Sache machen«; zit. P. Krüger, »Hochverräterische Unternehmungen« in Studentenschaft und Bürgertum des Vormärz in Oberhessen (bis 1838), MOhGV NF 49/50 (1965), S. 105.

20 Zit. G. Schaub, Georg Büchner/Ludwig Weidig, Der Hessische Landbote, München 1976, S. 177.

21 Zit. E. Hartstock, Die revolutionären Ereignisse von 1830 in der sächsischen Oberlausitz ..., Beiträge zur Archivwiss. u. Geschichtsforschung, hg. v. R. Groß u. M. Kobuch, Weimar 1977, S. 412.

22 Vgl. die nach Berufen gegliederten Zahlenangaben bei W. Schieder, Der rheinpfälzische Liberalismus von 1832 als politische Protestbewegung, in: Vom Staat des Ancien Régime zum modernen Parteienstaat, hg. v. H. Berding u.a., München 1978, S. 192, Tab. 3 u. S. 193.

23 Zit. F. Lautenschlager, Die Agrarunruhen in den badischen Standes- und Grundherrschaften im Jahre 1848 (1915), Ndr. Nendeln 1976, S. 55.

24 W. v. Hippel, Die Bauernbefreiung im Königreich Württemberg, Bd. I, Boppard 1977, S. 490.

25 Die burgfriedsche Rebellion im Jahre 1848 (Gedicht des Bauern Paul Hübner aus Unterheimbach), abgedr. bei H. Mohrdiek, Die Bauernunruhen in Württemberg. Ein Beitrag zur Geschichte des Revolutionsjahres 1848/49, phil. Diss. (masch.) Tübingen 1949, S. 148f., hier S. 149.

26 W. v. Hippel (wie Anm. 24), S. 497, Anm. 582.

27 Ebd., S. 495, Anm. 576.

28 Zit. L. Zimmermann, die Einheits- und Freiheitsbewegung und die Revolution von 1848 in Franken, Würzburg 1951, S. 243f.

29 Abgedr. G. Franz, Die agrarische Bewegung im Jahre 1848, Hess. Jahrb. für Landesgeschichte 9 (1959), S. 171ff.

30 Trotzdem täuschen die bei H.-J. Rupieper zusammengestellten Zahlen zu den Trägerschichten der Revolution, da seine Quellen – vornehmlich Polizeiakten – ihrer Natur nach die agrarische Bewegung nur unzureichend erfassen konnten; Die Sozialstruktur der Trägerschichten der Revolution von 1848/49 am Beispiel Sachsen, in: Probleme der Modernisierung in Deutschland, hg. v. H. Kaelble u.a., Opladen 1976, bes. S. 91. Dasselbe gilt für seine Zahlenbelege auf Bundesebene in: Die Polizei und die Fahndungen anläßlich der deutschen Revolution von 1848/49, VSWG 64 (1977), S. 328–355.

31 Forderungen der Gaußiger Gemeinde an die Majoratsherrschaft wegen Abschaffung feudaler Lasten (15. 4. 1848), abgedr. in: Die bürgerlich-demokratische Revolution von 1848/49 in der Lausitz. Eine Quellenauswahl, hg. v. E. Hartstock u. P. Kuntze, Bautzen 1977, Dok. 22.

32 Polizeibericht vom 22. 9. 1848; ebd., Dok. 86.

33 Vgl. die ebd. unter Nr. 54–58 abgedruckten Petitionen.

34 Nur aus der Feder Bismarcks, nicht von seinen Untertanen, ist der häufig kolportierte Fall überliefert, daß einige seiner Bauern mit ihm zusammen dem König in Berlin zu Hilfe eilen wollten; Erinnerung und Gedanke (= Die Gesammelten Werke, Bd. XV), Berlin 1932, S. 18f. – Die bäuerliche Bereitschaft wird ebenso auf Falschinformationen zurückgehen wie die bei G. Franz überlieferte Warnung westpreußischer Bauern an R. Prutz; Quellen (wie Anm. 13), Dok. 208. Von konterrevolutionären Aktionen der Bauernschaft im Frühjahr 1848 ist wenig bekannt.

35 Vgl. die unter Nr. 47, 48, 50, 53 und 58 abgedruckten Petitionen (wie

Anm. 31) sowie G. Becker, Antifeudale Petitionen preußischer Bauern vom März 1848, ZfG 16 (1968), S. 182–197.

36 Landratsbericht von 1846, zit. H. Bleiber, Zwischen Reform und Revolution. Lage und Kämpfe der schlesischen Bauern und Landarbeiter im Vormärz 1840–1847, Berlin (-Ost) 1966, S. 156.

37 Landratsbericht von 1846; zit. ebd., S. 158.

38 Zit. H. Mohrdiek (wie Anm. 25), S. 59.

39 Bericht aus Calau vom 28. 10. 1848; Die bürgerlich-demokrat. Revolution (wie Anm. 31), Nr. 93. Aus Südwürttemberg ist ein bäuerlicher Drohbrief vom Mai 1847 überliefert, in dem es hieß: »Ein allgemeines Blutbad wird in kurzer Zeit sich ergeben, man hatte keine andere Wahl. Wenn man glaubt, es sei ein Gesetz, so wird es in kurzer Zeit umgeträt und dem Adel all die alten Rechte gegeben ... Die Adlige ... das sind die Landesblagen, das ist der Ekel der Menschen ... Weg mit solcher Plage!«; zit. H. Mohrdiek (wie Anm. 25), S. 57.

40 Zit. ebd., S. 70. Weitere Belege: ebd., S. 107; L. Zimmermann (wie Anm. 28), S. 361.

41 Zit. H. Richter, Hessen und die Auswanderung, MOhGV NF 32 (1934), S. 71.

42 Brief vom 17. 3. 1848, zit. F. Lautenschlager (wie Anm. 23), S. 72.

43 W. H. Riehl, Der deutsche Bauer und der moderne Staat, Deutsche Vierteljahresschrift 1850/III, S. 119.

44 Vgl. das Eingeständnis von R. Zeise, Der Kampf um die Mobilisierung der Landbevölkerung in Sachsen im Frühjahr 1848, Sächsische Heimatblätter 12 (1966), S. 431.

45 Forderungen, Ziff. 6–9, abgedr. MEW, Bd. V, Berlin (-Ost) 1969, S. 3f.

46 Karl Mathy, Art. Ablösung, Staats-Lexikon, Bd. I, Altona 1835, S. 132.

47 Rede in Donaueschingen, 8. 3. 1848, zit. F. Lautenschlager (wie Anm. 23), S. 71.

48 R. Weber, Die Revolution in Sachsen 1848/49, Berlin (-Ost) 1970, S. 22.

49 Bahnbrechend für diese neue Perspektive F. Furet/D. Richet, Die Französische Revolution (französ. 1965/66), Frankfurt 1968. Zur Konzeption siehe E. Schmitt, Einführung in die Geschichte der Französischen Revolution, München 1976, S. 60ff.

50 Zahlreiche Hinweise für diese Sicht finden sich bei E. Shorter, Middle-Class Anxiety in the German Revolution of 1848, Journal of social history 2 (1968/69), S. 189–215; W. Schieder, Die Rolle der deutschen Arbeiter in der Revolution von 1848/49, Archiv für Frankfurts Geschichte und Kunst 54 (1974), S. 43–56; ders., 1848/49: Die ungewollte Revolution, in: Wendepunkte der deutschen Geschichte 1848–1945, hg. v. C. Stern u. H. A. Winkler, Frankfurt 1979, S. 13–35. Vor allem natürlich bei R. Stadelmann, Soziale und politische Geschichte der Revolution von 1848, München 1948.

51 Ch. Kleßmann, Zur Sozialgeschichte der Reichsverfassungskampagne von 1849, HZ 218 (1974), S. 333.

52 Zit. H. Schmidt (wie Anm. 12), S. 15. Vgl. die Flugschrift vom August 1790: »Sei hiermit jedermännlich kund und zu wißen getan, dass wegen grosen Betrengen in unseren Sächßischen Lande sich eine Rebellerei entsponnen und ihren Ausbruch nunmehro erlangen wird ...«; Quellen (wie Anm. 13), Dok. 153e.

53 Zit. R. Lehmann, Die Verhältnisse der niederlausitzischen Herr-

schafts- und Gutsbauern in der Zeit vom Dreißigjährigen Kriege bis zu den preußischen Reformen, Köln, Graz 1956, S. 77.

54 Zit. E. Klein, Der Bauernaufstand in Schlesien im Februar 1811, ZfG 3 (1955), S. 33.

55 Zit. H. Mohrdiek (wie Anm. 39).

56 Siehe Anm. 12.

57 Siehe Anm. 13.

58 Zit. C. Crößmann, Die Unruhen in Oberhessen im Herbste 1830, Darmstadt 1929, S. 43.

59 Vertrag zwischen der Gemeinde Helmstadt und dem standesherrlichen Grundherrn vom 6. 3. 1848, Ziff. 2; zit. F. Lautenschlager (wie Anm. 23), S. 54.

60 Nur die in Anm. 52 zitierte Flugschrift enthält eine entsprechende Forderung, doch ist ihr Verfasser unbekannt.

61 Deutliche Hinweise dazu bei P. Blickle, Landschaften im Alten Reich. Die staatliche Funktion des gemeinen Mannes in Oberdeutschland, München 1973, S. 560ff., wo bäuerliche Initiativen zur Milderung, keinesfalls jedoch zur Abschaffung der Abgaben und Dienste am Ende des Reiches geschildert werden.

62 Siehe den württembergischen Beleg vom Mai 1847 in Anm. 39.

63 Aufruf »Werthe Brüder«, abgedr. bei P. Stulz/A. Opitz (wie Anm. 3), S. 59.

64 Sommer 1798; zit. J. Ziekursch (wie Anm. 2), S. 245.

65 Zit. H. Mohrdiek (wie Anm. 25), S. 93.

66 Wie sehr der Jakobinismus in Deutschland eine städtische Bewegung gewesen ist, zeigt die Mitgliedschaft von nur 2 Bauern (= 0,5%) im Mainzer Klub. In Köln und Koblenz 1798 fehlten sie ganz, im Speyrer Konstitutionszirkel von 1798 war dagegen mit 11% (5 Personen) die Repräsentation ebenso hoch wie in den französischen Jakobinerklubs 1793/94; siehe A. Kuhn, Jakobiner im Rheinland, Stuttgart 1976, S. 185.

67 E. Sakai (wie Anm. 16), S. 73, Anm. 289.

68 L. Lenk, Die Bauern im bayerischen Landtag (1819–1970), in: Bauernschaft und Bauernstand 1500–1970, hg. v. G. Franz, Limburg 1975, S. 253f.

69 H. Brandt, Gesellschaft, Parlament und Regierung in Württemberg 1830–1840, in: Gesellschaft, Parlament und Regierung. Zur Geschichte des Parlamentarismus in Deutschland, hg. v. G. A. Ritter, Düsseldorf 1974, S. 106. Ferner B. Wunder, Grundrechte und Freiheit in den württembergischen Verfassungskämpfen 1815–1819«, in: Grund- und Freiheitsrechte in Europa, hg. v. G. Birtsch, Göttingen 1981.

70 G. Schmidt, Der sächsische Landtag 1833–1918. Sein Wahlrecht und seine soziale Zusammensetzung, Beiträge (wie Anm. 21), S. 447.

71 Zit. G. Schaub (wie Anm. 20), S. 177.

72 W. H. Riehl (wie Anm. 43), S. 116.

73 Zahlen bei E. R. Huber, Deutsche Verfassungsgeschichte seit 1789, Bd. II, Stuttgart [2]1968, S. 584.

74 S. o., S. 66.

75 R. Rosdolsky, Die Bauernabgeordneten im konstituierenden österreichischen Reichstag 1848–1849, Wien 1976, S. 84.

76 L. Lenk (wie Anm. 68), S. 256.

77 G. Franz, Landwirtschaft 1800–1850, in: Handbuch der deutschen Wirtschafts- und Sozialgeschichte, Bd. II, Stuttgart 1976, S. 281.

78 H. Haushofer, Bäuerliche Führungsschichten in Bayern im 19.–20.

Jhdt., Bauernschaft (wie Anm. 68), S. 226. In den Mitgliedslisten der seit 1837 tagenden »Versammlung deutscher Land- und Forstwirte« taucht die Bezeichnung »Bauer« überhaupt nicht und selbst »Landwirt«, was auch adlige Gutsbesitzer meinen konnte, erst sehr spät auf; Manfred Erdmann, Die verfassungspolitische Funktion der Wirtschaftsverbände in Deutschland 1815–1871, Berlin 1968, S. 57.

79 G. Frfr. v. Schrötter, Agrarorganisation und sozialer Wandel (dargestellt am Beispiel Schleswig-Holsteins), Zur soziologischen Theorie und Analyse des 19. Jhdts., hg. v. W. Rüegg u. O. Neuloh, Göttingen 1971, S. 135.

80 F. B. Weber, Über das Lesen der ökonomischen Schriften, Ökon. Hefte 14 (1800).

81 M. Wiswe, Bücherbesitz und Leseinteresse bei Braunschweiger Bauern im 18. Jhdt., ZAA 23 (1975), S. 210–215.

82 W. v. Hippel (wie Anm. 24), Bd. II, Boppard 1977, S. 240f.

83 Ebd., Bd. I, S. 402.

84 Vom Juni 1848, Ziff. 3; Die bürgerl.-demokrat. Revolution (wie Anm. 31), Dok. 33.

85 An der Veranstaltung nahmen nur 14 Bauern teil; K. Canis, Verein zur Wahrung der Interessen des Grundbesitzes und des Wohlstandes aller Volksklassen, in: Die bürgerlichen Parteien in Deutschland, Bd. II, Leipzig 1968, S. 787.

86 Zit. H. Bleiber, Rustikalverein in Schlesien, ebd., S. 643.

87 Ebd., S. 645.

V. *Die deutsche Bauernbefreiung im europäischen Rahmen*

1 Herangezogene Literatur: H. J. Habakkuk, La disparition du paysan anglais, Annales 20 (1965), S. 649–663; J. D. Chambers/G. E. Mingay, The Agricultural Revolution 1750–1880, Ndr. London 1970; Ch. Hill, Von der Reformation zur Industriellen Revolution, Frankfurt 1977.

2 M. Bloch, La lutte pour l'individualisme agraire dans la France du XVIIIe siècle, in: ders., Mélanges historiques, Bd. II, Paris 1963, S. 592–637; Th. Zeldin, France 1848–1945, Bd. I, Oxford 1973; Histoire économique et sociale de la France, Bd. III/1, Paris 1976; V. Hunecke, Antikapitalistische Strömungen in der Französischen Revolution, Geschichte u. Gesellschaft 4 (1978), S. 291–323; M. Lévy-Leboyer, Das französische Wirtschaftswachstum im 19. Jh. Vorläufige Resultate, in: Wirtschaftliches Wachstum im Spiegel der Wirtschaftsgeschichte, hg. v. H. Kellenbenz u. a., Darmstadt 1978, S. 125–142. – Allgemein für den Vergleich Europas zwischen Pyrenäen und Ural: J. Blum, The End of the Old Order in Rural Europe, Princeton 1978.

3 E. Hobsbawm, Europäische Revolutionen, Zürich 1962, S. 344.

4 S. v. Frauendorfer, Agrarwirtschaftliche Forschung und Agrarpolitik in Italien. Entwicklung vom 18. Jhdt. bis zur Gegenwart, Berlin 1942; G. Giorgetti, Contadini e proprietari nell'Italia moderna, Bari 1974; V. Sellin, Kapitalismus und Organisation. Beobachtungen an der Industrialisierung Italiens, in: Organisierter Kapitalismus, hg. v. H. A. Winkler, Göttingen 1974, S. 84–100; V. Hunecke, Soziale Ungleichheit und Klassenstrukturen: Italien (Ende 18. bis Anfang 20. Jhdt.), in: Europäische Sozialgeschichte im Vergleich, hg. v. H.-U. Wehler, Göttingen 1979, S. 210–232.

5 P. Scheibert, Die russische Agrarreform von 1861, Köln 1973; D. Beyrau, Agrarstruktur und Bauernprotest: Zu den Bedingungen der russischen Bauernbefreiung von 1861, VSWG 64 (1977), S. 179–236; D. Geyer, Der russische Imperialismus, Göttingen 1977 (ebd., S. 18 der Hinweis, auch bei der russischen Bauernbefreiung handle es sich um einen Fall »partieller Modernisierung«); E. Müller, Agrarfrage und Industrialisierung in Rußland, 1890–1930, Geschichte u. Gesellschaft 5 (1979), S. 297–312.

Literaturauswahl

Abel, W., Agrarkrisen und Agrarkonjunktur. Eine Geschichte der Land- und Ernährungswissenschaft Mitteleuropas seit dem hohen Mittelalter. Hamburg, Berlin [3]1978.

–, Die Lage der deutschen Land- und Ernährungswirtschaft um 1800, Jahrbücher f. Nationalökonomie u. Statistik 175 (1963), S. 319–334.

–, Massenarmut und Hungerkrisen im vorindustriellen Deutschland, Göttingen 1972.

Alavi, H., Theorie der Bauernrevolution, Offenbach 1972.

Bairoch, P., Die Landwirtschaft und die Industrielle Revolution 1700–1914, in: Europäische Wirtschaftsgeschichte, hg. v. C. M. Cipolla u. K. Borchardt, Stuttgart 1976, S. 297–332.

Becker, G., Antifeudale Petitionen preußischer Bauern vom März 1848, ZfG 16 (1968), S. 182–197.

Berding, H., Napoleonische Herrschafts- und Gesellschaftspolitik im Königreich Westfalen 1807–1813, Göttingen 1973.

Berthold, R., Bemerkungen zu den Wechselbeziehungen zwischen der industriellen Revolution und der kapitalistischen Intensivierung der Feldwirtschaft in Deutschland im 19. Jhdt., JbWG 1972/I, S. 261–267.

–, Der sozialökonomische Differenzierungsprozeß der Bauernwirtschaft in der Provinz Brandenburg während der industriellen Revolution (1816–1878/82), JbWG 1974/II, S. 13–50.

–, Zur Herausbildung der kapitalistischen Klassenschichtung des Dorfes in Preußen, ZfG 25 (1977), S. 556–574.

Birtsch, G., Zur sozialen und politischen Rolle des deutschen, vornehmlich preußischen Adels am Ende des 18. Jhdts., in: Der Adel vor der Revolution, hg. v. R. Vierhaus, Göttingen 1971, S. 77–95.

–, Eigentum und ständische Gesellschaft im 18. Jahrhundert, in: Vom Staat des Ancien Regime zum modernen Parteienstaat. Fschr. f. Th. Schieder z. 70. Geburtstag, München 1978, S. 59–72.

Bittermann, E., Die landwirtschaftliche Produktion in Deutschland 1800–1950, Kühn-Archiv 70 (1956), S. 1–149.

Bleiber, H., Zwischen Reform und Revolution. Lage und Kämpfe der schlesischen Bauern und Landarbeiter im Vormärz 1840–1847, Berlin (-Ost) 1966.

–, Zum Anteil der Landarbeiter an der Bewegung der Dorfbevölkerung in der deutschen Revolution 1848/49, JbWG 1975/IV, S. 65–81.

Blickle, P., Landschaften im Alten Reich. Die staatliche Funktion des gemeinen Mannes in Oberdeutschland, München 1973.

Blum, J., The End of the Old Order in Rural Europe, Princeton/N. J. 1978.

Boelcke, W., Bauer und Gutsherr in der Oberlausitz, Bautzen 1957.

Bosch, M., Die wirtschaftlichen Bedingungen des Bauernstandes im Hgm. Kleve und in der Gfsch. Mark im Rahmen der Agrargeschichte Westdeutschlands, Stuttgart 1920.

Boserup, M., Agrarstruktur und take-off, in: Industrielle Revolution, Wirtschaftl. Aspekte, hg. v. R. Braun, Köln, Berlin 1972, S. 309–330.

Brase, K., Der Einfluß der Bauernbefreiung auf die Belastung der Scharwerksbauern in Ostpreußen, Diss. rer. pol. Göttingen 1967.

Causse, A., L'abolition des droits féodaux dans les quatre départements de la rive gauche du Rhin, D.E.S. (masch.) Toulouse 1967.

Conze, W., Art. Bauer, Bauernstand, Bauerntum, in: Geschichtliche Grundbegriffe, hg. O. Brunner, W. Conze, R. Koselleck, Bd. I, Stuttgart 1972, S. 407–439.

–, Die liberalen Agrarreformen Hannovers im 19. Jhdt., Hannover 1947.
–, Die Wirkungen der liberalen Agrarreformen auf die Volksordnung in Mitteleuropa, VSWG 38 (1949), S. 2–43.
–, (Hg.), Quellen zur Geschichte der deutschen Bauernbefreiung, Göttingen 1957.
Dickler, R. A., Organization and Change in Productivity in Eastern Prussia, in: European Peasants and their Markets, ed. W. N. Parker and E. L. Jones, Princeton/N. J. 1975, S. 269–292.
Dipper, Ch., Landwirtschaft und ländliche Gesellschaft in Deutschland um 1800, in: Deutschland zwischen Revolution und Restauration, hg. v. H. Berding u. H.-P. Ullmann, Kronberg/Ts. 1981.
–, Die soziale Verteilung des Grundbesitzes in Deutschland am Ende des Ancien Régime, Annali dell' Istituto storico italo-germanico in Trento 5 (1979).
–, Revolution und Reaktion im Jakobinismus. Zur Agrarpolitik der italien. und deutschen Jakobiner, Quellen und Forschungen aus ital. Archiven und Bibliotheken 59 (1979), S. 296–333.
Dönhoff, M. Gräfin, Entstehung und Bewirtschaftung eines ostdeutschen Großbetriebes. Die Friedrichsteiner Güter von der Ordenszeit bis zur Bauernbefreiung, Diss. Königsberg 1936.
Eckardt, H. W., Herrschaftliche Jagd, bäuerliche Not und bürgerliche Kritik, Göttingen 1976.
Eggert, O., Die Maßnahmen der preußischen Regierung zur Bauernbefreiung in Pommern, Köln, Graz 1965.
Engels, W., Ablösungen und Gemeinheitsteilungen in der Rheinprovinz. Ein Beitrag zur Geschichte der Bauernbefreiung, Bonn 1957.
Engelsing, R., Zur politischen Bildung der deutschen Unterschichten 1789–1863, in: ders., Zur Sozialgeschichte deutscher Mittel- und Unterschichten, Göttingen [2]1978, S. 155–179.
Fehrenbach, E., Verfassungs- und sozialpolitische Reformen und Reformprojekte in Deutschland unter dem Einfluß des napoleonischen Frankreich, HZ 228 (1979), S. 288–316.
–, Traditionale Gesellschaft und revolutionäres Recht. Die Einführung des Code Napoléon in den Rheinbundstaaten, Göttingen [2]1978.
Finck v. Finckenstein, H. W. Graf, Die Entwicklung der Landwirtschaft in Preußen und Deutschland 1800–1930, Würzburg 1960.
Franz, G. (Hg.), Bauernschaft und Bauernstand 1500–1970. Büdinger Vorträge 1971–1972, Limburg 1975.
–, Geschichte des deutschen Bauernstandes vom frühen Mittelalter bis zum 19. Jhdt., Stuttgart 1970.
–, (Hg.), Quellen zur Geschichte des deutschen Bauernstandes in der Neuzeit, Darmstadt 1963.
–, Die agrarische Bewegung im Jahre 1848, Hess. Jahrb. für Landesgeschichte 9 (1959), S. 151–178.
Freiburg, H., Agrarkonjunktur und Agrarstruktur in vorindustrieller Zeit, VSWG 64 (1977), S. 289–327.
Fried, P., Historisch-statistische Beiträge zur Geschichte des Kleinbauerntums (Söldnertums) im westlichen Oberbayern, Mitteilungen der Geogr. Gesellschaft in München 51 (1966), S. 5–39.
Gagliardo, J. G., From Pariah to Patriot. The Changing Image of the German Peasant 1770–1840, Lexington 1969.
Gembruch, W., Gedanken von Stein und Marwitz zur Agrar-, Gewerbe- und Steuerpolitik. Eine vergleichende Betrachtung, Nassauische Annalen 82 (1971), S. 181–214.

Goldschmidt, H., Die Grundbesitzverteilung in der Mark Brandenburg und in Hinterpommern vom Beginn des dreißigjährigen Krieges bis zur Gegenwart, Berlin 1910.
Gollwitzer, H., Die Standesherren, Göttingen [2]1964.
Goltz, J. Frh. v. der, Auswirkungen der Stein-Hardenbergschen Agrarreformen im Laufe des 19. Jahrhunderts, Berlin 1936.
Goltz, Th. Frh. v. der, Die ländliche Arbeiterklasse und der preußische Staat (1893), Ndr. Frankfurt 1968.
Gropp, V., Der Einfluß der Agrarreformen des beginnenden 19. Jhdts. auf Höhe und Zusammensetzung der preußischen Staatseinkünfte, Berlin 1967.
Gross, R., Die bürgerliche Agrarreform in Sachsen in der ersten Hälfte des 19. Jhdts., Weimar 1968.
–, Die bürgerliche Agrarreform in Sachen und die sächsische Oberlausitz, Lĕtopis, Reihe B, 14 (1967), S. 1–21.
Harnisch, H., Die Bedeutung der kapitalistischen Agrarreform für die Herausbildung des inneren Marktes und die Industrielle Revolution in den östlichen Provinzen Preußens in der ersten Hälfte des 19. Jhdts., JbWG 1977/IV, S. 63–82.
–, Die agrarpolitischen Reformmaßnahmen der preußischen Staatsführung in dem Jahrzehnt vor 1806/07, JbWG 1977/II, S. 129–153.
–, Statistische Untersuchungen zum Verlauf der kapitalistischen Agrarreformen in den preußischen Ostprovinzen (1811–1865), JbWG 1974/IV, S. 149–182.
–, Die Herrschaft Boitzenburg, Weimar 1968.
Hausmann, Fr., Die Agrarpolitik der Regierung Montgelas, Bern, Frankfurt 1975.
Heitz, G., Die Differenzierung der Agrarstruktur am Vorabend der bürgerlichen Agrarreformen, ZfG 25 (1977), S. 910–927.
–, Varianten des preußischen Weges, JbWG 1969/III, S. 99–109.
–, Sozialstruktur und Klassenkampf in Mecklenburg im 18. Jahrhundert, phil. Habil.-Schr. (masch.) Leipzig 1960.
Heitzer, H., Insurrectionen zwischen Weser und Elbe, Berlin (-Ost), 1959.
Helling, G., Berechnung eines Index der Agrarproduktion in Deutschland im 19. Jahrhundert, JbWG 1965/IV, S. 125–151.
Henn, V., Die soziale und wirtschaftliche Lage der rheinischen Bauern im Zeitalter des Absolutismus, RhVj. 42 (1978), 240–257.
Henning, Fr.-W., Landwirtschaft und ländliche Gesellschaft in Deutschland, Bd. II: 1750–1976, Paderborn 1978.
–, Die Wirtschaftsstruktur mitteleuropäischer Gebiete an der Wende zum 19. Jhdt. unter besonderer Berücksichtigung des gewerblichen Bereiches, in: Beiträge zu Wirtschaftswachstum und Wirtschaftsstruktur im 16. und 19. Jhdt., hg. v. W. Fischer, Berlin 1971, S. 101–167.
–, Die Betriebsgrößenstruktur der mitteleuropäischen Landwirtschaft im 18. Jhdt. und ihr Einfluß auf die ländlichen Einkommensverhältnisse, ZAA 17 (1969), S. 171–193.
–, Dienste und Abgaben der Bauern im 18. Jhdt., Stuttgart 1969.
Hippel, W. v., Die Bauernbefreiung im Königreich Württemberg, 2 Bde., Boppard 1977.
–, Le régime féodal en Allemagne et sa dissolution, in: L'abolition de la féodalité dans le monde occidental, Actes du Colloque, 2 Bde., Paris 1971, S. 289–301, 709–718.
Hobsbawm, E., Peasants and Politics, Journal of Peasant Studies 1 (1973), S. 3–22.

Hötzsch, O., Der Bauernschutz in den deutschen Territorien vom 16. bis ins 19. Jahrhundert, Schmollers Jahrbuch 26 (1902), S. 239–271.
Hubatsch, W., Die Stein-Hardenbergschen Reformen, Darmstadt 1977.
Ipsen, G., Die preußische Bauernbefreiung als Landesausbau, in: Bevölkerungsgeschichte, hg. v. W. Köllmann u. P. Marschalck, Köln 1972, S. 154–189.
Jatzlauk, M., Bodeneigentum und Grundbesitzverteilung unter den Bedingungen der Herausbildung der kapitalistischen Ökonomie in der preußischen Provinz Sachsen, WZ. Rostock 10 (1974), S. 633–648.
Jeggle, U., Kiebingen, Tübingen 1977.
Judeich, A., Die Grundentlastung in Deutschland, Leipzig 1863.
Katz, E., Landarbeiter und Landwirtschaft in Oberhessen, Stuttgart, Berlin 1904.
Klein, E., Der Bauernaufstand in Schlesien im Februar 1811, ZfG 3 (1955), S. 29–45.
Klose, O./Degn, Ch., Die Herzogtümer im Gesamtstaat 1721–1830 (= Geschichte Schleswig-Holsteins, Bd. VI), Neumünster 1960.
Knapp, G. F., Die Bauernbefreiung und der Ursprung der Landarbeiter in den älteren Teilen Preußens, 2 Bde., München, Leipzig ²1927.
–, Die Landarbeiter in Knechtschaft und Freiheit, Leipzig 1897.
Kocka, J., Preußischer Staat und Modernisierung im Vormärz: Marxistisch-leninistische Interpretationen und ihre Probleme, in: Sozialgeschichte heute, Fschr. f. Hans Rosenberg z. 70. Geburtstag, hg. v. H.-U. Wehler, Göttingen 1974, S. 211–227.
Köllmann, W., Bevölkerung und Arbeitskräftepotential in Deutschland 1815–1865, in: ders., Bevölkerung in der industriellen Revolution, Göttingen 1974, S. 61–98.
Kohler, A., Die Bauernbefreiung und Grundentlastung in Baden, phil. Diss. (masch.), Freiburg/Br. 1958.
Koselleck, R., Preußen zwischen Reform und Revolution, Stuttgart ²1976.
Kula, W., Théorie économique du système féodal, Paris, La Haye 1970.
Langelüddecke, E., Zum Grundsatz der Entschädigung und des Loskaufs bei den Eigentumsregulierungen und Dienstablösungen der ostelbischen Bauern im 19. Jahrhundert, ZfG 8 (1960), S. 890–908.
Lautenschlager, F., Die Agrarunruhen in den badischen Standes- und Grundherrschaften im Jahre 1848 (1915), Ndr. Nendeln 1976.
Lehmann, H. G., Die Agrarfrage in der Theorie und Praxis der deutschen und internationalen Sozialdemokratie. Vom Marxismus zum Revisionismus und Bolschewismus, Tübingen 1970.
Lehmann, R., Die Verhältnisse der niederlausitzischen Herrschafts- und Gutsbauern in der Zeit vom Dreißigjährigen Kriege bis zu den preußischen Reformen, Köln, Graz 1956.
Linde, H., Die Bedeutung der deutschen Agrarverfassung für die Anfänge der industriellen Entwicklung, Jahrb. f. Sozialwiss. 13 (1962), S. 179 bis 195.
Ludwig, Th., Der badische Bauer im 18. Jhdt., Straßburg 1896.
Lütge, F., Geschichte der deutschen Agrarverfassung vom frühen Mittelalter bis zum 19. Jhdt., Stuttgart ²1967.
–, Über die Auswirkungen der Bauernbefreiung in Deutschland, in: ders., Studien zur Sozial- und Wirtschaftsgeschichte, Stuttgart 1963, S. 174 bis 222.
–, Die bayerische Grundherrschaft, Stuttgart 1949.
Mendras, H., Sociétés paysannes. Eléments pour une théorie de la paysannerie, Paris 1976.

Meyer, J., Noblesses et pouvoirs dans l'Europe d'Ancien régime, Paris 1973.
Mittenzwei, I., Die preußischen Beamten und ihre Auseinandersetzungen um wirtschaftliche Probleme der Zeit (1763–1789), Jahrb. f. Gesch. des Feudalismus 1 (1977), S. 349–400.
Mohrdiek, H., Die Bauernunruhen in Württemberg. Ein Beitrag zur Geschichte des Revolutionsjahres 1848/49, phil. Diss. (masch.) Tübingen 1949.
Moll, G., Bürgerliche Umwälzung und kapitalistische Agrarentwicklung. Zur Diskussion um die Wege der bürgerlichen Umwälzung, ZfG 27 (1979), S. 140–144.
–, Kapitalistische Bauernbefreiung und Industrielle Revolution. Zur Rolle des »Loskaufs«, JbWG 1972/I, S. 269–275.
–, Die kapitalistische Bauernbefreiung im Klosteramt Dobbertin (Mecklenburg). Zum »preußischen Weg« des Kapitalismus in der Landwirtschaft, Rostock 1968.
Moore, B., Soziale Ursprünge von Diktatur und Demokratie. Die Rolle der Grundbesitzer und Bauern bei der Entstehung der modernen Welt, Frankfurt 1969.
Müller, H.-H., Domänen und Domänenpächter in Brandenburg-Preußen im 18. Jhdt., JbWG 1965/IV, S. 152–192.
Muth, H., »Bauer« und »Bauernstand« im Lexikon des 19. und 20. Jhdts., ZAA 16 (1968), S. 72–98.
Peters, M., Untersuchungen zur Agrarverfassung im 18. Jhdt. bis zum Ende der französischen Revolutionsherrschaft im Jahre 1815 in den heute deutschen Teilen des ehemaligen Herzogtums Luxemburg, phil. Diss. (masch.) Freiburg/Br. 1955.
Plehn, H., Zur Geschichte der Agrarverfassung von Ost- und Westpreußen, FBPG 17 (1904), S. 383–464; ebd. 18 (1905), S. 61–121.
Prange, W., Die Anfänge der großen Agrarreformen in Schleswig-Holstein bis um 1771, Neumünster 1971.
Press, V., Französische Volkserhebungen und deutsche Agrarkonflikte zwischen dem 16. und dem 18. Jhdt., Beiträge zur historischen Sozialkunde 7 (1977), S. 76–81.
Redfield, R., Peasant Society and Culture, Chicago, London 1956.
Reis, K., Agrarfrage und Agrarbewegung in Schlesien im Jahre 1848, Breslau 1910.
Rosdolsky, R., The Distribution of the Agrarian Product in Feudalism, The Journal of Economic History 11 (1951), S. 247–265.
Rosenberg, H., Deutsche Agrargeschichte in alter und neuer Sicht, in: ders., Machteliten und Wirtschaftskonjunkturen. Studien zur neueren deutschen Sozial- und Wirtschaftsgeschichte, Göttingen 1978, S. 118–149.
–, Die Pseudodemokratisierung der Rittergutsbesitzerklasse, ebd., S. 83 bis 101.
–, Bureaucracy, Aristocracy and Autocracy. The Prussian Experience 1660–1815, Harvard [3]1968.
Rüschemeyer, D., Partielle Modernisierung, in: Theorien des sozialen Wandels, hg. v. W. Zapf, Köln, Berlin [2]1970, S. 382–397.
Saalfeld, D., Die Produktion und Intensität der Landwirtschaft in Deutschland und angrenzenden Gebieten um 1800, ZAA 15 (1967), S. 137–175.
–, Zur Frage des bäuerlichen Landverlustes im Zusammenhang mit den preußischen Agrarreformen, ZAA 11 (1963), S. 163–171.
–, Bauernwirtschaft und Gutsbetrieb in der vorindustriellen Zeit, Stuttgart 1960.

Sabean, D., The Communal Basis of Pre-1800 Peasant Uprisings in Western Europe, Comparative Politics 8 (1956), S. 355–364.
Sakai, E., Der kurhessische Bauer im 19. Jhdt. und die Grundlastenablösung, Melsungen 1967.
Schissler, H., »Bauernbefreiung« oder Entwicklung zur agrarkapitalistischen Gesellschaft?, Sozialwiss. Informationen für Unterricht und Studium 8 (1979), S. 136–142.
–, Preußische Agrargesellschaft im Wandel. Wirtschaftliche, gesellschaftliche und politische Transformationsprozesse von 1763 bis 1847, Göttingen 1978.
Schmidt, W., Zur Entwicklung der Grundgedanken in der Bauernfrage bei Marx und Engels, in: Friedrich Engels' Kampf und Vermächtnis. Berlin 1961, S. 284–304.
Schremmer, E., Die Bauernbefreiung in Hohenlohe, Stuttgart 1963.
Schulze, W., Bäuerlicher Widerstand und feudale Herrschaft in der frühen Neuzeit, Stuttgart 1980.
Siegert, R., Aufklärung und Volkslektüre. Exemplarisch dargestellt an R. Z. Becker und seinem »Noth- und Hülfsbüchlein«, Archiv f. Gesch. des Buchwesens 19 (1978), Sp. 566–1348.
Slicher van Bath, B. H., The Agrarian History of Western Europe, A.D. 500–1850, London [2]1966.
Spies, K., Gutsherr und Untertan in der Mittelmark Brandenburg zu Beginn der Bauernbefreiung, Berlin 1972.
Spree, R., Die Wachstumszyklen der deutschen Wirtschaft von 1840 bis 1880, Berlin 1977.
Stadelmann, R., Soziale und politische Geschichte der Revolution von 1848, München [2]1970.
Steinbach, F., Die rheinischen Agrarverhältnisse, in: Collectanea F. Steinbach, hg. v. F. Petri u. G. Droege, Bonn 1967, S. 409–433.
Steinborn, H.-Ch., Abgaben und Dienste holsteinischer Bauern im 18. Jhdt., Diss. rer. pol. (masch.) Göttingen 1973.
Steitz, W., Feudalwesen und Staatssteuersystem, Bd. I: Die Realbesteuerung der Landwirtschaft in den süddeutschen Staaten im 19. Jhdt., Göttingen 1976.
Stern, Fr., Prussia, in: European Landed Elites in the 19th Century, ed. D. Spring, Baltimore 1977, S. 45–67.
Stolleis, M., Die bayerische Gesetzgebung zur Herstellung eines frei verfügbaren Grundeigentums, in: Wissenschaft und Kodifikation des Privatrechts im 19. Jhdt., Bd. III, Frankfurt 1976, S. 44–117.
Straub, A., Das badische Oberland im 18. Jhdt. Die Transformation der Gesellschaft vor der Industrialisierung, Husum 1977.
Strobel, A., Agrarverfassung im Übergang, Freiburg 1972.
Stulz, P./Opitz, A., Volksbewegungen in Kursachsen zur Zeit der Französischen Revolution, Berlin (-Ost) 1956.
Thomas, A., Beiträge zur Geschichte der Bauernbefreiung und der Entlastung des ländlichen Grundbesitzes im Ghgm. Hessen, Mainz 1910.
Thümmler, H., Zur regionalen Bevölkerungsentwicklung in Deutschland 1816 bis 1871, JbWG 1977/I, S. 55–72.
Vetter, K., Der kurmärkische Adel und das Oktoberedikt, ZfG 27 (1979), S. 439–457.
–, Preußischer Rittergutsbesitz und bürgerliche Umgestaltung. Die Opposition des kurmärkischen Adels gegen die Stein-Hardenbergischen Reformen, phil. Habil.-Schr. Berlin (-Ost) 1977.
Vogdt, G., Die Bauernbefreiung in Mecklenburg, Würzburg 1937.

Vogel, B., »Revolution von oben« – Der »deutsche Weg« in die bürgerliche Gesellschaft?, Sozialwiss. Informationen für Unterricht und Studium 8 (1979), S. 67–74.
Wald, A., Die Bauernbefreiung und die Ablösung des Obereigentums – eine Befreiung der Herren?, Histor. Vierteljahresschrift 28 (1934), S. 795–811.
Weber, H., Die Fürsten von Hohenlohe im Vormärz. Politische und soziale Verhaltensweisen württembergischer Standesherren in der 1. Hälfte des 19. Jhdts., Schwäbisch Hall 1977.
Weber, M., Kapitalismus und Agrarverfassung (1904), Zeitschrift f. d. ges. Staatswissenschaft 108 (1952), S. 431–452.
–, Die Verhältnisse der Landarbeiter im ostelbischen Deutschland, Leipzig 1892.
Weber, R., Die Revolution in Sachsen 1848/49, Berlin (-Ost) 1970.
Weis, E., Ergebnisse eines Vergleichs der grundherrschaftlichen Strukturen Deutschlands und Frankreichs vom 13. bis zum Ausgang des 18. Jhdts., VSWG 57 (1970), S. 1–14.
Weitz, K. R., Die preußische Rheinprovinz als Adelslandschaft, RhVj 38 (1974), S. 333–354.
Wiese, U., Die Opposition des ostelbischen Grundadels gegen die agraren Reformmaßnahmen 1807–11, Berlin 1935.
Winkel, H., Zur Preisentwicklung landwirtschaftlicher Grundstücke in Niederbayern 1830–1870, Festschrift W. Abel zum 70. Geburtstag, Hannover 1974, S. 565–577.
–, Die Ablösungskapitalien aus der Bauernbefreiung in West- und Süddeutschland, Stuttgart 1968.
–, Die Ablösung der Grundlasten im Hgm. Nassau im 19. Jhdt., VSWG 52 (1965), S. 42–62.
Wiswe, M., Bücherbesitz und Leseinteresse bei Braunschweiger Bauern im 18. Jhdt., ZAA 23 (1975), S. 210–215.
Wittmann, R., Der lesende Landmann. Zur Rezeption aufklärerischer Bemühungen durch die bäuerl. Bevölkerung im 18. Jhdt., in: Der Bauer Mittel- und Osteuropas im sozio-ökonom. Wandel des 18. u. 19. Jhdts., hg. v. D. Berindei, Köln, Wien 1973, S. 142–196.
Wunder, H., »Agrargesellschaft« als Grundbegriff der frühneuzeitlichen Sozialgeschichte, in: Studien zur Sozialgeschichte des Mittelalters und der frühen Neuzeit, hg. v. F. Kopitzsch u. a., Hamburg 1977, S. 5–13.
Zeise, R., Der Kampf um die Mobilisierung der Landbevölkerung in Sachsen im Frühjahr 1848, Sächsische Heimatblätter 12 (1966), S. 429–444.
Ziekursch, J., Hundert Jahre schlesischer Agrargeschichte, Breslau [2]1927.
Zimmermann, L., Die Einheits- und Freiheitsbewegung und die Revolution von 1848 in Franken, Würzburg 1951.